EL MÉXICO QUE HEMOS VIVIDO

EL MÉXICO QUE HEMOS VIVIDO

Francisco Javier Posadas Robledo

Primera edición: 2025

Letrame Editorial.
www.Letrame.com
info@Letrame.com

Diseño de edición: Letrame Editorial.
Maquetación: Juan Muñoz
Diseño de cubierta: Rubén García
Supervisión de corrección: Celia Jiménez

ISBN: 978-84-1089-781-6

DEPÓSITO LEGAL: AL 3821-2025

IMPRESO EN ESPAÑA – UNIÓN EUROPEA

Dedicatoria

A Fabiola, por supuesto

A Javier e Israel, diamantes

A Fernando de Alba, amigo entrañable.

«Somos producto de nuestro pasado,
pero no tenemos por qué ser su prisionero».
RICK WARREN

Introducción

Aprender a leer y escribir cambia la vida a toda persona. Escribir genera felicidad, plasma en papel pensamiento; y hacerlo provoca placer infinito.

Dicen los clásicos: «Elige una ocupación que te guste y nunca tendrás que trabajar»; y es cierto, el trabajo es impopular, hasta pagan por hacerlo. Escribir libera la mente y la imaginación y transporta a otras latitudes y, por supuesto, produce alegría.

Escribir es placentero y en ocasiones se lleva a confines insospechados. Las narraciones que se cuentan a continuación son pasajes existenciales de una época, todo producto de escuchar, conversar y vivir. Todas son reales, con matices, toque personal o exageraciones propias de algún narrador generoso al compartirlas. Los nombres son algunos reales, otros ficticios, extraídos de la historia personal, familiar o cultura popular. Otros son artículos escritos en algún momento y publicados en algún medio impreso o electrónico, por ahí andarán perdidos. En ningún caso son invenciones ni fantasías, es simple narración personal y acúmulo de información de toda una vida.

El espacio de tiempo cubre tres o tal vez cuatro generaciones, espacio que alcanza personajes y vidas. La existencia es limitada, finita y escasamente se tiene una expectativa de vida promedio que permite conocer personas con un siglo de evolución, entre abuelos, padres, hijos y nietos. Intentar narrar historias más antiguas sería demasiada pretensión, además de perder en tiempo, memoria, hechos y narraciones. Acaso se pueden hacer viajes al pasado o incluso al futuro, como destellos fugaces o pasajes oníricos, propios de nuestra humanidad.

Conversar es cualidad humana apreciada, escuchar permite compartir vivencias llenas de experiencia personal e íntima. Deberíamos cultivar más esa cualidad extraordinaria, simplemente conversar. Para hacerlo, es imperativo lograr un hábito e incluso cualidad importante y tal vez la más difícil que puede adquirir un ser humano, aprender a escuchar. A quienes tienen esa virtud, hay que respetarlos, admirarlos y deben inspirarnos.

En cada narración plasmada, existe testimonio vivo y personal de un contacto directo con alguno de los hechos, narradores o protagonistas, como memoria viva de personajes únicos y singulares. Todo cuenta, desde una revista en una peluquería hasta un artículo especializado. La reflexión despertada por cada hecho narrado es meramente circunstancial y los juicios son personales a libre albedrío de cada lector. No hay límites en la exploración. Se escribe para todo lector potencial y el privilegio de ser leído, llena la mayor de las expectativas.

Las fuentes de la información pueden ser múltiples, la mayoría incluyen narrativas de personajes y personas que vivieron los momentos álgidos de la historia reciente y cuentan hechos trascendentes en vida cotidiana, sin rigor histórico, el rigor es personal.

Conocer la historia por evidencias disponibles cambia cuando se vive en tiempo real. Quien la vive narra con una auténtica visión personal, no pretende demostrar nada; tampoco significa una visión maniquea por intereses, es una visión personal que se guarda a través del tiempo y se cuenta con la espontaneidad y carácter de cada persona.

La historia reciente, como todo el pasado de México, está llena de tragedias, violencia, traiciones y muerte. Arrastra costumbres, atavismos, mitos y leyendas interminables y a veces mágicas. México es mágico, lleno de color, fiesta y festividades que celebran todo. Actitud colectiva enfocada a paliar y olvidar los males permanentes que laceran una sociedad diversa, polarizada y enigmática. El gran contrapeso de los males es la fiesta, la alegría infinita y el multicolor que llena la vida cotidiana. Otros optamos por plasmar reflexiones, que son manifestación clara de tributo a la indignación permanente.

El pasado plasma herencia y se lleva como una estela infinita llena de cicatrices colectivas, difícilmente se puede encontrar un país más surrealista que México. El enigma que lo rodea es complejo e indescifrable para los nativos y visitantes por igual. En lo que todos coinciden, sin duda alguna, es que México es maravilloso y mantiene en su gente el sentido de pertenencia. Acá nos tocó vivir.

Una tragedia

El 22 de enero de 1915, en plena Revolución mexicana, el país estaba en llamas, la anarquía y caos prevalecían en todo el territorio de México. Las pugnas entre revolucionarios están en su punto más álgido: asesinado Francisco I. Madero el 22 de febrero de 1913, Victoriano Huerta, asesino y usurpador, toma el poder durante diecisiete meses, hasta ser obligado a renunciar y exiliarse. Al huir, dejó el poder ejecutivo en Francisco Carbajal, obligado también a renunciar por el Ejército constitucionalista encabezado por Venustiano Carranza.

Dos hechos dieron cause definitivo a la revolución: la toma de Torreón del 19 de marzo al 2 de abril y la de Zacatecas el 24 de junio de 1914. Esta última batalla enfrentó a Pancho Villa y a Carranza. Villa, apoyado por sus generales, incluyendo al general Felipe Ángeles, tomó la ciudad de Zacatecas, desoyendo la instrucción de Carranza, quien siempre manifestó su animadversión personal por Ángeles y Villa y fue actor intelectual, en el año 1919, de la muerte de Ángeles, fusilado en un proceso simulado de consejo de guerra. Fraguó también el asesinato de Zapata en una conspiración encabezada por Pablo Gonzáles y ejecutada por Jesús Guajardo, en la hacienda de Chinameca.

Carranza fue un personaje formado en el Porfiriato con una personalidad caracterizada por el autoritarismo propio de la época. Deseaba cargar para sí méritos revolucionarios obtenidos por capacidad militar de la división del norte. Ahí inicia la verdadera revolución y los desencuentros entre los caudillos de la lucha armada, generada por los diferentes intereses que movían a cada uno.

Fue nombrado primer jefe del Ejército constitucionalista, encargado del poder ejecutivo, el 13 de agosto de 1914. En ese cargo, convocó la Convención de Aguascalientes, el 1 de octubre de 1914. De inicio, los zapatistas no fueron llamados a la Convención, se incorporaron a las sesiones por solicitud de grupos asistentes y de Felipe Ángeles; a partir de ahí, se complicaron las aspiraciones políticas de Carranza, ya que villistas y zapatistas expusieron posturas en la convención y lograron convencer a carrancistas y obregonistas de crear nueva legislatura y pugnaron por el retiro de Carranza como primer jefe.

El Plan de Ayala, manifiesto zapatista, promulgado el 28 de noviembre de 1911, tenía prevista una junta de los principales jefes revolucionarios de los distintos estados, para nombrar un presidente interino, al que se daría el encargo de convocar a elecciones de un nuevo Congreso de la Unión, que, a su vez, convocaría a elecciones para integrar los demás poderes.

La propuesta tenía bases democráticas; sin embargo, Carranza, fiel a su personalidad autoritaria y antidemocrática, no aceptó acuerdos y decisiones. Su llamado para la conformación de la convención tenía como objetivo concentrar y organizar bajo su mando todas las fuerzas revolucionarias en el país y ocupar la presidencia de la república y no manifestó ningún interés en formar una nueva legislatura para buscar que la república se encaminara hacía una transición democrática, como lo planteó Madero al iniciar la Revolución mexicana. Las raíces autoritarias de Carranza superaron, por mucho, su intención de ordenar el país y darle un cause jurídico a las instituciones;

nunca pudo asimilar que el poder debe emanar del consenso, aceptación jurídica y sufragio de todas las fuerzas sociales; su formación era impermeable a este tipo de razonamiento.

La convención, convocada por Carranza para intentar legitimar su nombramiento como cabeza del poder en el país, no aceptó nominarlo y nombra un presidente interino, Eulalio Gutiérrez, en octubre de 1914. Se nombra a Pancho Villa como segundo, al mando del Ejército. Villa generaba polémica entre los jefes revolucionarios y sus posturas eran radicales y se exacerbaron después del asesinato de Madero, su nombramiento no tenía el apoyo necesario y originó nuevas pugnas entre los líderes, encabezados por Obregón, de inicio en una postura neutral y posterior aliado de Carranza y, finalmente, cabeza de la conspiración que lo asesinó.

Carranza desconoce los acuerdos y se declara en rebelión contra los asistentes a la convención. El Ejército constitucionalista ingresó a la ciudad de México el 6 de diciembre de 1914 encabezado por Pancho Villa y Emiliano Zapata. Ahí se tomó la famosa foto de ambos caudillos sentados en la silla presidencial, imagen icónica de la Revolución mexicana.

Ante los hechos, Carranza, en enero de 1915, parte a Veracruz con personal de apoyo y establece ahí su Gobierno, imitando el antecedente de Benito Juárez (de quien era ferviente admirador, su padre participó en el ejército que luchó en la guerra contra la intervención francesa) de trasladar la sede del Gobierno a otra entidad, durante el imperio de Maximiliano.

En Veracruz, pide el apoyo de Álvaro Obregón y reorganiza su ejército. Obregón, suma a generales como Pablo González, Salvador Alvarado, Jacinto B. Treviño, Cándido Aguilar, Francisco Coss y José de Jesús Madrigal Guzmán. Como Gobierno autonombrado, decreta una ley agraria el 6 de enero de 1915 y expide leyes que se agregan al Plan de Guadalupe referentes al divorcio, municipio libre, independencia del Poder Judicial y accidentes del Trabajo.

Ese día 22 de enero de 1915, las condiciones imperantes en el México humeante, lleno de conflictos, anarquía y guerra albergaban a una sociedad empobrecida, en su mayoría analfabeta y carente de servicios y alimentos. Cinco años de guerra civil cobraban sus facturas. Las áreas rurales sufrían los embates de la revolución y las familias que tenían hombres jóvenes los enviaban a la lucha armada, ante la ausencia de opciones y el hambre que apretaba. Emigraban al bando que ofrecía mejores condiciones, en los ejércitos tenían algunos beneficios, salario, alimento, algo de vestimenta, pero sobre todo armas y municiones, todo, por supuesto, con el riesgo inherente de exponer su vida y perder el contacto con la familia.

El cúmulo de familias en busca del sustento, ajenos a la violencia revolucionaria, mantenían sus condiciones precarias en campo y ciudades por igual y soportaban las calamidades de la guerra civil.

Muertes anónimas

Alcides, en ese lejano 1915, era un hombre joven de veintinueve años. Nació en 1885, sin una fecha precisa de su onomástico. La fecha de nacimiento, incierta, nunca se mencionó, se deduce por comentarios familiares: nació el 25 de abril. El significado de su nombre es «fuerte y vigoroso». Casado con Salustia, a corta edad como se estilaba en esa época, tuvieron cuatro hijos: Ponciano, el mayor, nació en 1906; más tarde, Gorgonia; y dos más fallecieron en la infancia. Su incipiente vida familiar evolucionó en el ocaso del Porfiriato y presenciaron el estallido y violento proceso de la revolución.

El 18 de enero del año 1915, las tropas del Ejército constitucionalista al mando de Carranza habían tomado la ciudad de Guadalajara, y Alcides estaba en Colima visitando parte de su familia, esperaba encontrar nuevos horizontes ante la hambruna que percibía latente en el Altiplano Potosino, en el centro de la república mexicana, donde vivía y sobrevivía desde su nacimiento, con carencias exacerbadas por la guerra civil.

Al conocerse la toma de Guadalajara, las familias de las tropas que vivían en Colima viajarían a la Perla Tapatía, como se conoce a Guadalajara, para reunirse con ellos. Ese día 22 de enero, partió el tren atiborrado de pasajeros, se calcula una cifra de más de novecientas personas. Alcides se sumó al contingente, aprovechando el traslado que le acercaba a su lugar de origen en el municipio de Guadalcázar, en el estado de San Luis Potosí.

Esa mañana, la actividad frenética de los familiares de las tropas encendió la estación de Colima, cientos de personas cargaban sus niños, pertenencias, algunos animales de granja, provisiones y símbolos religiosos para viajar a Guadalajara. Alcides esperaba regresar con su familia y reconsiderar otra expectativa de vida, pensaba que podría tener mejores oportunidades en Colima o Guadalajara y regresaba con entusiasmo, solo opacado por el latente temor del conflicto de guerra civil, que cumplía casi un lustro y parecía continuar, como sucedió, por un largo periodo.

El silbido de la máquina se escuchó a temprana hora, como presagio de un largo viaje, en un amanecer frío de enero; y esperaban llegar al mediodía, después de recorrer los 197 kilómetros que separan las ciudades.

Alcides abordó uno de los atestados vagones, alcanzó un lugar en la parte delantera del ferrocarril, con familiares de soldados que esperaban su arribo, cargados de ansiedad. Las crónicas describían un paisaje gris, nublado por el invierno en pleno. Los pasajeros, emocionados por el traslado a una ciudad importante, donde se reunirían con sus soldados, no imaginaban el final que tendría ese viaje.

La tragedia apareció durante el trayecto: el ferrocarril toma una pendiente prolongada, los frenos fallaron, el maquinista perdió el control y el tren se descarriló, se precipitó en un profundo cañón y aparecieron en el escenario y el espacio fierros retorcidos, fuego, ruidos y gritos espantosos. Los vagones expulsaron cuerpos en todas direcciones. Fallecieron seiscientos pasajeros, sobrevivieron trescientos solamente. Quienes lograron sobrevivir, entre heridos, cadáveres mutilados, hierros humeantes y el olor a muerte, abandonaron como pudieron las pilas de cadáveres y chatarra. Un final trágico que tendría una secuela todavía más terrorífica. La noticia se esparció rápidamente y las tropas carrancistas que esperaban a sus familiares en Guadalajara sufrieron los estragos propios de la tragedia y muchos se suicidaron; el accidente provocó aún más muerte como secuela. La tragedia se considera aún hoy en día uno de los accidentes ferroviarios más mortíferos en la historia de México.

Numerosas víctimas del accidente no fueron identificadas, la mayoría campesinos y personas de escasos recursos; además, la gran cantidad de daños y mutilaciones lo impedía, agregado al momento álgido de la revolución, donde la muerte, guerra, epidemias, hambre y asesinatos eran lo cotidiano para las familias. Los cadáveres o las partes encontradas fueron sepultados en su mayoría en fosas comunes y la revolución continuó.

Alcides y sus familiares nunca fueron encontrados ni identificados y Salustia, esposa de Alcides, se enteró de la muerte de sus familiares días después, sabían que viajaron en ese ferrocarril, pero nunca aparecieron sus cuerpos. Ella, con cuatro hijos, continuó su vida llena de carencias, en el desierto inhóspito del Altiplano Potosino, donde el único patrimonio que poseían era su pobreza. Salustia vivió hasta los ochenta y cuatro años como viuda y llevó la carga de dos de sus hijos, Ponciano y Gorgonia; tiempo después, con nuevas nupcias, nació Malaquías, su último hijo.

La historia de Ponciano, primogénito de Alcides, no es cualquier historia, el anonimato no le resta méritos a un gran sobreviviente de la revolución y todos sus horrores. Creció en ese pueblo olvidado, El Terrero, en Guadalcázar, San Luis Potosí, México. En ese paisaje inhóspito, seco, sin agua y sin esperanza. Las películas de Hollywood tamizan las escenas de ese desierto mexicano con un lente amarillo que, al proyectarlo, convierte los paisajes en un ambiente tétrico, terrorífico en algunos casos y con el peligro real o ficticio siempre acechando, según sus muy acendrados mitos y mentiras, pero siempre explotado para filmar sus películas, que luego obtienen pingües ganancias.

La realidad es otra, es una tierra donde las personas están dispersas, alejadas de la civilización, sin servicios, carentes de casi todo, y sobreviven arraigados a la tierra por una sencilla razón ancestral: vivir en esos lugares les proporciona libertad, nadie los molesta, porque nada tienen y nada piden. Y las reglas y leyes locales se ejercen a través de los usos y costumbres.

Las comunidades rurales son ajenas a impuestos, libre mercado, inflación, cotización del dólar o caída de la bolsa de valores, y excepcionalmente en periodos electorales, son visitados cada seis años, para lucrar con su pobreza, por ciertos candidatos rapaces que prometen el paraíso si acuden a votar. Las imágenes de hace un siglo o más han variado muy poco y solo han mejorado algunos medios de comunicación, caminos y servicios para hacer llegar los mercados modernos.

La dispersión de población es un problema grave en México y etiología no única, pero sí preponderante de la pobreza extrema, marginación y rezago educativo; no se ha intentado revertir por el desinterés de Gobiernos subsecuentes. La población de pueblos originarios se encuentra inmersa en esta condición y se agregan franjas de habitantes rurales que representan millones de habitantes en toda la geografía. Durante un siglo han usado campesinos, indígenas y población marginada como capital electoral y ha funcionado, seguirán igual, la movilidad social nunca ha sido prioridad.

Desde la conquista, el virreinato y doscientos años de independencia existen poblaciones dispersas asentadas en medios inhóspitos en todo el país. Alejados pero libres de las presiones y apetitos sociales históricos. Su lucha se centra en vencer a la naturaleza cruel e implacable que los obliga a sobrevivir en condiciones adversas. Adaptados durante siglos, conviven en comunidades pequeñas con el recelo de las grandes urbes, a las que acuden solo para obtener provisiones o realizar trámites civiles ocasionales.

La vida moderna alcanza esas comunidades y, en el último siglo, han sido proveedores de migración al país del norte; y en época reciente, alimentan los cárteles con jóvenes que buscan un mejor nivel de vida en la delincuencia organizada y tráfico de drogas ante la falta de oportunidades y Gobiernos indolentes ante el avance de la delincuencia e impunidad.

Ahí creció Ponciano, en plena revolución; sumado a su condición de pobreza, se agrega la orfandad y carencia de oportunidades. Desde joven era fuerte, con rasgos criollos, de estatura por arriba del promedio de los pobladores de su rancho, de ojos claros y desde tierna edad con calvicie prematura, rasgo distintivo heredado de su padre Alcides, que reafirmaba su ascendencia hispana.

La ausencia de oportunidades obligó a Ponciano a emigrar a la capital del Estado a finales de la revolución en 1924, con escasos diecisiete años. Ahí inició una nueva forma de vida. Su madre Salustia y su hermana permanecieron en la ranchería, las mujeres de la época carecían no solo de derechos, también de oportunidades, y permanecían en el seno familiar hasta ser desposadas o para realizar labores domésticas; no había muchas opciones para ellas.

Ponciano, varón joven, tenía oportunidad de iniciar una nueva forma de vida y la aprovechó, con pocos años de escolaridad y aún adolescente, buscó trabajo y logró, en poco tiempo, contratarse como obrero en la minera ubicada en el poniente de la ciudad de San Luis Potosí, acontecimiento que cambió su vida. Tener trabajo aun con un salario magro le permitió iniciar una nueva vida. Ahí laboró como obrero durante más de cuarenta años. Viajaba en camión urbano a las seis de la mañana y retornaba a las cinco de la tarde, religiosa y puntualmente, todos los días.

Ponciano conservaba apuntes de la historia y evolución de la compañía; apasionado del pasado, describía en sus disertaciones los pormenores y acontecimientos que consideraba relevantes. Fue, durante los años de juventud vigorosa, líder sindical de trabajadores de la compañía fundidora de zinc y cobre ubicada en la ciudad.

La compañía, según sus relatos, fue fundada en 1888 como American Smelting and Refining Company por Henry H. Rogers, William Rockefeller, Adolph Lewisohn, Robert S. Towne, Anton Eilers y Leonard Lewisohn. El nombre de la empresa era Compañía Americana de Fundición y Refinación.

Meyer Guggenheim y sus hijos heredaron el control de la compañía en 1901. En 1916, en plena revolución, Pancho Villa y sus guerrilleros mataron y mutilaron a diecisiete empleados de la empresa. Uno de los varios incidentes que provocaron la invasión punitiva de militares de los Estados Unidos contra Villa. El hecho confirma la prioridad permanente de Estados Unidos por sus empresarios e intereses económicos.

En la primera década del siglo xx, los Guggenheim continuaron con la expansión de negocios en México, al establecer otras tres fundiciones en varios estados de la república mexicana, que incluía la ciudad del Altiplano Potosino Matehuala y San Luis Potosí, capital. También adquirieron propiedades mineras cercanas para abastecer plantas metalúrgicas. A principios del siglo xx integraron redes mineras que durante dos décadas explotarían minerales en Aguascalientes, Coahuila, Chihuahua, Durango, Michoacán, San Luis Potosí y Zacatecas.

En 1950, la Mexican Zinc Co., filial de la American Smelting and Refining Co., tenía condiciones laborales deplorables y nula protección para los trabajadores; además, había recortado prestaciones laborales. El 17 de septiembre de ese año, los mineros de la Sección 14, fracción I (pertenecientes a las minas de Nueva Rosita, Palau y Cloete) del Sindicato Industrial de Trabajadores, Mineros, Metalúrgicos y Similares de la República Mexicana (SITMMSRM) elaboraron y entregaron un documento a la Junta de Conciliación y Arbitraje de la Secretaría del Trabajo, por violaciones a las condiciones laborales y un emplazamiento a huelga para el 16 de octubre. Por supuesto, la Junta apoyó a la empresa y declaró no procedente la huelga. La empresa contrató a 1500 esquiroles y despidieron a los huelguistas.

Ponciano relataba con pasión aquellos hechos, pertenecía a la mesa directiva del sindicato y en ocasiones tomaba la tribuna y hacía gala de sus dotes de orador para defender los derechos de los compañeros.

Relataba como, debido a la guerra de Corea, se había incrementado el precio de los minerales en más del 60 %, la compañía tuvo utilidades superiores a los trescientos treinta millones de pesos.

Para no pagar al fisco ni las utilidades de los trabajadores, sobornó a funcionarios de alto nivel, con el 10 % de las utilidades a cambio de destruir la organización sindical minera. La acción tuvo como consecuencia un golpe severo al movimiento obrero independiente en el país, en años posteriores. Cien años después de su fundación, en 1999, el Grupo México (desde 1965, poseía el 49 % de las acciones) compró la compañía. El 17 de agosto de 2005, se declaró en bancarrota.

La ubicación de la empresa, al iniciar operaciones, se encontraba lejos del centro de la ciudad, en la Hacienda de los Morales y tierras del rancho Capulines. Los permisos de explotación minera fueron concedidos por el Gobierno federal con la intención de que se abrieran fuentes de empleo para los habitantes de la región. Tenía dos plantas en la capital potosina: la planta de cobre y la de zinc.

El crecimiento de la mancha urbana absorbió el entorno, el endurecimiento de las medidas de control ambiental y la acción de grupos ambientalistas en la última década del siglo XX, generó una presión social importante y se solicitó la reubicación de la planta de cobre. Los naturales avances de la urbanización dejaron sus instalaciones en una zona densamente poblada. Al final, consiguieron el cierre de actividades en el año 2010.

La minera fue protagonista de la historia en el San Luis que se fue durante ciento veintiséis años, periodo que permaneció siendo parte de la vida de los potosinos.

La Fundición de Morales, como se conocía en la ciudad de San Luis Potosí, conserva como emblema histórico de la ciudad dos grandes chimeneas; la más alta tiene una altura de 147 metros y 14 metros de diámetro en su base. La empresa representa historia y evolución de la ciudad de San Luis Potosí.

Su cercanía con el campus universitario la convirtió en tradición compartida entre estudiantes y obreros; los camiones urbanos que llevaban los trabajadores a la fundición, ruta de Morales, eran los mismos abordados por estudiantes para llegar a la universidad.

Fue una tradición, durante muchos años, el silbato de cambio de turno a las 7:00 a. m. en punto, todos los días se escuchaba el silbido en un radio de varios kilómetros.

Décadas después, a finales de los setenta, en la Facultad de Medicina de la universidad, cuenta la leyenda que el profesor de Anatomía tomaba lista todos los días a las 7:00 a. m., ni un minuto más ni un minuto menos; y la guía para iniciar pase de lista era el silbato de la Fundición de Morales. Se escuchaba el silbido, apagado por la distancia, pero con suficiente claridad; se iniciaba la lista con aquel grito matutino que despertaba la audiencia: «¡Aguilar!». El primero de la lista, hasta completar ciento diez alumnos. El tiempo de gracia para llegar puntual era su lugar en el orden alfabético: Aguilar era el desgraciado número uno y Zorrilla era el agraciado número ciento diez. El ritual cotidiano era sencillamente implacable. El profesor nunca llegó tarde. No había concesiones y, en ese escenario, quien no aprendía a ser puntual jamás lo sería. Al escuchar el silbato, venía a la mente la nostalgia. Ponciano trabajó en esa compañía por casi cinco décadas, se retiró de avanzada edad; y siempre fiel y paralelo a su empleo, contaba su historia personal.

A los veintiún años de edad, conoció a su primera esposa, Disideria, una mujer de *habitus gracilis*, delgada, de talla pequeña, era madre soltera y tenía una hija de escasos dos años. Al poco tiempo de conocer a Disideria, Ponciano pudo adquirir una casa modesta muy cercana al rastro municipal y frente al emblemático lienzo charro de la ciudad.

Ponciano se mudó a su casa, adoptó a la niña y se casó con Disideria. Con ella, procreó cinco hijos más, el cuarto murió pequeño; y, después de su sexto parto, a los pocos meses, ella falleció de manera repentina.

Cuando, años después, les preguntaban a sus hijos: «¿De qué murió tu mamá?», su respuesta siempre era la misma: «Yo creo que murió de tristeza, éramos muy pobres».

Haciendo conjeturas y aceptando sin conceder, es probable que la causa de la muerte de doña Disideria haya sido una neumonía o incluso pudo ser tuberculosis pulmonar, infección diseminada en esa época entre la población con nutrición deficiente. Era una mujer frágil, había soportado seis partos en menos de diez años y su estado nutricional debió ser precario. El hijo mayor, Viviano, conservaba vagos recuerdos de la tragedia familiar, tenía solamente seis años cuando falleció su madre; y el hijo más pequeño, seis meses.

Relataba Viviano, por las noches, su madre se quejaba, respiraba con dificultad y tosía con espasmos rudos y trataba de mantenerse en silencio, soportaba intensos dolores en el tórax. Murió en la madrugada de un frío día de invierno, la fecha incierta, nadie la recordaba en aquellos relatos.

Ponciano nunca habló de ese pasaje sobre la muerte de su esposa y evadía cualquier pregunta relativa al caso. Nunca quedó claro si era por el dolor de la pérdida de la madre de sus hijos pequeños o por los sentimientos encontrados de no haber hecho algo más para evitar una muerte prematura de una mujer joven. Dentro de todos los recuerdos familiares, solo existía una sola foto de doña Disideria. Mujer abnegada, callada y dulce, así la describían sus hijos en vagos recuerdos. Sufrió en silencio una vida de privaciones y murió joven con la pena de dejar hijos pequeños en la orfandad. Por algo ganó tanta popularidad la película de Luis Buñuel *Los olvidados*, describía desnuda, cruda y sin pelos en la lengua esa realidad de grupos sociales marginados existentes en el país en aquellas épocas aciagas y oscuras.

Pocos meses después de quedar viudo, Ponciano reinició su vida sentimental y se unió en segundas nupcias con Lucrecia; mujer campirana, fuerte, ruda y joven, de voz profunda y sonora, aceptó las propuestas de un viudo maduro con discreta carga de cinco hijos en crianza. Cinco entenados, como se les llamaba en México a los hijos adoptivos, carga que sería excesiva en poco tiempo, una vez que llegaron hijos propios. Las relaciones afectivas en estas condiciones son complejas y la vulnerabilidad de la infancia genera conflictos, abusos y cicatrices que perduran de por vida. Ante el escenario, la herramienta que han descrito los psicólogos como defensa es la resiliencia.

En poco tiempo los dos varones mayores fueron enviados a un pueblo cercano, bajo la tiranía de su tío Malaquías, hijo de Salustia, para trabajar como peones en la milpa y cuidando ganado, sin paga: solo recibían techo, un poco de comida y harto trabajo físico. El abandono y falta de afecto paterno fueron profundos, pero tampoco se puede reprochar mucho, un padre no puede dar lo que nunca tuvo. Ponciano también fue un huérfano a corta edad, careció del afecto e imagen paterna, que siempre deja una impronta en la formación humana; la carencia de afecto y ternura marcan el alma.

Eran otros tiempos, ya entrada la década de los cuarenta, la pareja de Ponciano y Lucrecia reinició su vida reproductiva y en los cálculos extraoficiales lograron engendrar un total de diecisiete hijos, de los cuales vivieron once. Era una época de explosión demográfica y los matrimonios tenían en promedio diez hijos. La posguerra dejó secuelas y una de ellas, fue el *boom* reproductivo.

Ponciano, mucho tiempo después, con sesenta y seis años encima, primogénito de Alcides, acostumbraba a visitar la casa de Viviano, también su primogénito. Durante reuniones familiares, en fechas festivas, se sentaba en una silla colocada en el fondo del patio, bajo la sombra de una terraza, se rodeaba de los abundantes nietos, sentados en el suelo, en posición de loto, y platicaba la historia, con detalles propios del paso del tiempo y la nostalgia de una época dura, una infancia de orfandad y pobreza. La historia siempre giraba en torno a sus dos mundos, la compañía donde trabajó toda su vida (tema dominante), sus aventuras sindicales y sus escarceos y discusiones con sus jefes. Y su historia familiar, la tragedia de Alcides, matizada por el paso sucesivo de las versiones de su madre y de familiares que conocieron el acontecimiento. Cargada de huecos de información e imprecisiones, generada por una época de conflicto, caos y anarquía nacional, escenario de millones de muertes en el anonimato.

Ponciano, ya mayor, se deleitaba con algunas cervezas de las llamadas caguamas, de 940 mililitros, para alegrarse un poco; y comenzaba sus relatos con aguda memoria. La cara se le cubría de rubor y aparecían aquellos ojos llorosos inconfundibles, nunca se logró discernir si era por el recuerdo de la tragedia o simplemente por el efecto de la enorme caguama que ingería con singular alegría. Y hoy, muchos años después, hace recordar la escena donde el señor Miyagi, completamente ebrio, se queda dormido después de llorar y releer el telegrama donde le informan una noticia fatídica: «Su esposa e hijo fallecieron en el trance del parto, mientras él se encontraba en el frente de combate, durante la segunda guerra mundial, como soldado del ejército japones». Pasaje icónico, de la película *Karate Kid*.

Durante la narración de sus historias, Ponciano sacaba de la bolsa trasera de su pantalón, un pequeño cuaderno de abundantes hojas amarillentas, con las esquinas rotas y dobladas por el tiempo; ahí, escribía datos, fechas, detalles, nombres y números que sabía de memoria, pero le gustaba consultar para mayor precisión.

Al contar la historia, su voz grave se profundizaba y mantenía a varios de sus nietos atentos y perplejos con aquel relato trágico que marcó su infancia y su vida. La intensidad de sus palabras surgía de un hecho incontrovertible: él era, en términos técnicos, como muchos otros infantes de la época, un huérfano de la Revolución mexicana.

Héroes y villanos

La formación de los seres humanos pasa por etapas naturales, condicionada por la evolución biológica y física propia de la especie. Se agrega el entorno hostil y natural de países donde priva la desigualdad, pobreza e injusticia social. Nacer está determinado por azares de la naturaleza, sobrevivir es un reto social, biológico y personal.

La conciencia y memoria se adquiere hasta los cinco años aproximadamente; el juicio crítico empieza a aparecer en la adolescencia, con todas sus contradicciones y explosiones fisiológicas; y en la edad adulta, se abren escenarios, la realidad obliga a hacerlo. Es evidente, la luz siempre ha estado encendida para quién quiere abrir los ojos. No abrirlos también es opción personal.

Los acontecimientos nos ubican en una realidad, en un tiempo y una época con particularidades únicas. Y ese universo personal se llena de hechos reales o ficticios que alimentan nuestra formación y nos convierte en personas. Los valores y principios inculcados modelan carácter y personalidad.

La historia oficial mostrada en las escuelas, en la tierna infancia, la llenan de héroes y villanos, matizados por los intereses de los Gobiernos en turno. Crean, desaparecen y glorifican héroes y villanos a conveniencia. Con el tiempo, se modifican estos conceptos, cuando se estudia la historia y sus protagonistas con hechos documentados. Las evidencias muestran simple y llanamente lo que son: seres humanos de carne y hueso.

Analizarlos de esta manera crea una cultura estática más apegada a la realidad y evita el autoengaño de crear mitos, héroes o villanos. Son simplemente quienes vivieron su tiempo y su circunstancia y, al dejar de existir y construir un pasado, es irrelevante enjuiciarlos o encasillarlos. Una alternativa más objetiva es documentar las evidencias y analizar hechos históricos, sin filias ni fobias, y aprender de ese pasado que nos identifica. La lectura de historiadores críticos permite un análisis sólido de acontecimientos, personajes y hechos documentados.

Los acontecimientos y hechos históricos marcan la vida de las personas y son origen de personalidad y comportamiento, la reacción que provocan en ocasiones es impredecible y puede generar resiliencia o caos en las conductas humanas. Nacer y crecer durante una guerra marca y convierte en seres diferentes, con huellas y cicatrices. Transforma.

Ponciano, primogénito de Alcides, nació en diciembre del año 1906 en plena Navidad. Cuando tenía escasos cuatro años, estalló la Revolución mexicana, que se prolongó por casi dos décadas. Perder a su padre con escasos nueve años dejó a la familia en la orfandad, la pobreza y una vida rural carente de oportunidades y expectativas de futuro.

Vivir la revolución armada permite acumular un bagaje de información, experiencias y testimonios trasmitidos a través de varias generaciones. Cuando alguien vive la historia y la narra, los hechos adquieren un contexto diferente a las versiones oficiales, casi siempre, matizadas por intereses políticos.

Un conflicto bélico de tales magnitudes tiene altibajos y estallidos intermitentes, la población sufre estragos. La anarquía alimenta resentimientos sociales y drena violencia inusitada y explosiva. Se naturalizan la muerte, venganza, traiciones y homicidios, es una guerra y, por definición, hay muerte y destrucción.

El vacío de poder genera apetitos personales y la guerra es excusa para todo tipo de tropelías. Crecer en ese entorno endurece la piel como defensa para sobrevivir.

Ponciano narraba esa época y remembraba los terrores vividos en las áreas rurales donde creció y esperaban con ansia las noticias que llegaban a las rancherías, desfasadas por la escasez de medios de comunicación, y mantenían a la población en una zozobra permanente. El caos parecía interminable.

El inicio del conflicto armado fue establecido con extrema precisión por Francisco I. Madero en su manifiesto conocido como el Plan de San Luis, fraguado durante su cautiverio en la penitenciaría de la ciudad de San Luis Potosí y escrito en Estados Unidos, donde se exilió después de escapar de prisión y del régimen de Porfirio Díaz. El manifiesto aparece emitido en la capital potosina por una sencilla razón: Madero no podía iniciar un movimiento armado desde el exilio, a riesgo de ser acusado por las autoridades del país vecino de preparar, desde su territorio, una conspiración contra el Gobierno mexicano; hacerlo, además de ser un delito, restaba legitimidad a su postura contra el régimen.

En el Plan de San Luis, Madero marcó el 20 de noviembre de 1910 a las 18:00 h el inicio del levantamiento armado. Las hostilidades prendieron tímidas y aisladas en el norte del país, poco a poco se extendieron a las principales ciudades, hasta convertirse en un estallido social generalizado que obligó a Porfirio Díaz a renunciar a la presidencia de la república el 25 de mayo de 1911. En solo seis meses, el régimen se desmoronó; más que por la fuerza de la revuelta, su caída fue motivada por el hartazgo social, la senectud, falta de vigor físico y fuerza política de Porfirio Diaz, para ese momento octogenario. El país necesitaba un cambio de régimen y solo requería un detonante. La tímida revolución armada de Madero fue suficiente.

Después de nombrar un Gobierno interino y convocar a elecciones, parecía que el conflicto terminaría rápidamente y el país seguiría su cauce en paz. Madero no toma el poder de inmediato, difiere su llegada hasta realizar elecciones, por una convicción personal de asumir el poder con la legitimidad de una elección libre, como lo había planteado en su libro *La sucesión presidencial* y en el manifiesto emitido para proclamar la Revolución mexicana.

Durante la segunda mitad de 1911, Madero permitió que los mandos del Ejército, leales al Gobierno de Díaz, permanecieran en sus cargos y autoriza licencia de todas las fuerzas armadas. Estas decisiones crearon un entorno hostil y peligroso para el Gobierno y en particular para Madero, cuando asumió el poder seis meses después. El desenlace de los hechos y su asesinato lo demostraron posteriormente.

Francisco I. Madero, traición política y asesinato

Francisco I Madero derrotó el régimen por la vía armada, renunció Díaz y en negociaciones con la estructura anquilosada que prevalecía no toma el poder; se establece un Gobierno interino a cargo de Francisco León de la Barra, en contra de todas las opiniones de las fuerzas revolucionarias, quienes esperaban se limpiara la estructura dejada por Díaz y se nombrara un Gobierno revolucionario. Esta postura fue rechazada por Madero, quien estaba en contra de fusilamientos y venganzas, a pesar de las evidentes traiciones gestadas entre funcionarios leales al régimen derrotado y militares federales. Las consecuencias de esta postura serían terribles.

Durante el interinato, León de la Barra, de acendrada lealtad a Porfirio Díaz, se dedicó durante este breve periodo a sabotear imagen y planteamientos democráticos de Madero. Creó un conflicto y persecución contra Emiliano Zapata, contradiciendo las órdenes de Madero, quien prometió el reparto agrario, como legítima demanda de los zapatistas; lo que desencadenó la desconfianza hacia Madero del Caudillo del Sur. Con este apelativo se conocía a Emiliano Zapata.

En otro frente, León de la Barra pagaba a la prensa para atacar a Madero y tenía como objetivo velada o descaradamente una contrarrevolución alimentada por su nostalgia de mantener el viejo régimen, del cual era beneficiario directo.

León de la Barra, sin capacidad de maniobra, debió convocar a elecciones. Por primera vez se realizaron libremente el 15 de octubre de 1911, y con una votación abrumadora, Madero es nombrado presidente electo. León de la Barra no espera y renuncia, dejando la presidencia en un vacío. Madero debe asumir el cargo el 6 de noviembre de 1911.

Madero era un civil y tomó las armas, derivado de la actitud del régimen de Díaz, quien, aferrado al poder, modificó la constitución a conveniencia, sin realizar elecciones libres y sin permitir oposición política. Madero, antes de las elecciones de 1910, se entrevistó con él y le planteó una salida digna, convocar a elecciones libres. Díaz no solo lo ignoró, lo convierte en perseguido político y lo encarcela durante campaña y día de la elección y fragua otro fraude electoral por enésima ocasión. Sin alternativa para lograr elecciones libres, Madero toma las armas.

El Gobierno efímero de Madero se caracterizó por inoperancia para tomar decisiones clave, en un país en ebullición después de un conflicto armado. El nuevo régimen permitió y concedió el poder militar a la mayoría de los altos mandos leales al viejo régimen. Así mismo, se negó a llevar a cabo fusilamientos y venganzas políticas como proponían algunos de sus colaboradores y seguidores, incluyendo Pancho Villa, quien le pedía fusilara a todos los perfumados que lo rodeaban o acabarían asesinándolo.

Durante todo su gobierno, siempre acecharon las traiciones, oposiciones permanentes y una prensa implacable para cuestionar, criticar y denostar su Gobierno, publicando múltiples burlas hacia sus defectos, conductas y limitaciones personales. Ahí se acuñó la frase celebre de su hermano Gustavo Madero hacia la prensa: «Muerden la mano que les quitó el bozal», refiriéndose a la prensa sometida o sobornada por el régimen de Porfirio Díaz, durante más de tres décadas.

El Gobierno de Madero se complicó al no cumplir los compromisos establecidos en el Plan de San Luis, donde especificaba claramente, en el artículo 3.º, reparto de tierras expropiadas al margen de la ley. Zapata exigía la entrega inmediata de las tierras y Madero pretendía una entrega pactada y paulatina. Al fin empresario, deseaba un arreglo con los caciques y terratenientes y la comprensión de Zapata. Nunca se puede estar bien con ambas partes, irreconciliables en un trance bélico. Madero nunca asimiló que debía tomar, en ocasiones, decisiones definitivas y dar cauce a la revolución; había vencido el régimen por la vía armada y no había nada que negociar.

El Plan de San Luis se había concretado con la revolución y debía cumplirlo, esa postura le costó el descredito con ambos bandos: por un lado, los revolucionarios; y por el otro, el sistema militar, económico y político anquilosado que dejó Díaz.

Ante esta decisión, en poco tiempo, su Gobierno fue desconocido, con justificada razón, por los zapatistas. Madero envió al general Felipe Ángeles a mediar y lograr el control de la zona. Ángeles calmó los ánimos con una actitud conciliadora con el Caudillo del Sur. Este hecho tuvo poco peso en el desarrollo de la revolución, ya que el verdadero problema estaba en la capital del país, donde se fraguaba la conspiración para derrocar al mandatario y eventualmente asesinarlo.

La decena trágica

Diez días fatídicos para el Gobierno de Madero, del 9 al 19 de febrero de 1913. En la madrugada de ese 9 de febrero, son liberados de la prisión Félix Díaz, de la cárcel de Lecumberri, y Bernardo Reyes, de la cárcel de Santiago Tlatelolco, presos emblemáticos de la contrarrevolución, férreos opositores de Madero y nostálgicos del viejo régimen. El responsable de liberar a Bernardo Reyes fue Manuel Mondragón. Una vez liberado, Reyes se dirige a liberar a Díaz como signo de alianza y con el objetivo de marchar juntos a tomar palacio nacional y derrocar a Madero.

Ambos personajes se sentían herederos naturales del Porfiriato y descalificaban a Madero para gobernar. Esperaron pacientemente su oportunidad para tomar el poder una vez exiliado Díaz. Para ello, hicieron alianza con los zopilotes de la época, encabezados por el embajador de Estados Unidos en México, Henry Lane Wilson, líder de la conspiración contra Madero, y Victoriano Huerta, emblema del traidor en la historia de México, quienes hacían una amalgama excelsa, entremezclando apetito de poder, intereses, corrupción y traiciones. Se agregaba Manuel Mondragón, prototipo de la corrupción militar porfiriana. El otro líder, Aureliano Blanquet, se encargaría personalmente de aprehender a Madero; y Francisco

Cárdenas, jefe de los rurales y sicario de los traidores, ejecutaría a Madero y Pino Suarez. Un equipo excelso de traidores.

El día de su liberación, Félix Díaz y Bernardo Reyes atacaron Palacio Nacional y en la trifulca cayó muerto Reyes. También cae herido el jefe de guardias del palacio, el general Lauro Villar. Madero, avisado del acontecimiento, baja del Castillo de Chapultepec (montando su caballo, de nombre Destinado), residencia del Ejecutivo, hacia Palacio Nacional, escoltado por los cadetes del colegio militar, en la famosa marcha de la lealtad. Madero inicia la defensa del Gobierno, mientras la conspiración inicia la formación de un cerco alrededor del presidente, con la intención de hacerlo renunciar.

Durante los días siguientes, se monta una guerrilla encabezada por Félix Díaz y sus huestes, quienes se atrincheran en la Ciudadela y, provistos de armas, municiones, provisiones y recursos, inician una guerrilla simulada en complicidad con Huerta, quien permite la entrada de alimentos y personal durante la batalla, además de llevar a cabo bombardeo selectivo sin daños mayores y provocando múltiples bajas de soldados leales al régimen de Madero, menguando las fuerzas y ganando tiempo. Paralelamente, se fraguaba la traición y eventual toma como prisioneros en Palacio Nacional de Madero y Pino Suarez, con la apropiada asesoría del embajador Lane Wilson, quien mantenía malinformado al presidente de Estados Unidos, William Howard Taft, que entregaría el poder el 4 de marzo de 1913 a Woodrow Wilson. Solo diez días después del asesinato de Madero. Es claro que las posibilidades de atender asuntos de México, en ese momento, eran complicadas para el presidente saliente.

Madero permaneció en Palacio Nacional durante los combates en la Ciudadela, había nombrado a Victoriano Huerta jefe de la misión para apagar la rebelión y no se percató de que este lo traicionaba. Gustavo Madero, su hermano y consejero personal, descubrió la traición de Huerta, lo detiene y lo presenta ante Madero informando de la conspiración que encabeza. Huerta lo niega. Madero, con un alto grado de ingenuidad, dio al traidor veinticuatro horas para probar su lealtad.

Una decisión clave, momento óptimo que aprovecha el traidor Huerta para el golpe definitivo. Aprehender a Gustavo, en una trampa tendida en el restaurante Gambrinus, y concretar la aprehensión y asesinato del presidente y vicepresidente.

El 18 de febrero, Manuel Mondragón entrega a Gustavo a una tropa que se embriagaba y preparaba para ejecutarlo en la Ciudadela, comandada por el capitán Zurita; estaba sentenciado. Lo llevaron a rastras a un patio, se aferró a una puerta. En el forcejeo, le dieron un balazo en la mandíbula. Desquiciado por el dolor, gritaba desesperado. Testimonios refieren que un sujeto de apellido Melgarejo le hundió la bayoneta en el ojo sano. Gustavo solo tenía un ojo y debido a la prótesis le llamaban Ojo Parado. Testimonios documentados afirmaron que Manuel Mondragón observaba la escena.

Ciego y aterrado, Gustavo corría por su vida. Cayó cerca del monumento a Morelos. Ahí, soldados y oficiales lo acribillaron. Agregaron violencia inaudita, le mutilaron los genitales, lo cubrieron de estiércol y tierra. Desvalijaron el cuerpo, robaron algunos pesos, un cuadernito de apuntes donde la última frase era «Todo está perdido». Lo sepultaron con descuido y la tropa continúo la fiesta y la borrachera.

Al día siguiente, la prensa dio la noticia: Gustavo A. Madero había sido «fusilado», nada se sabía de aquellos horribles acontecimientos. Se ignoraba dónde estaba su cuerpo. En Monterrey, Carolina, su esposa, desconoce los hechos; y la familia, en México, buscaba el cadáver.

Fue Alberto J. Pani quien lo encontró. Lo exhumaron de la Ciudadela y lo llevaron al depósito de cadáveres del Panteón de Dolores. Irreconocible, Pani lo identificó por un trozo de camisa con iniciales bordadas y por el ojo de esmalte. Tenía treinta y siete heridas de bala.

Madero, sin saber de la muerte de su hermano y siendo presionado, firmó su renuncia, también lo hizo Pino Suárez. Ambos, después de firmar, pidieron un salvoconducto para exiliarse en Cuba, documento elaborado y nunca firmado por Huerta.

El encargado de llevar la renuncia al Congreso fue Pedro Lascuráin, secretario de Relaciones Exteriores y quien sería presidente en caso de ausencia del presidente y vicepresidente. Lascuráin, cómplice en la conspiración, entregó a Huerta los documentos de renuncia firmados, sin exigir el salvoconducto, hecho que sentenciaba *de facto* al presidente y vicepresidente.

Por la mañana, tras conocer la muerte de su hermano, Madero se derrumbó. A las 10 de la noche del 22 de febrero de 1913, Madero y Pino Suárez fueron informados por el coronel Joaquín Chicarro: serían trasladados a la penitenciaría del Palacio de Lecumberri. Madero se despidió de Felipe Ángeles con un: «Adiós, mi general, nunca volveré a verlo». Finalmente, cerca de las 23 h, Madero fue obligado a subir a un automóvil Protoss y Pino Suárez en un Packard. Autos propiedad de Ignacio de la Torre, yerno de Porfirio Díaz y protagonista del famoso baile de los 41.

Fueron trasladados al Palacio de Lecumberri, en donde a su llegada se les informó: debían entrar por la puerta trasera. En ese momento, Madero, que conocía el lugar, le dice a Francisco Cárdenas que atrás no había ninguna puerta. Los automóviles se detuvieron; Cárdenas obligó a bajar a Madero; en cuanto bajó, le disparó en la cabeza; murió instantáneamente. Pino Suárez también fue obligado a bajar de su auto; al bajar, el teniente Rafael Pimienta le disparó. Al ver que asesinan a Madero, trata de huir herido por el primer impacto de bala y a la vez gritando: «¡Socorro, me asesinan!». Tras esto, Pimienta y los soldados lo acribillaron.

Madero recibió dos disparos en la cabeza. Pino Suárez recibió trece disparos en la cabeza. La versión oficial del suceso fue: «Al llegar al tramo final del camino a la penitenciaría, fueron atacados por un grupo armado. En medio del ataque, los prisioneros trataron de huir, por lo cual resultaron muertos».

Los cadáveres fueron enterrados en fosas, atrás de la penitenciaría; además, se disparó contra los automóviles para confirmar la versión oficial. Al día siguiente, se difundió la noticia en periódicos nacionales con la falsa «versión oficial».

Madero y Pino Suárez fueron enterrados en Lecumberri, lo cual enfureció a Huerta; este ordenó exhumarlos y trasladarlos al anfiteatro para poder apoyar su versión oficial. Tiempo después del asesinato, se realizó la autopsia del cadáver de Madero.

De las balas que recibió, una de ellas fracturó la escama del hueso occipital y base del cráneo. El otro proyectil recorrió una trayectoria paralela. La noticia de la muerte de Madero y Pino Suárez nunca fue manejada como un asesinato. Las balas extraídas del cráneo de Madero se encuentran en la casa museo de Venustiano Carranza, en la Ciudad de México.

El 24 de febrero se conoció el deceso de los personajes. Y poco después de las diez de la mañana, llegó por el cadáver de Madero, una carroza fúnebre, con un elegante ataúd.

Se escuchaban lamentos y plegarias, la gente lloraba. Hubo una pequeña manifestación reprimida por la Policía. El pueblo se estremeció ante la noticia, la devoción los llevó a convertir a Madero en un mártir y llamarlo apóstol de la democracia.

Madero fue sepultado en el Panteón Francés de La Piedad, asistió su familia y, a su viuda, la señora Sara Pérez, se le permitió despedirse abriendo el ataúd y dando un beso al cadáver.

Su viuda portó ropa de luto por el resto de su vida, como homenaje al sacrificio de su esposo.

La familia Madero concebía una idea equivocada, esperaban respeto por la vida de Madero y Pino Suárez. La esperanza llevó a ambas familias a trasladarse a Veracruz y buscar exiliarse en Cuba; sin embargo, ahí conocieron la noticia del asesinato. El acontecimiento afectó sobremanera a María Cámara, viuda de Pino Suárez; incapaz de estar presente en el funeral de su esposo, debió asistir su hijo Alfredo, de catorce años.

Durante la decena trágica, la familia de Madero fue acosada y amenazada de muerte, su casa fue incendiada y debieron refugiarse en la embajada de Japón, protegidos por la guardia personal del diplomático Horiguchi Kumaichi, quien, con gran honor y respeto, protegió con guardias y catanas a la familia y proveía de alimento y refugio durante esos días aciagos, impidiendo que fueran asesinados, como pretendían los sublevados. La viuda de Madero, Sara Pérez, después del sepelio de los mártires, se exilió en Cuba apoyada por el embajador Manuel Márquez Sterling.

La magnitud de la conspiración mostró la mayor crudeza cuando la casa de la familia de Madero fue incendiada y destruida. La numerosa familia y los trabajadores fueron refugiados en la embajada nipona, que carecía de espacio suficiente para albergarlos. Aun así, la familia del encargado de negocios de Japón en México, Horiguchi Kumaichi, se convirtió en proveedor de refugio y alimentos a la familia Madero durante la decena trágica. Lo hacía exponiendo la integridad de trabajadores de la Embajada. Los trabadores se turnaban para adquirir víveres en lugares de provisión de alimentos, entre balaceras cruzadas, con el fin de poder alimentar a la numerosa familia refugiada y a todos los residentes del lugar. En contraste, Victoriano Huerta permitía el paso de alimentos, bebidas e incluso alcohol a la Ciudadela, donde se encontraban los sublevados. Justificaba su cinismo en el hecho de mantenerlos concentrados en la fortaleza.

El Gobierno usurpador publicaba información en periódicos que llegaba a la ciudadanía con versiones oficiales falsas de los hechos. Por otra parte, el pueblo tenía sus propias versiones y lo manifestaba en la cultura popular.

El asesinato de Madero frustró la paz. Un movimiento armado que se esperaba breve se prolongó y truncó la creación de un nuevo régimen político que impulsara la democracia. A partir de este hecho, inició la verdadera revolución, cargada de odios, venganzas, anarquía, muerte, destrucción y una lucha intestina, feroz y violenta para obtener el poder. El país no tenía una estructura política y social para transitar hacia la democracia y Madero, siendo un demócrata, no tenía el perfil para controlar un país con las dimensiones y características creadas por una dictadura de más de tres décadas y de pronto enfrascado en una guerra civil.

Vladimir Lenin, quien encabezó la revolución rusa de 1917 y acabó con el imperio de los zares, como líder radical bolchevique, decía: «No hay revolución sin paredón». Madero no compartía esta idea y tolerar traiciones y traidores durante su gobierno no solo ocasionó que se prolongara la revolución, también le costó lo más preciado: su vida.

La verdadera lucha tenía como detonante los diferentes intereses de los protagonistas. Madero esperaba y tenía como objetivo un país democrático; no lo logró y sus decisiones erráticas, ingenuidad, falta de experiencia y formación personal para gobernar y ejercer el poder condenaron su Gobierno.

Su legado fue demostrar que el país puede tener elecciones libres y transitar hacia la democracia. Asimismo, confirmó que las elecciones libres no son garantía de lograr un Gobierno eficiente y tampoco es suficiente para contrarrestar los enemigos naturales que aparecen en todo evento bélico, manifestado como una contrarrevolución lógica por los intereses creados en el pasado, estructuras anquilosadas del Gobierno y un ejército infiltrado por la corrupción. El desenlace no podía ser otro, era un demócrata que podía gobernar en tiempos de paz y no de guerra. Fue asesinado.

Venustiano Carranza asume el poder

Venustiano Carranza, conocido como el Barón de Cuatro Ciénegas, inició su carrera política como presidente municipal del lugar donde nació, Cuatro Ciénegas, Coahuila, siendo gobernador José María Garza Galán. Sus pleitos con el Ejecutivo estatal lo obligaron a renunciar. Bernardo Reyes fungió como mediador del conflicto y lo apoyó para regresar al cargo, de 1894 a 1898.

Fue diputado local por Coahuila y diputado y senador en el Congreso de la Unión. En 1908, ocupó la gubernatura de Coahuila de manera interina. Apoyó a Bernardo Reyes en el movimiento reyista para contender por la presidencia, contra Porfirio Díaz; esto le trajo enemistades con el dictador y fue derrotado en la elección para gobernador de Coahuila por Jesús del Valle.

Carranza no fue maderista, su filiación política era con Bernardo Reyes, quien se consideró siempre heredero natural de Porfirio Díaz. Reyes fracasó en sus intentos de ser presidente y Carranza, maestro de la oportunidad, se adhirió al maderismo. Con Madero, le llegó su momento y fue nombrado gobernador de Coahuila. Fue también su secretario de Guerra y Marina sin tener carrera militar. Un breve periodo en el Gabinete inicial de Madero lo nominó durante las negociaciones con los aliados de Francisco León de la Barra, presidente interino nombrado por Porfirio Díaz y su Congreso después de renunciar y abordar el trasatlántico Ypiranga, barco alemán que lo llevaría al exilio en París.

El asesinato de Madero provocó el levantamiento de Venustiano Carranza contra Victoriano Huerta. Fue uno de los pocos participantes en la política nacional que condenó el asesinato y pidió al Congreso local de Coahuila facultades extraordinarias para combatir al usurpador Huerta, restablecer el orden constitucional y acabar con la dictadura impuesta después del golpe de Estado en contra del presidente Francisco I. Madero, elegido democráticamente.

El Barón de Cuatro Ciénegas decidió levantarse en armas en contra del régimen de Huerta, por múltiples violaciones a la Constitución de 1857 y falta de legitimidad de su Gobierno. Así se sumó a la causa revolucionaria de Zapata y Villa.

El levantamiento tuvo lugar el 19 de marzo de 1913, con la promulgación del Plan de Guadalupe, el manifiesto desconocía a Huerta y se declaraba presidente interino de la República. Con este hecho, conforma el Ejército constitucionalista, como opositor de Huerta.

Carranza y Huerta se enfrentaron con ejércitos diferentes. El primero logró formar un ejército numeroso y disciplinado; Huerta, por su falta de legitimidad, enfrentó deserciones, traiciones, falta de apoyo e ineptitud de sus tropas.

En etapa inicial, el Ejército constitucionalista lo integraron los lideres del norte del país y marcaron la pauta para vencer al Ejército federal. Álvaro Obregón en Sonora, Villa en Chihuahua y Pascual Orozco en Coahuila fueron los artífices para la toma de Torreón y Zacatecas, que dieron cause a la derrota de Huerta.

Con la victoria del Ejército constitucionalista y la renuncia de Huerta, afloraron las profundas diferencias entre Villa, Zapata y Carranza, que llevaron a la ruptura y enemistad personal. Carranza intentó evitar el enfrentamiento; por ello, convocó una convención, en primera instancia en la capital del país, propuesta que fue rechazada y se acordó hacerla en una ciudad neutral. Se eligió Aguascalientes, equidistante entre la Ciudad de México y Chihuahua, sedes de los ejércitos más poderosos en ese momento, el Ejército constitucionalista y la División del Norte.

La reunión fue convocada el 1 de octubre de 1914 por Venustiano Carranza. El evento fracasó, debido a los intereses divergentes entre líderes revolucionarios y terquedad del primer jefe, que, sin ser elegido, deseaba ser nombrado presidente de la república a toda costa. La falta de acuerdos provocó el reinicio de la verdadera revolución en búsqueda del poder.

El vacío de poder inició con la renuncia de Díaz, lo profundiza el asesinato de Madero y ese vacío provocaría una guerra prolongada, violenta y sangrienta con gran costo para el país. Los villistas y zapatistas expusieron sus ideales en la convención y lograron convencer a carrancistas y obregonistas de rechazar al primer jefe.

La convención, enfrascada en los debates, desestimó las aspiraciones de Carranza y lo desconoció como presidente y nombra a Eulalio Gutiérrez Ortiz como presidente interino. Este no acepta las condiciones de la convención que él mismo propuso, saliendo a relucir su formación autoritaria, y se declara en rebelión. Su actitud prolonga innecesariamente la revolución; su necedad y apetito insaciable por el poder contamina los ideales revolucionarios y, cuando se esperaba enarbolara los postulados de Madero, se embriaga de poder y toma la presidencia por sus pistolas. En enero de 1915, se traslada al puerto de Veracruz y ahí se reagrupa con sus seguidores y ejército, apoyado por Obregón, y se dedica a promulgar leyes y decretos.

Las divergencias desencadenaron una guerra civil entre dos bandos: por un lado, Carranza y Obregón, aliados; y por el otro, Villa y la división del norte. Ambos ejércitos protagonizaron las batallas del Bajío, que marcaron el desenlace definitivo de la revolución, dos proyectos de país enfrentados, donde fue derrotado de manera contundente Villa por la astucia y estrategia militar de un hábil Obregón. Villa, mermado y frustrado por la caída en esa primavera de 1915, debió retirarse hacia el norte.

El debilitamiento de los ejércitos de Zapata y Villa como fuerzas convencionistas permitió a Carranza tomar la Ciudad de México; y su triunfo recibió el reconocimiento oficial del Gobierno estadounidense en octubre de 1915. Como represalia por el apoyo al Gobierno, Villa invade el poblado de Columbus y lo destruye, matando soldados y civiles.

Por su parte, Carranza mantuvo en permanente acecho y ataque a las fuerzas de Zapata en el sur, con el apoyo del general Pablo Gonzáles y el coronel Jesús Guajardo, convirtiendo a ambos revolucionarios en enemigos del Gobierno constitucionalista.

Carranza creyó conveniente consolidar su movimiento político con nuevas leyes, manifestando la necesidad de reformar la Constitución de 1857. El 14 de septiembre de 1916, convoca un congreso constituyente para reformar la Constitución vigente. Cita a un diputado por cada setenta mil habitantes, requisito plasmado en la Constitución vigente. Fiel a su talante autoritario, excluye a villistas, zapatistas y grupos contrarios a su Gobierno, entre los más fuertes, reyistas y maderistas.

No faltaron los problemas y polémicas durante las sesiones; la lucha armada había sido protagonizada por los habitantes de áreas rurales, pagaron con vidas y sangre la revolución; y la Constitución era discutida sin su participación: solo había representantes de las áreas urbanas, clase media, y buena parte eran aliados de los constitucionalistas. El resultado: una carta magna con cambios importantes, pero con exclusión de las clases marginadas, exacerbando el presidencialismo y centralismo histórico.

La Constitución de 1857 fue redactada por los liberales del siglo XIX; la de 1917 fue apegada más a una realidad de condiciones internacionales de su tiempo, el siglo XX. El proyecto de Venustiano Carranza fue modificado sustancialmente; sin aceptar los cambios, debió adaptarse y se incluyeron artículos de sus enemigos personales, promulgando el documento el 5 de febrero de 1917. Los conceptos más innovadores estaban centrados en las relaciones laborales entre empresas y trabajadores, artículo 123; en educación, artículo 3; y en agrarismo, artículo 27.

Posterior a la promulgación, el día 6 de febrero, se convocó a elecciones para diputados y senadores a la XXVII Legislatura del Congreso de la Unión y presidente de la república.

Carranza ganó las elecciones y el 1 de mayo de 1917 tomó posesión como presidente constitucional. Las tareas principales: consolidar la paz y ejercer los mandatos de la Constitución. Con la nueva carta magna en mano, no logra grandes cambios, sus logros magros no sacaron al país de su condición precaria originada por la prolongada guerra civil de casi una década. La economía seguía devastada, había escasez alimentaria y problemas sanitarios agravados por la pandemia de influenza española acaecida en 1918.

Las batallas del Bajío enfrentaron a los ejércitos más poderosos y del vencedor emanó un nuevo Gobierno. Sin embargo, las guerrillas y levantamientos persistían. Emiliano Zapata continuaba su lucha en Morelos; Félix Díaz regresa a México en mayo de 1916 y organiza un nuevo ejército; porfiristas como Guillermo Meixueiro y José María Dávila se revelaron en Oaxaca; el general Manuel Peláez se encontraba encuartelado en la Huasteca; y los hermanos Saturnino, Cleofas, y Magdaleno Cedillo conformaban la rebelión en San Luis Potosí; José Inés García Chávez se sublevaba contra Carranza, en el estado de Michoacán; y Pancho Villa permanecía al acecho en Chihuahua, con un ejército mermado, nada comparado con la División del Norte que combatió en Celaya contra Álvaro Obregón. Este último se retiró a su rancho de Sonora y se desmarca públicamente del Gobierno, derivado de la visión del primer jefe de ceder el poder a un civil y no a un militar en la sucesión. Fiel a su comportamiento autoritario y perpetuando la nefasta costumbre de heredar el poder como patrimonio personal, conducta vigente hasta hoy, en la clase política.

Las pugnas atendidas se centraron contra Zapata en el sur y contra Villa en el norte. Entre sus venganzas personales, acabó matando a Zapata en una emboscada preparada por Pablo González y ejecutada por Jesús Guajardo. Y en una de las muchas traiciones, Felipe Ángeles, aliado de Villa, fue capturado y sentenciado a la pena capital en noviembre de 1919. Dos venganzas personales cumplidas por Carranza, como crímenes de Estado y que, hasta hoy, siguen siendo motivo de polémicas históricas.

Hay una contradicción del trato dado a protagonistas legítimos de la revolución, asesinados por el Gobierno, en contraste con militares traidores y asesinos, protegidos por el propio Gobierno. Aquí, se plasman narraciones y acontecimientos documentados en torno a la muerte de algunos de los protagonistas más conocidos de la revolución mexicana. Todos, de una u otra manera, asesinados.

Emiliano Zapata, un crimen de Estado

Emiliano Zapata, el Caudillo del Sur, fue asesinado el 10 de abril de 1919 en la hacienda de Chinameca, en una conspiración fraguada desde el poder. El asesinato convirtió a Zapata en un mito y símbolo de la revolución. Su breve existencia no logró consolidar sus postulados revolucionarios de «tierra y libertad».

Zapata fue sinónimo de reclamo para el Gobierno, siempre apegado a sus principios de Caudillo del Sur. Un hombre desconfiado al extremo solo pudo ser asesinado a través de una trampa tendida por el Ejército al servicio del Gobierno. Su muerte fue la única forma de acabar con el reclamo agrarista de los campesinos del sur.

Al iniciar el año 1919, el ejército zapatista estaba debilitado y con muchas bajas, derivado de la persecución implacable del Gobierno y ejecutada por Pablo González durante un lustro. La cacería de Emiliano Zapata culminó con una trampa planeada y autorizada desde las más altas esferas del Gobierno.

González instruyó al coronel Jesús Guajardo atacar fuerzas zapatistas en los alrededores de Cuautla. Guajardo era un militar irresponsable, ineficiente y proclive a consumir alcohol, conductas que le impiden cumplir las órdenes. Detenido y conducido al arresto, trata de huir, pero su estado de ebriedad no le ayuda. Su arresto fue difundido en toda la región por ser enemigo acérrimo de los zapatistas.

Zapata, al conocer la noticia del arresto de Guajardo, plantea la posibilidad de invitarlo a unirse a sus filas. Las bajas y debilidad del zapatismo eran evidentes y requerían reforzar sus huestes. Zapata le escribe carta a Guajardo invitándolo a unirse a su causa, el escrito es interceptado por Pablo González, quien, con esta prueba, encara a Guajardo y lo acusa de traición, conducta que puede llevarlo al paredón. Guajardo pide clemencia, González se la otorga y lo obliga a participar en la trampa planeada para asesinar a Zapata.

Con Guajardo en sus manos, el general Pablo González, hombre de confianza de Carranza, solicita autorización del presidente para llevar a cabo la misión militar de asesinar a Zapata. El Ejecutivo toma una decisión de Estado y autoriza asesinar al Caudillo del Sur y acabar con sus demandas agraristas de una vez por todas. Tenía nueve años en la lucha y había sido imposible acabar con él. El Gobierno federal se desmoronaba y un frente permanente de conflicto era el zapatismo; matando al caudillo agrarista, pensaba que su Gobierno ganaría crédito.

Pablo González instruye a Guajardo para que invite al Caudillo del Sur a dialogar y eventualmente unir fuerzas. Zapata acepta la invitación y compromete integrarlo a su ejército respetando sus grados y los de sus oficiales. Pide a Guajardo pruebas de lealtad y confianza. Zapata desconfiaba hasta de su sombra y sabía que las traiciones estaban latentes en el Ejército. El arte de la guerra siempre ha sido el arte del engaño.

Zapata le pide revelarse contra el Gobierno y atacar Jojutla, donde se encuentran traidores de la causa zapatista, entre ellos, Victoriano Bárcenas, a quien le pide fusilarlo. Guajardo acata ambas órdenes.

Le pide finalmente se una a su campamento y pernocte con ellos. Guajardo se niega, argumenta que tenía arsenal en la hacienda de Chinameca y temía pudiera ser tomado por fuerzas federales. Guajardo lo invita a Chinameca al día siguiente, el 10 de abril de 1919, para realizar traslado de mando y entregar el control del arsenal para atacar fuerzas federales.

Ese día por la mañana, Zapata inspeccionó la zona desde un cerro conocido como la Piedra Encimada, baja para hablar con Guajardo, en los linderos de la hacienda, este finge un ataque federal que lo obliga a replegarse. Finalmente, poco después del mediodía, baja con diez de sus hombres a la hacienda y es recibido por guardia y clarines de honor, al final de la cual se dispara una ráfaga de balazos desde todas direcciones. Así es asesinado uno de los hombres más importantes de la revolución. El asesinato no se maquilló, no se ocultó y los asesinos materiales e intelectuales se regocijaban de su trampa. Sin embargo, la imagen de Zapata se acrecentó y se mantuvo viva en sus seguidores a través del tiempo, pasando a los terrenos de la leyenda por ser víctima de un asesinato de Estado. Su imagen se convirtió en símbolo de revolución, se escribieron libros, corridos, canciones y anécdotas acerca de su corta existencia. Zapata dedicó su vida a la revolución y murió como revolucionario.

Felipe Ángeles, la tragedia de ser diferente

El general Felipe Ángeles nació en Zacualtipán, Hidalgo, el 13 de junio de 1868. Su padre combatió durante las invasiones de Estados Unidos y Francia a México.

Adolescente de catorce años, ingresó al Colegio Militar a través de una beca concedida por Porfirio Díaz por servicios de su padre, durante la lucha contra la intervención extranjera.

Inteligente, fue uno de los oficiales más brillantes de su generación. Y egresó en 1892 con grado de teniente técnico de artillería. Fue profesor muy respetado en el Colegio Militar, Escuela Nacional Preparatoria y Escuela de Tiro, de la que llegó a ser director.

El 25 de noviembre de 1896, se casó con Clara Krause. Realizó estudios de artillería y armamento en Estados Unidos y Francia, recibió la orden de Legión de Honor por méritos durante sus estudios. En una disertación en el mismísimo Colegio Militar, en presencia de Porfirio Díaz, Ángeles cuestionó al soldado arbitrario y brutal y elogió al hombre de armas apegado a la legalidad y a las obligaciones institucionales. Su actitud marcó su destino político, ser diferente entre militares de la talla de Mondragón, Huerta, Félix Diaz y muchos otros que se caracterizaban por conductas brutales, corrupción desmedida y proclives a traicionar; lo privaron de ascensos y méritos políticos en una época en la que el país era dominado por los dinosaurios de la milicia, con Porfirio Diaz a la cabeza de todo el poder, donde las lealtades y pactos de corrupción significaban complicidades premiadas.

Ángeles vivió la tragedia de ser diferente a los militares de su época, siempre criticado por iluso e idealista, críticas exacerbadas por su inconformidad al maltrato del Ejército a los yaquis y el favoritismo y nepotismo como méritos de promoción. Los superiores, como se estilaba en la época, lo desterraron a través de una comisión militar a Francia.

En 1912, Francisco I. Madero le otorga el cargo de director del Colegio Militar; y seis meses después, fue ascendido a general brigadier; su principal tarea encomendada fue apagar la revuelta de Emiliano Zapata en Morelos, que desconoció a Madero al no cumplir el Plan de San Luis, el artículo 3.º indicaba con claridad la devolución de tierras arrebatadas a los campesinos por medios ilegales.

Madero lo envió para relevar al general Juvencio Robles, que arrasaba poblados y utilizaba métodos brutales, como «la tierra quemada», en la lucha contra el ejército zapatista.

Al inicio de la Decena Trágica, la primera acción de Madero fue viajar a Cuernavaca para traer a Ángeles a la capital del país, consciente de su lealtad y capacidad militar. Ángeles siempre permaneció leal a Francisco I. Madero. Y no fue ejecutado con el mandatario debido a su ascendencia en los mandos militares del Ejército federal, donde era reconocido y respetado y tenía relación con generales leales a Madero hasta el final de su mandato: García Peña, Jacinto Blas Treviño, Federico Montes, Víctor Hernández Covarrubias, José González Salas, Lauro Villar y Gustavo Garmendia; y también algunas pugnas personales con el general Manuel Mondragón, su padrino de bautizo. Ángeles cuestionó siempre la corrupción y deslealtad de Mondragón en la compra de armas y los pingües negocios personales realizados al amparo del poder.

El traslado de Madero a Cuernavaca lo realizó en su automóvil personal, sin escolta, lo que puso en peligro su vida; en todo el trayecto había zapatistas levantados en armas, que lo habían desconocido. Sin embargo, su premura por llegar al lugar donde estaba Ángeles lo obligó a tomar esa temeraria decisión.

De regreso, llegaron a la capital del país el 10 de febrero. A su paso por Xochimilco y Tepepan, los esperaba el general Ángel García Peña, secretario de Guerra. El presidente ordenó tomar el mando de las tropas leales y designar a Felipe Ángeles jefe de su Estado Mayor. Ahí, surgen decisiones ominosas que llevarán a Madero a la muerte. El general Ángel García Peña había otorgado a Ángeles ascenso a general brigadier en 1912. Los mandos federales, fieles a las conductas porfirianas, mostraron rechazo a la orden de Madero por el grado de Ángeles, general brigadier, dos grados abajo del general de división. La orden no fue cumplida por García Peña, se antepone la visión y jerarquía militar, antes que la orden del jefe supremo de las fuerzas armadas, en este caso el presidente de la república; y se empieza a cerrar un cerco militar contra el presidente.

El mando se otorgó al general de división Victoriano Huerta, quien traicionó la confianza del secretario de Guerra y del presidente; ambos eran sus superiores. Y para reafirmar su deslealtad, entró en alianza descarada con Félix Díaz, a través del famoso Pacto de la Embajada. El pacto tenía como líder al más perverso y siniestro embajador de los Estados Unidos en México, Henry Lane Wilson. Ahí se negociaron las aprehensiones del presidente Madero, del vicepresidente José María Pino Suárez y del general Felipe Ángeles.

Después del asesinato de Madero y Pino Suárez, el general Ángeles fue exiliado a Francia, lo que evitó una ejecución inminente.

En junio de 1913, el general Ángeles recibe un comunicado del expresidente Porfirio Díaz y otra adjunta del exsecretario de Hacienda, José Yves Limantour. En los escritos le manifiestan que el régimen de Victoriano Huerta caería pronto y le piden interceder en el Ejército para resolver el conflicto bélico. Ambos coinciden en cumplir el Plan de San Luis y entregar las tierras a los campesinos. Le piden forme un ejército, al mando de Francisco Villa y Emiliano Zapata, para salvar el país.

Ángeles regresó a México en octubre de 1913, integrándose al Ejército constitucionalista, a los militares leales al movimiento maderista y a las fuerzas de Venustiano Carranza; fue nombrado primero secretario de Guerra y ratificado después solo como subsecretario, debido a las protestas de numerosos generales rebeldes, encabezados por Álvaro Obregón.

En 1914, se une al ejército de Francisco Villa como jefe de artillería de la División del Norte. Fue pieza clave en las batallas para la toma de Torreón en abril de 1914, derrotando las tropas del general José Refugio Velasco en San Pedro de las Colonias y Paredón.

Previo a la batalla de Zacatecas, surge un conflicto entre Carranza y Villa, el primer jefe ordena relevar del cargo de jefe de la división a Villa; sus generales, encabezados por Ángeles, se oponen y le escriben. Mantendrán a Villa como su general y al mando de la División del Norte. A regañadientes, Carranza acepta la propuesta, sabiendo que el mérito militar será para Villa y no para él. La actitud de Ángeles la considera un desacato disfrazado que será guardado pacientemente y cobrado años más tarde.

Ángeles es promotor e ideólogo de la convención de Aguascalientes de 1914, donde participa como parte de las fuerzas villistas el 31 de octubre; votó por el retiro de Venustiano Carranza. Formó parte de la comisión de guerra de la convención y exigió la integración zapatista a las sesiones. El 2 de diciembre ingresa con el contingente convencionista a la Ciudad de México al frente de la tropa villista. Ante el fracaso del Gobierno de la Convención, que nombra a Eulalio Gutiérrez y rechaza a Carranza, Ángeles se dirigió al noroeste, al frente de las fuerzas convencionistas. Ocupó la gubernatura de Coahuila y de Nuevo León, del 15 de enero al 21 de febrero de 1915. Felipe Ángeles deja el ejército de Francisco Villa después de las derrotas estrepitosas en el Bajío, en contra del Ejército de Constitucionalista; derrotas provocadas por ignorar los consejos de Felipe Ángeles, como estratega militar no estaba de acuerdo con Villa de realizar ataques fulminantes de caballería contra líneas enemigas, en terrenos que no conocía y no eran propicios; los ataques fueron rechazados sistemáticamente por las trincheras preparadas por el ejército de Obregón y lo llevaron a la derrota definitiva en el Bajío.

Carranza y Obregón ganan la partida a Villa. Ángeles se exilia en Estados Unidos en El Paso, Texas, arropado por José María Maytorena. Permanece en actividades que promueven grupos de exiliados. En Nueva York formó parte del Comité Ejecutivo de la Alianza Liberal Mexicana. Escribe artículos en diversos periódicos, acepta sin retórica su convicción socialista y ser partidario del marxismo. Fue crítico de la Constitución de 1917 y estaba convencido de que era mejor la de 1857, redactada como producto de la guerra de reforma, y la consideraba más acorde con las necesidades del país en ese momento.

Ángeles retorna a México en diciembre de 1918 y emite un manifiesto conocido como Plan de Río Florido, con el propósito de atacar las políticas de Venustiano Carranza y sus aliados.

No logra integrar un ejército para unificar a todos los grupos rebeldes y tampoco logra disciplinar a los dorados de Villa. Vencido y aislado, como marca la tradición nacional en estos casos, es traicionado, denunciado y aprehendido.

El militar Félix Salas lo denuncia a cambio de amnistía para él y sus cinco oficiales, el 10 de noviembre de 1919. El general se entregó sin luchar, fue apresado por Gabino Sandoval y Félix Salas, en el puerto de La Mora, Cañón de Salomé, municipio de Valle de Olivos, en el estado de Chihuahua. Parte de la escolta lo abandona y se ponen a salvo seis integrantes. Se quedan con él el mayor José Muñoz, jefe de la escolta; el mayor Néstor Enciso de Arce; y el soldado raso Antonio Trillo. Este último, años después, era parte de la comitiva que acompañaba a Villa cuando fue asesinado; ambos murieron en la reyerta.

La vieja rencilla de su desacato en la toma a Zacatecas cobra factura. Obregón y Carranza instruyen a sus generales aliados en la zona y se le forma consejo de guerra por su adhesión al ejército de Pancho Villa. Es acusado de traición y sedición.

El juicio es público y se realiza en el Teatro de los Héroes de la ciudad de Chihuahua, abarrotado de público. Ángeles era un general muy conocido, respetado y su leyenda como villista era apreciada en todo el país. El juicio sumario lo llevó a cabo el consejo de guerra, integrado por los generales Gabriel Gavira Castro, Miguel M. Acosta Guajardo, Fernando Peraldí y José Gonzalo Escobar.

Ángeles asume personalmente su defensa ante el consejo de guerra; durante los cinco días que duró el juicio, del 20 al 25 de noviembre de 1919, mantuvo firme su postura al declararse amigo y partidario de Madero. Ante las acusaciones de traición y sedición, en contra del Gobierno, argumentó que sus decisiones y conductas militares las realizó por convicciones políticas y no por traición.

El juicio marca una diferencia abismal entre el tratamiento otorgado al general Felipe Ángeles y el otorgado a otros generales golpistas y traidores que participaron en la revolución mexicana. Una justicia implacable y expedita a un militar ejemplar; impunidad y gracia para traidores y asesinos arropados por los hombres del poder. Este tipo de actos y conductas de los personajes que detentaron el poder ha sido herencia perniciosa que ha impregnado la conducta de la clase política en el último siglo; tuvieron la oportunidad de hacer lo correcto, sus apetitos de poder y su calaña lo impidieron. Heredaron corrupción, impunidad, injusticia y traiciones que prevalece hasta hoy.

Años más tarde, uno de los integrantes del consejo de guerra, el general Gavira, anotaba en sus memorias algunas reflexiones. En la decena trágica, en febrero de 1913, todos los mandos militares federales, sin excepción documentada, conspiraban contra el presidente Madero. El general Ángeles, fiel a sus principios, se había mantenido leal al Ejecutivo y había sido «el único que cañoneaba efectivamente la Ciudadela, desde la calzada de la Reforma».

Ningún argumento fue válido para preservar la integridad de Felipe Ángeles; las solicitudes de indulto, incluida la de Woodrow Wilson, la Iglesia católica y la Cruz Roja, fueron rechazadas. Carranza y Obregón incluso enviaron telegramas para amenazar y presionar a los integrantes del consejo y al gobernador del Estado para que ejecutaran a Ángeles. En un juicio rápido y sin permitir la presentación de pruebas, fue declarado culpable y sentenciado a la pena de muerte. Murió fusilado en Chihuahua el 26 de noviembre de 1919.

Actualmente, sus restos mortales reposan en la Rotonda de los Hidalguenses Ilustres en Pachuca de Soto.

El juicio del general Felipe Ángeles fue un evento controversial que polarizó la historia de la Revolución mexicana, ejemplo de cómo se politizaba la justicia durante ese periodo.

Líderes políticos y militares utilizaban el poder judicial para eliminar adversarios o enemigos y consolidar su poder personal.

Durante el juicio, Ángeles dejó su testamento político: «Mi muerte hará más bien a la causa democrática que todas las gestiones de mi vida. La sangre de los mártires fecunda las buenas causas».

En noviembre de 1941, al conmemorar el aniversario del fusilamiento, se nombró en su estado natal hijo del estado de Hidalgo. Se tiene en su legado su frase más célebre: «¿Por qué temerle a la muerte si no le temo a la vida?».

Asesinato de Carranza: el que a hierro mata a hierro muere

Durante el Gobierno de Carranza, México se mantuvo neutral en el proceso de la guerra mundial de 1914 a 1917, a pesar de los coqueteos de Alemania para unirse a su eje (entre ellos, el famoso telegrama Zimmermann, interceptado por el servicio secreto británico), que contenía la promesa germana de apoyo militar, financiero y la posibilidad de recuperar el territorio de Arizona, Nuevo México y Texas, arrebatado a nuestro país por Estados Unidos en la guerra de 1846. El Gobierno, prudentemente, evitó aliarse con un bando, temía al poder de la flota británica y posibles represalias de Estados Unidos. México producía cincuenta y cinco millones de barriles de petróleo crudo por año. Un producto estratégico para la guerra que ambos frentes deseaban tener como activo. La gran guerra concluyó con la derrota alemana y sin mayores contratiempos para México.

En el año 1920, al enfrentar la sucesión, Carranza trató de imponer un presidente de la república emanado de la sociedad civil, con la creencia equivocada que eso, además de pacificar el país, expulsaría a los militares de la política. La designación recayó en Ignacio Bonillas, un desconocido para la población y sin más mérito que la simpatía del primer jefe.

Álvaro Obregón y Pablo González se sentían merecedores de la sucesión, por ser catalogado como general invicto de la revolución y quien venció a Villa el primero; y por ser quien armó la trampa para asesinar a Zapata el segundo; eventos que terminaron por consolidar el poder de Carranza.

Ante el rechazo del presidente de asignarlo como sucesor, Obregón promulgó el Plan de Agua Prieta, apoyado por los generales Plutarco Elías Calles, Adolfo de la Huerta y Pablo González.

La revuelta generada por el Plan de Agua Prieta obtuvo de inmediato el apoyo de la mayor parte del Ejército, Obregón tenía una estela de general invicto en la revolución y sus dotes de militar competente eran legendarias. La milicia abandona a Carranza, quien, al sentirse solo en situación de extrema vulnerabilidad y sin poder político alguno, fiel a su formación autoritaria y creyéndose dueño del país y sus bienes, decidió trasladar la sede del Gobierno al puerto de Veracruz. Reunió a su Gabinete, familias, muebles, pertrechos de guerra, el tesoro nacional y abordó un tren rumbo al puerto jarocho.

Fue acechado y atacado durante todo el trayecto, con pérdidas por ataques directos en las estaciones de San Marcos, Rinconada y de Aljibes, Puebla. El 20 de mayo de 1920, se enteró que las vías habían sido cortadas con explosivos y decidió, en un acto intrépido y desesperado, seguir a caballo por la sierra norte de Puebla hacia Veracruz con un reducido contingente; y en ese momento, libera de sus puestos a los cadetes del colegio militar que lo acompañaban, en su mayoría jóvenes, para que regresaran a su lugar de origen.

Ese día por la mañana, un emisario, Rodolfo Herrero, general obregonista y líder de la emboscada preparada para asesinar al presidente, se integra al contingente y les avisa que están siendo perseguidos, les sugiere refugiarse en el pequeño poblado de Tlaxcalantongo, Puebla. El emisario, más tarde, se aleja del contingente, pretextando asuntos familiares, y los deja a merced de sus perseguidores comandados por él mismo, consumando su traición al presidente de la república.

La madrugada del 21 de mayo de 1920, bajo una tormenta, Herrero y su grupo armado atacan en la oscuridad el reducido grupo que acompaña al presidente, quien termina asesinado en la choza donde se resguardaba del tiroteo y la lluvia. Recibe diecisiete impactos de bala y el tiro de gracia.

Los lugareños, enterados del acontecimiento, recogen el cadáver y lo trasladan a la capital del país, donde es sepultado dos días después. Obregón y Calles tienen el camino libre para la elección de 1920.

El crimen nunca fue esclarecido y nadie fue juzgado o sentenciado por su muerte. Es la característica de los asesinatos políticos, se diluyen a través del tiempo y se esclarecen parcial o totalmente hasta que mueren todos los actores involucrados.

Carranza fue un hombre formado en el Porfiriato, observó de cerca el desmoronamiento del Gobierno del dictador Porfirio Díaz, quien, aferrado al poder, fue rebasado y agobiado por la edad y los enormes rezagos sociales; y es testigo del triunfo legítimo y democrático de Madero, Gobierno efímero y errático que culminó con la traición de Victoriano Huerta; y es también, poco después, observador atento de la anarquía que prevalece en el país.

Los acontecimientos le brindan la oportunidad de lograr su sueño anhelado: construir un nuevo régimen de leyes, estimulado por su admiración a las reformas realizadas por Juárez en el siglo XIX. Con su agudo sentido de oportunidad, Carranza toma las armas y forma el Ejército constitucionalista, logra acceder al poder en poco tiempo, en gran medida por el apoyo de los revolucionarios del norte. De inicio, llega por propia imposición y, posteriormente, por elección. Se legitimó al promulgar una nueva Constitución y perdió su Gobierno y la vida por el conflicto que generó al intentar imponer un sucesor ajeno a las necesidades del país, además de los levantamientos latentes exacerbados por las traiciones propias de sus poderosos generales y la anarquía generada por el conflicto bélico. El objetivo común era simple: tomar el poder, dejado por Porfirio Díaz. Era una clase política y militar hambrienta de poder, poder concentrado durante tres décadas en un solo caudillo, y fue negado a todos los demás.

En su concepción personal, pretendía reencausar el país al orden con base en la ley. Su espíritu autoritario y su incapacidad para aceptar disidencia y lograr acuerdos políticos lo llevaron a cometer crímenes de Estado y a enfrentarse a sus otrora aliados, quienes, al ver que no cedería el poder a través de elecciones, lo acorralaron en el reducto de su propio Gobierno, lo obligaron a salir de la capital y lo asesinaron con saña y absoluta impunidad. El que a hierro mata a hierro muere.

Álvaro Obregón y Plutarco E. Calles asesinan opositores y toman el poder

En 1920, asesinado el presidente en funciones, se nombra presidente interino al general Adolfo de la Huerta, quien persuade a Villa para deponer las armas. Villa acepta, se pacifica el país y convocan elecciones.

Obregón, con Zapata asesinado y Villa fuera de la contienda, toma el poder después de eliminar a sus adversarios políticos, todos militares, incluyendo a varios de sus generales aliados; y como reconocimiento, nombra a de la Huerta, secretario de hacienda.

Obregón, además de general invicto y destacado como triunfador de la revolución, se convierte en un político poderoso y sucesor natural de Carranza, que lo mantuvo como aliado para vencer a la División del Norte; una vez logrado el objetivo, lo desplaza del escenario y de la sucesión, origen del conflicto entre los dos caudillos.

Carranza, como se ha narrado, al saberse incapaz de detener la embestida de Obregón y sus aliados para acabar con su mandato, huye a Veracruz en ferrocarril, con el tesoro nacional. El tesoro es rescatado por un joven servidor público, conocido por su integridad, Adolfo Ruiz Cortines, y es entregado con acta notarial, en la capital del país, al presidente interino.

Ruiz Cortines, posteriormente, sería nombrado presidente de México en 1952. Rescatar el tesoro nacional íntegramente, en aquellos momentos aciagos, es parte esencial de su biografía personal y política.

El Gobierno encabezado por Álvaro Obregón transcurre con algunos connatos de guerrillas, rápidamente apagados por el general invicto de la revolución. En el gran conflicto perdió un brazo, pero nunca una batalla; su rival bélico e ideológico, que se oponía, era la División del Norte, encabezada por Pancho Villa, quien lo llamaba despectivamente el Perfumado.

Obregón lo dejó claro: en una revolución, los conflictos personales y políticos se arreglaban a balazos o con un pelotón de fusilamiento. Así, durante casi dos décadas de lucha armada, fue exiliado un presidente, Porfirio Díaz; dos fueron asesinados en su periodo constitucional, Madero y Carranza; uno más, Obregón, fue asesinado siendo presidente electo; y tres revolucionarios emblemáticos, Zapata, Ángeles y Villa, fueron asesinados desde las más altas esferas del poder. Atrás de estos protagonistas, murieron miles de personajes, militares y civiles, representando el costo de una revolución que pudo ser evitada. Pero al empecinamiento de Porfirio Díaz por mantener el poder, se sumó la postura intransigente de Carranza, quien además de no cumplir los postulados democráticos de Madero, rechazó los acuerdos de la Convención de Aguascalientes, eventos detonantes una guerra civil violenta y sangrienta.

La Revolución mexicana fue una sucesión de acontecimientos, consecuencia de la estructura creada por un dictador durante tres décadas.

Porfirio Díaz, fiel a su conducta autoritaria, rebasado y agotado por los acontecimientos, huyó tranquilamente, quejándose, en su escrito de renuncia, de la ingratitud del pueblo a quien él creía haber servido fielmente y esperando un juicio justo de la historia. Deja el país inmerso en una estructura burocrática anquilosada, envejecida, corrupta e incapaz de evolucionar hacia un Gobierno democrático. Como todo dictador, se encargó de eliminar a cualquier disidente o adversario político capaz de suplirlo. Rodeado de incondicionales, sembró un profundo vacío de poder con su renuncia.

La revolución fue benévola con sus conductas y delitos, en cualquier otro escenario debió ser fusilado después de ser destituido del cargo de presidente de la república. Prefirió el cómodo exilio, antes que pagar con honor militar, como verdadero héroe de guerra. Los evidentes delitos cometidos y las consecuencias de sus actos generaron una revolución armada que costó millones de vidas. La historia lo juzgó severamente y jamás pudo regresar a México ni vivo ni muerto.

La elección de Madero en 1911 fue una prueba fehaciente: México podía tener elecciones libres y pacificas. Su asesinato en 1913 mostró que la clase política no estaba preparada para la democracia. Su asesinato generó un vacío de poder aún mayor, que no pudo ser llenado por medios pacíficos y desencadenó la verdadera revolución, encabezada por caudillos dispuestos a tomar el poder por la vía armada.

En 1917, Carranza, con la nueva constitución en sus manos, fue incapaz de integrar un Gobierno de transición, tampoco fue capaz de formar alianzas que aglutinaran fuerzas sociales y revolucionarias y su Gobierno se descompuso. Sus rasgos más conocidos, ineficiencia y corrupción. En 1919, tuvo oportunidad de convocar a una elección democrática. Su conocida formación porfiriana lo lleva a la única forma que conocía de actuar: heredar el poder por voluntad personal a sus aliados. Su decisión lo enfrenta con los generales que lo llevaron al poder y es asesinado sin contemplaciones.

Al llegar Obregón a la presidencia en el año 1920, se calmaron los ánimos de guerra y parecía haber terminado el conflicto bélico.

En el año de 1923, las elecciones se acercaban y reavivan las conductas autoritarias tradicionales, no conocían otra forma de heredar el poder y Obregón, fiel a las viejas tradiciones insuperables, impone como sucesor a su aliado político y favorito, Plutarco E. Calles. Ambos jefes revolucionarios, que vencieron, en la guerra civil, a dos guerrilleros, Villa y Zapata. Cada bando tenía un proyecto de país diferente. Los sonorenses, enfocados a obtener el poder; y los guerrilleros peleaban por las clases desposeídas, a las cuales pertenecían o estaban ligados.

La elección de 1924 auguraba conflictos, Obregón era enemigo personal de Villa, que se había retirado de la vida política y guerrillera, a través de pacto con el Gobierno de Adolfo de la Huerta. El pacto consistía en deponer las armas y alejarse de la política a cambio de otorgarle la hacienda El Canutillo, una prerrogativa económica y una escolta de cincuenta hombres pagados por el Gobierno.

A partir de ese pacto, Villa partió a la vida civil, mantuvo bajo perfil y se dedicó a manejar su hacienda, cultivar la tierra y prosperar económicamente, rodeado de sus aliados.

En 1923, al acercarse la sucesión, en una entrevista con el periódico *El universal*, con el periodista Hernández Llergo, Villa manifestó públicamente su preferencia como candidato a la presidencia de la república por Adolfo de la Huerta: «Me gusta Fito, es mejor que ese Plutarco Elías Calles». La declaración prendió las alarmas en el Gobierno de Obregón, que además del resentimiento personal acumulado contra Villa por haber perdido un brazo durante la batalla de Celaya, alimentaba temores bien fundados, el Centauro del Norte podía tomar las armas en contra del Gobierno, por su animadversión contra Obregón y Calles. Ambos caudillos instalados en el poder endurecieron su postura, no estaban dispuestos a perder en las urnas, lo que habían ganado en la guerra.

Villa, en la vida civil, mantenía el recelo y siempre estaba atento, sus desmanes, asesinatos y tropelías habían creado enemigos reales y ficticios que lo mantenían como villano favorito de muchos protagonistas de la época. Familias, hacendados, empresarios, políticos y los infaltables traidores y desertores de su división, guardaban rencores que esperaban venganza contra el guerrillero.

Villa, fiel a sus orígenes violentos, mantenía su círculo cercano con personajes leales a su historia guerrillera y poco a poco fue disminuyendo su percepción del riesgo de ser asesinado. Subestimó a hombres con poder, que esperaron y fraguaron pacientemente una conspiración bien elaborada para eliminarlo.

El Gobierno sabía, Villa no tenía interés en asumir el poder de manera personal, el temor radicaba en la posibilidad de que tomara las armas nuevamente para intentar derrocarlo. Lo conocían, combatieron contra él y sus habilidades y capacidades de guerrillero eran legendarias y el poder de convocatoria estaba latente, la División del Norte, con cincuenta mil efectivos, llegó a ser el ejército más poderoso del país y el Gobierno lo sabía.

La revolución tuvo varios episodios y etapas en su proceso, finalmente se enfrentaron dos proyectos de país y en el campo de batalla se impuso la visión de Obregón y Calles, mientras Villa y Zapata, al ser derrotados y asesinados desde el Gobierno, se convirtieron en leyendas. Unos ganaron la guerra y el poder, los otros ganaron historia, mitos y leyendas.

Vivir la historia

Nuestro amigo Ponciano, hijo de Alcides, para esa época, huérfano y dedicado a las labores del campo, dejó la escuela a temprana edad y emigró a la capital del estado para trabajar como obrero. Y años después, contaba la historia. Él vivió esos momentos históricos y fue su primera experiencia como ávido y voraz lector de noticias, narraba con agudo detalle su visión personal del asesinato de Emiliano Zapata y Pancho Villa y sus consecuencias. Reiteraba en sus narraciones los hechos publicados en los periódicos, magnificados por la opinión popular que corría de pueblo en pueblo hasta la más lejana ranchería, los narraba con su visión y la distorsión agregada con cada relato trasmitido. Se llenaba de pasión al contrastar las versiones oficiales cargadas de mentiras, simulaciones y hechos fabricados para proteger las esferas del poder. Huérfano de la revolución, percibía en carne y hueso las calamidades y realidad de un país en pugnas interminable que incluyeron una guerra civil. Sus narraciones se alimentaban no solo de una pasión desbordada, se agregaba la indignación permanente ante las atrocidades cometidas por quienes deberían ser los primeros en cumplir la ley, entregarse al servicio y ser defensores férreos de la justicia, antes bien, eran los primeros en cometer atrocidades, protegidos por el oscuro manto de la impunidad, que otorga el poder.

Ponciano, era un sobreviviente de esa época, insistía; más que conocer la historia, la vivió.

Pancho Villa: conspiración y crimen fraguados desde el poder

En el año de 1923, Álvaro Obregón, como presidente, y Plutarco E. Calles, como secretario de gobernación, manejaban a plenitud el poder político del país. Se avecinaba la sucesión y consideraban a Villa una amenaza; y ante esa percepción, fraguaron cómo eliminarlo del escenario político nacional de una vez por todas. Su objetivo era muy claro: formar un cerco bien elaborado para matar a Villa y tener el campo libre para la elección de 1924.

Ponciano, el narrador, para ese momento, contaba con dieciséis años, leía ávidamente los periódicos de la época y narraba con lujo de detalle los acontecimientos y se identificaba con Villa, quien inició su historia de guerrillero en la adolescencia.

Las crónicas ensalzaban el Gobierno en turno y publicaban historias épicas del Ejército federal y satanizaban a los guerrilleros y bandoleros revolucionarios que no se plegaban al régimen. Se mantenía la narrativa periodística creada durante el Gobierno hegemónico de Porfirio Díaz durante más de tres décadas y creó un ambiente social con una percepción del poder, siempre concentrado en una sola persona. México ha sido un país de caudillos. No había espacio para disentir, hacerlo era un pasaporte al encierro, destierro o entierro.

Los medios de comunicación eran manejados por el Gobierno. El telégrafo era el medio más moderno y rápido y existía en casi todo lugar, pionero de las telecomunicaciones modernas; y fue una de las herramientas utilizadas por el régimen de Díaz para comunicar a todo el país, pero también y, ante todo, como medio de información y control político. Los periódicos plegados al sistema y a los intereses del Gobierno informaban una realidad habitualmente inexistente, que favorecía las acciones del régimen y manipulaban la opinión pública, de acuerdo con intereses creados. Resaltar estos hechos fue trascendente para diferenciar la versión oficial de la versión real del asesinato fraguado desde el Gobierno. La popularidad de Villa era masiva, el pueblo tenía su propia versión del asesinato. La información oficial, contradictoria y falsa, alimentaba mitos y leyendas creados en la cultura popular.

Villa, como muchos personajes de la historia, creó fama y un mito a su alrededor, porque se enfrentó al poder de manera frontal. En su infancia y adolescencia, creció en las haciendas dominadas y esclavizadas por caciques, fieles al modelo de gobierno, dueños del poder, del dinero y destino de las personas que habitaban sus tierras.

Villa, de solo diecisiete años, se enfrascó en un pleito con un cacique que intentó abusar de su hermana. El pleito terminó con el cacique herido o muerto, según diversas versiones. Villa huyó del lugar, se cambió el nombre y, a partir de ahí, salió de un inexorable destino de esclavitud y se convirtió en un bandolero.

La anécdota, mitad mito, mitad realidad, narrada por admiradores y enemigos, marcó el inicio de un camino lleno de aventuras, desmanes y leyendas negras, que lo acompañarían por el resto de sus días. El hecho innegable es su protagonismo y méritos en combate, en la Revolución mexicana.

Joven y con sed de justicia, ingresó a la revolución de 1910, con ímpetus incontrolables, la lucha armada le permitió abrir válvulas personales por donde drenó toda la violencia, resentimiento y odio acumulado durante años, por la injusticia social que percibía como tufo permanente y estimulaba su innato espíritu para la guerra. Era un personaje con múltiples facetas que han generado diversas escenificaciones de su vida y lo convirtieron en protagonista central de la Revolución mexicana. Ahí, encontró su vocación de hombre violento, revolucionario y ajeno a toda ley. Acechaba, saqueaba y asesinaba por doquier. Y también protegía y respetaba a su tropa, mantenía la lealtad como principio esencial y, al igual que Zapata, era implacable con los traidores, estirpe dominante en esa época (y en la época actual también) entre la clase política. Las traiciones más sonadas dieron giros definitivos al cauce de la revolución. Todos los personajes, antes de ser asesinados, fueron traicionados sin excepción.

Sin la revolución, Pancho Villa probablemente habría pasado desapercibido en la historia, ese acontecimiento abrió las venas de su violencia innata y lo catapultó al grado de ser un mito y durante décadas ha ganado la historia revolucionaria.

Villa tenía catalogado a Carranza, no solo como enemigo personal, sino también como desleal y traicionero, además de usurpador del poder ejecutivo. Y Obregón se convirtió en su némesis y enemigo mortal, después de las batallas del Bajío; ahí perdió un brazo y Villa perdió la guerra. Estos personajes, primero aliados contra el usurpador Huerta y luego enemigos irreconciliables en la lucha por el poder, son los verdaderos protagonistas de la revolución y quienes definieron su desenlace.

El 9 de marzo de 1916, Villa ataca con su ejército el pueblo de Columbus, en la Unión Americana, como represalia por el apoyo y reconocimiento que el Gobierno estadounidense otorgó a Carranza después de las batallas en el Bajío, que le permitió asumir la presidencia de la república.

Villa destroza el lugar y deja como secuela más de ciento veinte bajas en el ejército villista y un número similar de muertes en población civil y soldados norteamericanos. El ataque al país vecino siempre fue considerado un acto desmedido del ejército de Villa, por el número de personas civiles muertas durante la reyerta.

Después del episodio en Columbus, el Gobierno de Estados Unidos envió a territorio mexicano un contingente de diez mil efectivos para buscar a Villa y llevarlo ante la justicia del país vecino. El operativo permaneció en México del 14 de marzo de 1916 al 7 de febrero de 1917, con la anuencia de Carranza.

En la expedición, figuraron personajes con cargo de tenientes, como George Patton, que acompañó al entonces general de brigada John J. Pershing como ayudante. Durante esta misión, Patton, con soldados del 6.º Regimiento de Infantería, asesinó al capitán Julio Cárdenas, comandante de la guardia personal de Villa. El éxito de Patton le brindó cierta notoriedad en los Estados Unidos y fue protagonista en la segunda guerra mundial. También participó en esa expedición el teniente Dwight Eisenhower, quien posteriormente se convertiría en el 34.º presidente de los Estados Unidos.

Durante casi un año, las tropas buscaron infructuosamente a Villa, escondido en una cueva en la sierra Tarahumara, donde convalecía de una herida de bala en una de sus rodillas; nunca lo encontraron y las tropas retornaron a su país, por la inminente entrada de Estados Unidos a la primera guerra mundial y la presión del Gobierno para abandonar el territorio.

En el contexto social y diplomático, Carranza permitió la entrada de un ejército extranjero, con el pretexto de llevar ante la justicia a Pancho Villa, cuando en realidad se trataba de una venganza personal y usó, como rehén de su propósito, la soberanía nacional.

La invasión punitiva, como se conoce el operativo, nunca encontró a Villa y el Ejército regresó a su país, sin lograr el objetivo. El único beneficio de la invasión, para los Estados Unidos, fue el uso de nuevas tecnologías, armamento y estrategias que utilizarían en la gran guerra meses después.

Los rencores, odios y resentimientos acumulados durante el Porfiriato y manifestados en la revolución causaron enfrentamientos a muerte entre personajes como Villa, Zapata, Carranza, Obregón y Calles. Todos personajes centrales en la historia de ese tiempo. Con la guerra se justificaron atrocidades, asesinatos y venganzas que envolvieron al país en una pugna prolongada, absurda y sangrienta. La ausencia de Estado de derecho abría la puerta para perpetrar crímenes políticos justificados por la revolución. Y las mayores atrocidades y asesinatos se fraguaron desde las más altas esferas del poder político y militar.

Villa, en la vida civil, se dedicaba a trabajar su hacienda, donada por el Gobierno, y lentamente fue dejando atrás la vida de violencia que lo caracterizó durante toda su existencia.

En el Gobierno de Obregón, el secretario de gobernación era Plutarco Elías Calles, quien, como sucesor natural, deseaba obtener la presidencia sin oposición alguna, y tenían a Villa catalogado como enemigo personal y peligro latente para sus planes políticos. Faltaba un año para la sucesión y Calles se anticipa y planea el asesinato de Villa, con el consentimiento de Obregón como presidente y jefe supremo de las fuerzas armadas.

El general Joaquín Amaro era hombre de confianza de Calles y enemigo personal de Villa, ya que nunca pudo atraparlo; la rivalidad entre ambos personajes creó una gran animadversión. Calles aprovechó la enemistad personal y le otorga el encargo de la operación militar para asesinar a Villa al general Amaro.

Joaquín Amaro estaba a cargo de la zona militar ubicada en Monterrey y tenía bajo su mando la guarnición de Hidalgo del Parral, donde asesinaron a Villa.

El plan de Amaro fue ejecutar a Villa sin la participación de elementos activos del Ejército. Por ello, acudió a ejecutores externos a la milicia. Su elección recayó en Jesús Herrera, funcionario del Gobierno federal y también enemigo personal de Villa.

Herrera acusaba a Villa de haber asesinado a varios de sus familiares, su padre y cuatro hermanos. Herrera contacta a Jesús Salas Barraza, diputado federal del estado de Durango y también enemigo acérrimo de Villa, quien recluta a Melitón Lozoya y algunos pistoleros para el asesinato; en total participan nueve ejecutores: Librado Martínez, José Saénz Pardo, Juan López Saénz Pardo, José Guerra, Ramón Guerra, José Barraza, Ruperto Barra que era apenas un adolescente, Melitón Lozoya y Jesús Salas.

Amaro proporcionó armas, municiones y recursos económicos para contratar a los pistoleros que ejecutarían la misión. Se entregaron armas tipo fusiles 30-30, 30-40 y pistolas calibre 44 y 45. La guarnición militar de Hidalgo del Parral, a cargo del coronel Félix Lara, fue desocupada y enviados los cuatrocientos efectivos a la localidad de Maturana, donde supuestamente realizaban ejercicios de práctica para el desfile del 16 de septiembre de ese año, dejando el poblado libre para llevar a cabo la misión.

Melitón Lozoya, por su parte, tenía cuentas pendientes con Villa. Lozoya, fue el administrador de la hacienda El Canutillo antes de ser entregada a Pancho Villa por el Gobierno de Adolfo de la Huerta. Dicha hacienda pertenecía a la familia Jurado. Lozoya saqueó la hacienda antes de ser entregada; Villa le reclama los bienes robados, lo que motivó una rivalidad a muerte entre ambos personajes.

Las rencillas esperaron pacientemente durante varios años, hasta que el Gobierno de Obregón, a través de Plutarco Elías Calles y el general Joaquín Amaro, apoyó la conspiración desde los más altos niveles de gobierno.

Se decía entre los propios enemigos, Villa era una leyenda, había pocos hombres capaces de enfrentarlo cara a cara para asesinarlo. Era una época turbulenta y matarse en duelos personales era el común entre enemigos, pero muy pocos tenían el valor y arrojo para retar al guerrillero más célebre de la Revolución mexicana.

Aplica aquí la máxima del famoso corrido de los Cadetes de Linares, «Las tres tumbas»: «Así matan los cobardes cuando los agobia el miedo».

Para asesinar a Villa, caracterizado por su arrojo y valor, requerían un plan bien orquestado. Armas, dinero y garantías de impunidad. Garantías y recursos que solo podían ser proporcionados desde el Gobierno.

La elección del año 1924 se acercaba, fue el punto de inflexión ante la declaración pública de Villa de apoyar a de la Huerta y no a Calles, este último, favorito de Obregón para sucederlo.

El día del asesinato, los pistoleros se apersonaron en una vivienda alquilada previamente, con pago de renta anticipada durante un año, por un monto de novecientos pesos, en una calle que era ruta habitual del revolucionario. Durante varias semanas, esperaron pacientemente la oportunidad para ejecutar la emboscada.

El sitio elegido era ideal para cumplir el plan, se situaba en ruta única para ingresar al poblado. El atentado se realizaría el 10 de julio de 1923; sin embargo, las actividades de una escuela y la presencia de infantes en la calle abortaron el ataque.

El 20 de julio, temprano por la mañana, emboscan a Villa y su comitiva, viajaban en un automóvil manejado por el centauro del norte, como se conocía a Villa. El vehículo bajó la velocidad al dar vuelta en la calle, inicia el ataque, salen los pistoleros y abren fuego; sin posibilidad de respuesta para la escolta, descargan más de doscientos proyectiles, trece impactan a Pancho Villa, incluyendo uno en el cráneo como tiro de gracia. Murieron con Villa Rosalío Hernández, Miguel Trillo, Daniel Tamayo, Rafael Medrano y Claro Hurtado. Sobrevivió solamente Ramón Contreras, quien terminó con un brazo amputado. Los asesinos utilizaron balas expansivas, que provocaban gran daño al impactar en cualquier parte del cuerpo.

Félix Lara, encargado de la guarnición de Parral el día del asesinato, fue ascendido a general al poco tiempo y recibió un pago de cincuenta mil pesos del erario y cada pistolero recibió una paga de trescientos pesos.

La investigación de los diputados sobre el asesinato de Pancho Villa demostró que las armas y municiones utilizadas eran de uso exclusivo del Ejército. Los agresores dispararon más de doscientos proyectiles que impactaron los cuerpos de la escolta y el vehículo de Villa. Sin embargo, con todas las evidencias, solo se acusó del asesinato a una sola persona, Jesús Salas Barraza, como asesino solitario. Lo absurdo de las versiones oficiales hizo crecer el mito del asesinato de Pancho Villa. Los afanes por explicar a la población la versión del asesino solitario fueron infructuosos. Aun así, se mantuvo la versión oficial de acuerdo con el dictamen y notas en los medios. La crónica manifestaba hechos poco demostrables: el asesino material disparó doscientos proyectiles y asesinó sin respuesta alguna a una escolta de cinco personajes en los pocos minutos que duró el ataque.

La sospecha de participación del Gobierno en el asesinato es rápidamente acallada por la versión oficial en medios de comunicación por el presidente de la república y su secretario de Gobierno, que, en esa fecha, convenientemente, estaba convaleciente de una cirugía.

A través de los medios, instrumentan una versión que inculpa a un solo asesino material, Jesús Salas Barraza, quien es obligado a escribir su confesión al Ejecutivo y, después de hacerlo, trata de huir hacia los Estados Unidos. Es detenido, inculpado, se le retira el fuero, enjuiciado y sentenciado a veinte años de cárcel por el asesinato de Villa.

En prisión, solicita apoyo de Amaro, quien le comunica que no debe preocuparse, pronto será liberado. Y así, es indultado por el gobernador del estado y es dejado en libertad pocos meses después, a través de un decreto. Como todo asesinato político, nunca se esclareció y los asesinos, incluyendo el inculpado, Jesús Salas Barraza, se pasaron el resto de su vida jactándose del asesinato.

El entramado de crímenes fraguados desde el Gobierno fue una constante durante la Revolución mexicana, los asesinatos políticos incluyen este contexto. Los hombres del poder acabaron con Villa el guerrillero, pero crearon un mito.

El sepelio de Villa fue multitudinario, acudieron miles de personas y la población sabía con certeza quién lo asesinó. Obregón y Calles fueron señalados por la historia como los asesinos intelectuales y Villa, al igual que Zapata, por el hecho de ser asesinados desde el poder, les otorgó un lugar en la historia y expandieron su imagen a los confines de la leyenda.

Plutarco E. Calles: pugnas y pactos por el poder

Plutarco Elías Calles, hijo de Plutarco Elías Lucero, provenía de una familia venida a menos. Su padre los abandonó por sus problemas con el alcohol. Su madre, María de Jesús Campuzano, murió cuando él tenía tres años, quedando a cargo de sus tíos maternos en la capital del estado de Sonora.

Trabajó en múltiples empleos en varias ciudades, cantinero, periodista, maestro e inspector escolar y administrador de hotel en Guaymas, Sonora.

En 1911, fue comisario de Agua Prieta, ahí acabó con una revuelta magonista. En 1912 apoya las fuerzas revolucionarias de Madero y enfrenta la rebelión de Pascual Orozco. Con el oportunismo que lo caracterizaba, al ser asesinado Madero en 1913, se une al movimiento de Venustiano Carranza, bajo el mando de Álvaro Obregón; juntos derrotan el ejército de Victoriano Huerta, obligándolo a renunciar y exiliarse. Obregón lo nombra coronel y lo mantiene como su hombre de confianza.

Logra tener una carrera vertiginosa: en 1915, funge como gobernador interino de Sonora; poco después, secretario de Fomento y Trabajo en el Gabinete de Venustiano Carranza.

La conspiración contra el Gobierno, a través del Plan de Agua Prieta, culminó con la muerte de Carranza y el interinato de Adolfo de la Huerta, lleva a Calles a ocupar la Secretaría de Guerra y en plena carrera política, en 1920, es protagonista principal en la campaña presidencial de Álvaro Obregón, quien, al ganar la elección, lo nombra secretario de Gobernación y sucesor natural para el año 1924.

Con el camino libre, asesinado Villa, la elección de 1924 se realiza sin mayores contratiempos y asume el poder Plutarco Elías Calles y aparece en la portada de la revista *Time* el 8 de diciembre de 1924, poco después de haber sido electo presidente. Fue el primer mandatario mexicano en aparecer en portada de esa revista.

Durante su gobierno (1924-1928), con el país pacificado, con la mayoría de los enemigos políticos y militares eliminados, trabaja para reencausar el país. Crea el Banco de México; construye obra pública, presas, sistemas de riego y numerosas escuelas rurales y carreteras; inicia operaciones la primera línea aérea; abren operaciones los bancos Ejidal y Agrícola; rehabilita la Escuela de Agronomía de Chapingo; y funda la Escuela Médico-Veterinaria.

Plutarco maneja su Gobierno con rasgos anticlericales, endurece la ley para combatir a la Iglesia y provoca una suerte de reclamos sociales, semilla que engendra la guerra cristera de 1926 a 1929.

En mayo de 1926, se proclama la ley Calles, tolerancia de cultos, que pretendía mantener a la Iglesia bajo control. Obliga a los sacerdotes a solicitar permiso para ejercer su ministerio y para oficiar actos religiosos.

Durante ese periodo, Obregón se retira a Sonora, sin despegar los ojos de la silla presidencial observa atento los acontecimientos nacionales. Atiende su rancho, La Quinta Chilla; ahí realiza buenos negocios exportando granos y algodón a Estados Unidos, con créditos del banco agrícola y logrando grandes ganancias. Pero como ganador de la revolución, mantiene su apetito por la silla presidencial y, en 1926, retorna al servicio activo para combatir a los yaquis. En mayo, Obregón anuncia su retorno a la vida política.

En octubre de 1926, inicia su regreso con una iniciativa presentada por el diputado Gonzalo N. Santos para reformar la Constitución de 1917 y permitir su reelección, regresión del principio esencial por el que estalló la Revolución mexicana; y también enarbolado por el Plan de la Noria, emitido por Porfirio Díaz en oposición a la reelección de Benito Juárez. «Sufragio efectivo, no reelección». Los artículos 82 y 83 los modifican simplemente con un párrafo, se permite la reelección, requisito: no reelegirse en periodos consecutivos; y ampliaba el periodo presidencial de cuatro a seis años. La iniciativa es aprobada en dos días y ratificada por el senado, entró en vigor en diciembre de 1926. La polémica se desató con fuerza, por ser una ley hecha para Obregón y por violar el principio de no reelección.

Con la reforma constitucional, en mayo de 1927, Obregón anuncia su candidatura para 1928 y se fortalece apoyada por las fuerzas agraristas. Sus contrincantes en la contienda fueron dos antiguos aliados que lucharon bajo sus órdenes en la guerra contra la División del Norte, el general Francisco R. Serrano y Arnulfo R. Gómez. Ambos fueron aprehendidos y de conspirar para asesinar a Calles, Obregón y Amaro. Serrano es aprehendido en Cuernavaca y asesinado el 3 de octubre en trayecto a Ciudad de México; Gómez es aprehendido en Coatepec Veracruz y fusilado el 4 de noviembre, dejando el camino libre para la elección de Obregón como único candidato. El episodio es plasmado en una novela clásica de la literatura mexicana, *La sombra del caudillo*, escrita por Martín Luis Guzmán; y también llevada a la pantalla en una película del mismo nombre, dirigida por Julio Bracho y estrenada en el año 1960. La película fue censurada durante varios sexenios y se autorizó su exhibición hasta 1990.

Obregón es elegido el 1 de julio de 1928 para un nuevo periodo presidencial con el total de los votos. Desde que anunció su regreso a la política, protagonizó varios atentados para asesinarlo. En enero de 1926, durante un viaje en ferrocarril de Los Ángeles a Tucson, trató de asesinarlo, mientras dormía, un tipo de apellido McDowell; se equivoca de litera y falla en el atentado. El perpetrador fue aprehendido, declarándose en contra de las políticas anticlericales de Obregón, quien no presenta cargos.

Poco antes de llegar a México, fue objeto de un intento de asesinato por un grupo de indígenas yaquis, trataron de detener el ferrocarril en el que viajaba, reclamaban devolución de sus tierras; la guardia que lo escoltaba desencadenó un tiroteo, sin consecuencias para el caudillo.

El 2 de abril de 1927, el cristero Luis Segura Vilchis intentó dinamitar un puente de ferrocarril en Tlalnepantla por donde pasaría Obregón, atentado también fallido.

El 13 de noviembre de 1927, cuatro individuos, Juan González, Luis Segura Vilchis, Nahum Lamberto Ruiz y Juan Tirado, en un automóvil adquirido a Humberto Pro, alcanzaron el auto en el que viajaba Obregón rumbo a una corrida de toros, le arrojaron tres bombas; nuevamente, salió ileso.

Los autores del atentado fueron detenidos y fusilados por orden de Plutarco Elías Calles el 23 de noviembre, incluyendo a Agustín Pro, hermano de Humberto y sacerdote ordenado en 1925.

Asesinato de Álvaro Obregón, el que la hace la paga

El 17 de julio de 1928, en un banquete ofrecido por diputados de Guanajuato al presidente electo Álvaro Obregón, en el restaurante La bombilla. José de León Toral, originario de Matehuala, San Luis Potosí, durante dos días había acechado a Obregón con la intención de asesinarlo; tenía en su poder una pistola Star y diez balas. Durante la comida, se tocaba como música de fondo la canción «El limoncito». Toral se acercó para mostrar un dibujo de perfil que realizó al presidente electo, sacó el revólver y le disparó por la espalda; el general invicto de la revolución cayó muerto sobre la mesa.

León Toral fue detenido y confesó que lo asesinó como venganza por el fusilamiento de su amigo Humberto Pro. Se juzgó a Toral y a su cómplice como autora intelectual, la católica mexicana de la Orden de las Capuchinas Sacramentarias Concepción Acevedo de la Yata. El juicio determinó pena de muerte a Toral y veinte años de prisión a Concepción. Toral fue fusilado el 9 de febrero de 1929 en la cárcel de Lecumberri.

Nuestro amigo Ponciano, relator de los hechos, en ese año conoció a quien sería su esposa; se casó en 1927 y trabajaba como obrero en una fundidora, en la capital potosina. Su primer hijo nació el 3 de diciembre de 1928, Viviano. Su mujer estaba embarazada cuando leyó la noticia del asesinato de Obregón; curiosamente, el asesino era paisano, nació en el Altiplano Potosino en una ciudad ubicada en pleno desierto, Matehuala; y tenía noticias de que era un deportista destacado, llegó a jugar en el equipo Centro Unión, tiempo después se convertiría en el club América.

Dos décadas después del asesinato, apareció un artículo en el periódico *Excélsior*, publicado por un periodista de nombre Leopoldo Toquero de María, el personaje aseguraba ser reportero del periódico y cubrió el evento en el que ocurrió el asesinato. Mostraba datos de la autopsia de Álvaro Obregón, con heridas de diecinueve proyectiles de diferentes calibres, incluyendo disparos de francotiradores. De acuerdo con el testimonio de Aaron Sáenz, presente durante el asesinato y presidente del centro obregonista, declaró que Alejandro Sánchez y Enrique Osornio fueron los únicos médicos que inspeccionaron el cadáver y no fue embalsamado y desestimó la credibilidad del reportaje.

Los asesinatos políticos, por su propia naturaleza delictiva, desde el poder se cargan de un aura de especulaciones, teorías y mitos, exacerbados por la opinión pública y las versiones distorsionadas de cada narrador callejero. Esto se genera porque las evidencias y versiones oficiales siempre son discordantes; los responsables, casi siempre al amparo del poder, ocultan la verdad para lograr fines políticos. Las teorías del asesinato de Obregón incluyen como gestores a los radicales religiosos; otra teoría señala como responsable a Plutarco Elías Calles; al inspeccionar el cadáver después del asesinato, manifestó desdén por su intención de reelegirse.

La ausencia del presidente electo obliga a nombrar presidente interino y el cargo recae en Pascual Ortiz Rubio. El interinato marca el inicio del Maximato, periodo en el que Plutarco Elías Calles, sin cargo oficial, ejercía el dominio político del país.

Calles crea el Partido Nacional Revolucionario en marzo de 1929 y cambia las formas de acceder al poder. Durante la década previa, después del asesinato de Madero, los militares de la revolución habían obtenido el poder a través de golpes de Estado y asesinatos políticos. El escenario cambia, hay un partido político que organiza elecciones, y a partir de ahí, se hereda el poder a través de sucesiones manejadas por el presidente en turno y líder del régimen vigente emanado de la revolución. El partido dominante crea su propio sistema político y permanece como régimen monolítico y hegemónico durante setenta y un años.

El final de la revolución mexicana no tiene una fecha precisa, los acontecimientos se desarrollaron con una gran dosis de anarquía, pugnas por el poder y asesinatos políticos emblemáticos.

Al llegar Francisco I. Madero a la presidencia y Porfirio Díaz exiliado, parecía que la revuelta sería breve y el país pagaría un bajo costo por el cambio de régimen. Las decisiones erráticas de Madero (permitir un interinato absurdo de León de la Barra; dejar las estructuras anquilosadas del Porfiriato permanecer en cargos estratégicos; permitir que los militares leales a Díaz permanecieran como jefes militares del Ejército federal; y otorgar el mando de la plaza a Huerta, durante la decena trágica, desoyendo las recomendaciones de su hermano Gustavo) provocaron el golpe de Estado iniciando la verdadera revolución, con su cara más violenta, cruenta y costosa para el país. De haber tomado decisiones más firmes y sensatas y haber sido capaz de aglutinar a los protagonistas con base en el capital político acumulado por Madero, el curso de la historia sería diferente y el país pudo ser encausado hacia un futuro con vocación democrática. Lograrlo era poco menos que imposible, el país no tenía las estructuras y actores para lograrlo.

Las crónicas de la época marcaron hechos históricos trascendentes y algunos establecen el final de la revolución cuando se elaboró una nueva constitución promulgada en el año de 1917, por el Congreso constituyente.

Otro acontecimiento que se marca como final de la revolución es cuando Calles forma un partido político y establece nuevas reglas para acceder al poder por la vía electoral, sin asesinatos políticos; y termina la época en que se tomaba el poder acabando con los adversarios a balazos. Unos tomaban el poder y los rivales terminaban asesinados.

La paz electoral lograda por Calles es opacada por la guerra cristera provocada por sus leyes y conducta personal, aferrado al poder presidencial, a través del denominado Maximato, que incluyó tres presidentes ninguneados de manera consecutiva.

El Maximato

Plutarco E. Calles, después del asesinato de Obregón, toma el control político del país. Asume poderes supraconstitucionales y se autodenomina «jefe máximo de la revolución». El periodo se conoce históricamente como Maximato y abarca del 1 de diciembre de 1928 y concluye con la toma de posesión de Lázaro Cárdenas el 1 de diciembre de 1934, y se hace efectivo hasta el exilio de Calles, ordenado por Cárdenas en abril de 1936.

Calles maneja la política del país sin tener cargo oficial. Ningunea con absoluto descaro a tres presidentes; inicia con el interinato de Emilio Portes Gil, nombrado después del asesinato de Obregón; Pascual Ortiz Rubio, presidente en elección convocada por Portes Gil; y finalmente Abelardo L. Rodríguez, interino después de la renuncia de Ortiz Rubio.

Calles y Obregón ganaron la guerra civil de la Revolución mexicana y convencidos de su grandeza revolucionaria, a todas luces ficticia, ninguno estaba dispuesto a dejar el poder; ambos pretendieron perpetuarse. Una de las teorías de la muerte de Obregón sigue siendo la participación directa o indirecta de Calles y ambos gobernaron con la sombra del otro en sus periodos constitucionales. La política de la época los consideraba un Gobierno que funcionaba como una diarquía, Calles y Obregón gobernaban simultáneamente a México, hasta que Obregón fue ultimado a balazos.

La necesidad personal de poder de ambos fue llevada a extremos autoritarios y supraconstitucionales, asesinando a todos sus opositores políticos y modificando la Constitución para reelegirse, formas de Obregón; y con el Maximato y nombrando presidentes a modo para ningunearlos, formas de Calles. Ambos abusaron del poder, aprovechando profundas debilidades institucionales, falta de estructuras democráticas y una evidente ausencia de Estado de derecho y división de poderes. Un país manejado por caudillos enfermos de poder. El Congreso y la Suprema Corte de Justicia actuaban como piezas de ornato, en una cultura de sumisión, corrupción y privilegios aún vigentes.

Se perpetuaba la única forma que conocía el país de ser gobernado. La política mexicana de un solo hombre, caudillo, tlatoani, omnipotente, tradición que inicia en el siglo XIX Antonio López de Santa Ana, consolidó Benito Juárez y disfrutó Porfirio Díaz.

La reelección de Obregón debilitó el final del Gobierno de Calles, los obregonistas dominaban el escenario. Con el asesinato de su líder, Calles asume el liderazgo nuevamente y nombra presidente interino a Emilio Portes Gil, obregonista moderado, conciliando así intereses de ambas corrientes.

El periodo Portes Gil, 1928 a 1930, fue influida por la fuerte inercia del mandato de Plutarco Elías Calles, nominando incluso los integrantes del Gabinete presidencial.

El 3 de marzo de 1929, se inicia la revuelta que apoyaba a José Gonzalo Escobar, con el plan de Hermosillo; acusaban a Calles del asesinato de Obregón y desconocían el Gobierno de Portes Gil, nombrando presidente al general José Gonzalo Escobar.

El evento de insurrección otorgó la oportunidad a Calles para acceder al Gabinete como secretario de Guerra, tomar el mando del Ejército y acabar con los insurrectos y generales que consideraba enemigos de su poder revolucionario. Calles ejecuta a los generales José González Escobar, Francisco Urbalejo, Marcelino Murrieta, Ramón F. Iturbe y Fausto Topete. Las ejecuciones con fines políticos consolidaron el poder de Calles.

En este periodo, el Partido Nacional Revolucionario debutó en la elección presidencial de 1929, participaron, José Vasconcelos y Pascual Ortiz Rubio.

Pascual Ortiz Rubio, presidente constitucional de México de 1930 a 1932, es nombrado después de elecciones extraordinarias. Ganó con el 93 % de los votos, su contrincante José Vasconcelos desconoció los resultados. Se inauguran los fraudes electorales, rasgo que será distintivo, durante décadas, del partido recién creado.

Fue una elección cerrada, disputada, plagada de irregularidades y la veracidad de los datos y resultados oficiales fue severamente cuestionada. Después de dos años como Ejecutivo, Ortiz Rubio renunció, último presidente de México que renunció al cargo; y, como anécdota, su renuncia la presentó a Calles, no al Congreso.

En ese periodo, al ninguneo de Calles, se agregan las secuelas de la crisis económica mundial generada por el martes negro, el 29 de octubre de 1929 en EE. UU.

En esas fechas, se redacta la Doctrina Estrada, en su esencia tiene el principio de no intervenir en las decisiones de otros países o juzgar cambios de Gobiernos externos; México se integra como miembro de la Liga de Naciones; promulgan leyes federales del trabajo, ley de crédito agrícola, código penal; y ratifica la libertad de cultos, donde se puede observar la mano de Calles.

Tras la renuncia, Abelardo L. Rodríguez suple a Ortiz Rubio de 1932 a 1934. Fue un gobierno sin revueltas, lo que permitió impulsar obras y cambios estructurales. Se inauguró el Palacio de Bellas Artes; se asigna como facultad al Banco de México el control total de cambios por decreto publicado en mayo de 1933: establecen salario mínimo; y se construyeron las carreteras Morelia-Guanajuato, México-Laredo y Puebla-Tehuacán.

Calles, con su influencia, exigía a Abelardo sujetar al clero a la ley de cultos promulgada en su Gobierno. Abelardo, con cierta autonomía, en octubre de 1934, reforma el artículo 3.º de la Constitución e impulsa la educación socialista.

La influencia de Calles sobre la vida política del país convirtió a las personas que ocuparon la presidencia de la República durante esos años en títeres, cuyas decisiones no eran propias y solo respondían al modo en que Calles manejaba los hilos de la política.

Fin del Maximato, Cárdenas y sus ideales revolucionarios

Lázaro Cárdenas era adolescente cuando estalló la revolución, sus estudios fueron truncados a edad temprana en1908. Trabajó como maestro rural y fue socio de una imprenta. Huérfano de padre, hijo mayor de ocho hermanos, se ve obligado a trabajar y tomar el lugar del patriarca en la manutención de la familia.

En 1913, se incorporó a la revolución bajo las órdenes de Martín Castrejón. Doce años después, llega a ser general. Participó en varias revueltas con gran sentido de la oportunidad, pero con escasa habilidad militar. Desde joven, conoció a Plutarco Elías Calles, que lo adoptó como su hijo político; la amistad se consolidó al enfrentar a Carranza, aliados con Álvaro Obregón. Fue dirigente del Partido Nacional Revolucionario, secretario de Gobernación con Pascual Ortiz Rubio y secretario de Guerra y Marina con Abelardo L. Rodríguez. Y de 1928 a 1932, fue gobernador de Michoacán.

Al acercarse la elección de 1934, Calles, como jefe político y revolucionario del país, lo elige candidato a la presidencia. Esperaba seguir siendo el poder atrás de la silla presidencial, considerando que era el padre político de Cárdenas y él le había otorgado la candidatura como jefe máximo de la revolución. Lo llamaba coloquialmente el Chamaco. Sus expectativas se diluyeron, Cárdenas tenía otros planes.

Lázaro Cárdenas del Río es elegido presidente constitucional de México con el 98 % de los votos. Su campaña tenía como bandera el cumplimiento de los principios que dieron origen a la Revolución mexicana. Como prioridades, la justicia social y la reforma agraria. Y en su concepción política, estaba la consolidación de su partido y su corriente ideológica con tintes socialistas y populistas, logrando el control corporativo de obreros y campesinos.

Al inicio de su gobierno, fue evidente la pugna con Calles, que aún mantenía cierto control en Ejército y Gabinete. Cárdenas corta de tajo el Maximato, nombra jefes militares regionales y destituye a los secretarios de Estado leales a Calles; y en abril de 1936, con un golpe definitivo, lo envía al exilio en los Estados Unidos. La raíz del Maximato era profunda. Cárdenas, con toda su astucia y poder, tardó dos años en sacarlo del país.

Cárdenas se afianza en el poder a través del control férreo de organismos sindicales como la Confederación Nacional Campesina y la Confederación de Trabajadores de México, consolida el partido con una estrategia corporativa y cambia el nombre a Partido de la Revolución Mexicana, el 7 de marzo de 1938, con una nueva estructura que integra cuatro sectores: obrero, campesino, militar y población general.

Así, México pasa de ser un país revolucionario, humeante aún por las batallas de Torreón y Zacatecas, con resabios del México bronco creado por Obregón y sus huestes, donde las cosas se arreglaban a balazos, a una etapa de reconciliación y paz.

Cárdenas era un joven civil, ingresó a la revolución obligado por las circunstancias, nunca cursó una carrera militar y sus logros en la milicia fueron más atribuibles a lealtades con generales revolucionarios y a su astuto sentido de la oportunidad que a sus méritos militares. Cumpliendo el viejo adagio: siempre estar del lado de los ganadores.

Hay una transición en México, del Maximato al cardenismo, un mandatario por primera vez cumple un sexenio, lo que permite finalizar conflictos posteriores a la revolución.

La única revuelta enfrentada por Cárdenas es la de Saturnino Cedillo en San Luis Potosí. Cárdenas, quien lo conocía bien, acude personalmente a disuadirlo de seguir el conflicto, Cedillo se niega. El Gobierno envía tropas que sofocan el levantamiento y el guerrillero es ultimado.

En febrero de 1937, se generó un conflicto entre el general Francisco J. Múgica y Cedillo; la visión encontrada de ambos personajes, respecto a la política agraria de Cárdenas, terminó con la carrera de Cedillo, quien cuestionó la visión comunista del presidente, siendo parte del Gabinete como secretario de Agricultura. El conflicto se hizo público durante un congreso magisterial de ese año, celebrado en el estado de Querétaro. Cedillo renunció el 15 de agosto del mismo año a la Secretaría de Agricultura y fue ocupada por el general Múgica, considerado el padre ideológico de Cárdenas. En ese conflicto, también se menciona la participación del movimiento obrero, cuyo líder era Vicente Lombardo Toledano.

En 1938, Cedillo encabezó una rebelión contra el Gobierno de Cárdenas; su postura era radical, acusaba al Ejecutivo de traicionar los principios de la revolución y de cambiar la propiedad privada por el colectivismo.

Cedillo muere asesinado en 1939 después de su levantamiento en armas contra el Gobierno. Las versiones de su muerte son, como marca la tradición nacional, encontradas, discrepantes y sin responsables.

Una versión describe que fue asesinado mientras dormía a manos de Blas Ruiz Fortuna la madrugada del 9 de enero de 1939.

Otra versión del teniente del Ejército Alfonso de Pablo Quiroz refiere que Cedillo murió en combate en la Sierra de la Ventana, atacado por el 36.º batallón. La pugna comenzó el 10 y terminó en la madrugada del 11 de enero. El cadáver de Cedillo fue encontrado junto a su caballo, su montura presentaba varios impactos de rifle Mauser.

El levantamiento de Cedillo fue el último conflicto armado enfrentado por el Gobierno en México después de la revolución y puede catalogarse como el último asesinato con tintes políticos. Pasaron casi sesenta años para ver un caso similar con el levantamiento zapatista y el asesinato de Luis Donaldo Colosio en el año 1994.

El país empieza una etapa de reconstrucción, reconciliación y gran impulso a la repartición agraria. El cardenismo, Gobierno con tendencias de izquierda y matices de socialismo, no prosperó con la intensidad y celeridad esperada, a pesar de todo el esfuerzo personal de Cárdenas, por las condiciones de rezago estructural del país, que no pudieron revertirse; se agregó, además, el inicio de la segunda guerra mundial en 1939.

El sexenio de Cárdenas no estuvo exento de enfrentamientos políticos e ideológicos. En 1939, los empresarios siembran la semilla de la discordia contra las ideas populistas y paternalistas del Gobierno. Se crea un contrapeso encabezado por intelectuales y empresarios con ideología demócrata cristiana. Su líder, Manuel Gómez Morín, discrepaba de la ideología del Gobierno y su enfoque social de populismo, corrupción y corporativismo impulsado desde el Ejecutivo.

Los empresarios, encabezados por Gómez Morin, realizan su asamblea constituyente en septiembre del año 1939 y crean el partido Acción Nacional. El partido, en sus inicios, carecía de la fuerza y vocación para gobernar y su principal objetivo era oponerse a las políticas del Gobierno y al sistema corporativo que se gestaba. Durante varias décadas, su ideología política no prosperó en el ánimo colectivo y se convirtió en un participante testimonial de las elecciones organizadas y ganadas por el partido de Estado, impermeable a elecciones democráticas.

El primer sexenio ejercido a plenitud por Cárdenas establece el inicio de un nuevo sistema político y un régimen presidencialista con características exacerbadas durante más de siete décadas, ajenas a una vocación democrática, con un partido hegemónico, abusivo y corruptor.

En los hechos, Cárdenas maestro del oportunismo, fue el único beneficiario de las tretas políticas de Obregón para reelegirse y conservar el poder. Obregón, previo a la última elección en la que participó y ganó la presidencia, antes de ser asesinado, había logrado que el Congreso ampliara el periodo presidencial de cuatro a seis años y con opción a reelegirse, siempre que no fuera en periodo consecutivo. Los tres presidentes subsecuentes solo permanecieron en el cargo dos años cada uno y fueron títeres del Maximato. No es casualidad que el monumento a Obregón ubicado en avenida de la Paz, de la Ciudad de México, justo donde se ubicaba el restaurante La Bombilla, lugar del asesinato del manco de Celaya, fuera construido por iniciativa de Lázaro Cárdenas.

Cárdenas transfiere el poder presidencial al último militar, Manuel Ávila Camacho, en 1940, que a su vez transfiere de manera pacífica el poder a la sociedad civil en 1946 a un egresado de la Universidad Nacional, Miguel Alemán. Estos sucesos, dieron origen a la «dictadura perfecta», término acuñado por el escritor peruano Mario Vargas Llosa.

El sistema presidencial mexicano, con sus reglas, sus códigos y sus facultades supraconstitucionales, fue el origen de una cultura política autoritaria, regresiva y legitimada con elecciones de Estado y sucesión designada por el presidente en turno.

Las reglas no escritas del sistema político creado son el origen del abuso del poder público vigente hasta la actualidad. Se agregan, como causes fundamentales, una Constitución con un presidencialismo exacerbado, un Congreso y Suprema Corte sometidos por el Ejecutivo, medios de comunicación controlados por el Estado y ausencia de instancias autónomas ajenas al poder. La sociedad fue excluida del proceso y utilizada corporativamente como instrumento político, en especial obreros, campesinos, magisterio y sindicatos, manejados por líderes aliados del Gobierno en turno. Todo bajo control del Estado, y el Estado era el presidente de la república.

Lázaro Cárdenas cumplió en gran medida los principios prometidos por la Revolución mexicana, el reparto agrario, redistribución de la riqueza y apoyo a obreros y campesinos, a quienes ayudó a recuperar su dignidad como ciudadanos. Su Gobierno alcanzó gran realce por la expropiación petrolera de 1938. Creando la empresa paraestatal Petróleos Mexicanos (PEMEX), con el tiempo fue ejemplo nacional de corrupción, mala administración, saqueos y endeudamiento histórico. El petróleo pasó del saqueo de propietarios extranjeros al saqueo de políticos mexicanos. En términos prácticos, PEMEX nunca ha sido patrimonio nacional, ha sido patrimonio para la clase política. Un contrasentido y símbolo de las políticas regresivas del populismo y nacionalismo estatista que ha sido artífice para consolidar la impunidad y corrupción nacional.

Los buenos deseos del cardenismo se descompusieron por una nueva cultura patriarcal, populista y el corporativismo consolidado durante el sexenio, severamente criticado por la resistencia demócrata cristiana.

Con la estela de problemas creados en el contexto social, se suma el mayor cuestionamiento al cardenismo, una sucesión desaseada y nada democrática, generada por el temor de

Cárdenas: según su concepción, existía el riesgo de perder el poder a manos de una derecha reaccionaria. Durante su régimen, las prácticas corporativas, populistas y antidemocráticas dieron origen a oposición política. Los intelectuales insistían: esas prácticas inhibían la competitividad y productividad, sumadas a la incapacidad gubernamental y la corrupción rampante en el entorno de las instituciones. El punto de inflexión intentaba reducir la desigualdad a través del reparto de tierras a los campesinos y, con su trabajo, generar riqueza. La concepción social del régimen no tenía bases sólidas y el impulso de políticas basadas en el paternalismo fracasó.

Cárdenas estableció la primera regla no escrita del nuevo presidencialismo nacional: el presidente no se reelige, pero designa e impone a su sucesor. Una facultad supraconstitucional y un evidente abuso del poder público. Cárdenas es considerado uno de los mejores presidentes de la historia moderna de México; sin embargo, en los hechos, no puede considerarse un demócrata.

En 1940, el Partido de la Revolución Mexicana enfrentaba una complicada elección: el opositor de enorme popularidad Andreu Almazán venía con una fuerza importante para la campaña presidencial y parecía podía derrotar al candidato oficial Manuel Ávila Camacho. Los opositores denunciaban anticipadamente un fraude a gran escala en la jornada del 7 de julio de ese año.

El partido oficial inició una campaña de desprestigio contra Almazán, tachándolo de millonario, reaccionario y traidor a la patria; por su parte, Almazán catalogaba a Ávila Camacho candidato de la corriente comunista en México.

Al final de la campaña, los ataques se llevaron al siguiente nivel. Almazán acusó al régimen de perseguir a la Iglesia, lo que generó mayor apoyo, incluyendo funcionarios del Gobierno y representantes populares. Parecía, por primera vez, que el partido oficial podía perder la elección, pues enfrentaba a un candidato preparado, con recursos y gran popularidad. Pero el partido oficial no estaba dispuesto a ceder el poder en su primera elección y el presidente Lázaro Cárdenas, personalmente, se dirige a la nación convocando a la civilidad y unidad nacional para lograr una elección pacífica.

Aquel 7 de julio de 1940, se presentó una jornada electoral violenta y plagada de irregularidades. Se registraron asesinatos, enfrentamientos y el Gobierno reprimió a los grupos de Almazán en varios estados de la república. Se robaron urnas, hubo acarreos, prisión a votantes y favoritismo hacia el partido oficial.

Los primeros connatos de violencia se presentaron en la oficina postal de la capital del país. Se manifestaron decenas de miles de simpatizantes de Almazán, reprimidos a balazos; ahí, ocurrieron los primeros asesinatos y el contingente iracundo marchó a Palacio Nacional. En el trayecto, se enfrentan al Ejército y grupos paramilitares, que abrieron fuego. El candidato Almazán denunció haber cuantificado en ese episodio más de cien muertes.

Los enfrentamientos continuaron durante todo el día, hasta la madrugada del día siguiente. Y entraron a la represión policías militares y caballería, que arrasaron con toda manifestación. El saldo, cuarenta y ocho muertos y cuatrocientos heridos. Una campaña y elección violenta, sangrienta y nada democrática. Los grupos paramilitares del Gobierno reprimiendo y las denuncias de fraude electoral fueron públicas y notorias.

Un corresponsal de The New York Times lo narró así: «Nadie medianamente imparcial que estuviera hoy en la ciudad de México podría dudar en esta ciudad que el sentimiento popular estaba mayoritariamente a favor del general Almazán. Este corresponsal visitó cerca de 20 casillas en diferentes partes de la ciudad. Sólo dos de ellas estaban integradas por simpatizantes del general Ávila Camacho». (Arnaldo Cortesi, «47 slain as Mexico votes; troops called in Capital; both sides claim victory», *The New York Times*, eight julio, 1940).

El partido oficial anunció su triunfo la misma noche de la elección, con más de 2.4 millones de votos, 93 %. A Andreu Almazán le reconocieron 151 000 votos, 5 %.

Almazán intentó un levantamiento armado en contra del fraude electoral, viajó a La Habana Cuba diez días después de la elección y buscó el apoyo de los Estados Unidos contra el Gobierno de Cárdenas y de Ávila Camacho como responsables del fraude. Estados Unidos había pactado con el Gobierno cardenista previamente y la solicitud no prosperó. Almazán, después de enterarse, abandonó las protestas e incluso asistió a la toma de posesión de Ávila Camacho.

La elección de 1940 marcó el inicio del régimen de partido de Estado, que establece reglas monolíticas. Cierra todo espacio a la oposición, las elecciones serán manejadas por el Gobierno y toda disidencia será reprimida con la fuerza pública.

El presidente en turno designa a su sucesor y la dictadura se establece con relevo sexenal invariablemente sin posibilidad de reelección y en el siguiente sexenio, el poder se transfiere a un civil. Termina el ciclo de los militares en política y sucesión presidencial.

Inicia la época dorada del sistema de partido de Estado y, en 1946, la transferencia del poder se realiza sin mayores conflictos. Ávila Camacho fue el eslabón del sistema como transición para entregar el poder militar a la sociedad civil. Su carácter conciliador, personalidad ciertamente gris y considerado militar moderado y su falta de carisma dificultaron su elección para la presidencia; sin embargo, facilitaron la transición del poder político a los civiles, encabezados por el Cachorro de la Revolución, Miguel Alemán, nombre acuñado por Vicente Lombardo Toledano para los civiles, herederos de la revolución armada.

Miguel Alemán, primer presidente civil, caracterizó su sexenio por el culto a la personalidad y centralizar la política en la capital del país, lo que deja secuelas irreversibles para la ciudad. Como todos los presidentes de esa época, profundizó la característica de un sistema sin contrapesos, institucionalizó la corrupción, el amiguismo, sindicatos antidemocráticos, evadir controles y enriquecer a la clase política a expensas de negocios amparados por el Gobierno.

Las consecuencias de los excesos del sexenio fueron inmediatas, el Gobierno subsecuente y la sociedad asumieron el costo del mesianismo, cinismo y corrupción extremos del Gobierno de Alemán. El peso se devaluó dos años después de finalizar su mandato, en 1954. Pasó de 8.50 a 12.50 pesos por dólar.

No obstante, los excesos del sexenio, al finalizar ese periodo, hay una contradicción de origen que establece la segunda regla del sistema escrita en piedra: los expresidentes son intocables, así como su familia y círculo cercano.

Los excesos del sexenio alemanista y su círculo cercano plantearon la posibilidad de reelegirse; embriagado de poder, lo manifestó sin pudor alguno. La respuesta de expresidentes y líderes del partido, encabezados por Cárdenas, no se hizo esperar y formaron un bloque opositor y rechazaron toda posibilidad de reelección.

El planteamiento era simple: el origen de la revolución fue la no reelección, retroceder no era opción, el país había sido pacificado después de dos décadas de guerra civil y nadie deseaba volver a ese periodo.

Alemán declina sus aspiraciones de reelegirse y toma otras decisiones menos drásticas, enfocadas a engrandecer su legado.

Una decisión simbólica: rebautiza el partido oficial como Partido Revolucionario Institucional el 18 de enero de 1946, nombre que conserva hasta el día de hoy.

Una decisión política: designa como candidato a sucederlo a Adolfo Ruiz Cortines, un servidor público de larga trayectoria de una generación ajena a la suya, pero cercano a su historia política; fue gobernador de su estado natal Veracruz y su secretario de Gobernación. Asume la presidencia en 1952, con sesenta y dos años de edad. Comparado con Alemán, diez años más joven, claramente parecía de otra generación.

Su formación transcurrió en la época porfiriana y, siendo muy joven, por su fama de integridad y solvencia administrativa, fue partícipe directo del rescate del tesoro nacional, durante el episodio que culminó con el asesinato de Venustiano Carranza, como se relató previamente.

Un sistema monolítico

Para esa época, las narraciones de Ponciano eran más detalladas y soportadas por la vivencia cotidiana de los acontecimientos. Ávido lector, llegaba todos los días con su periódico en la bolsa trasera del pantalón y lo leía íntegramente durante la tarde y parte de la noche.

En 1952 ya contaba con cuarenta y seis años. Como se narró previamente, contrajo segundas nupcias y tendría la friolera de once hijos con su segunda esposa, y algunos más que fallecieron en la infancia, así se estilaba en la época; incluso realizaban concursos a nivel nacional para premiar a la familia con el mayor número de hijos.

La primera familia, encabezada por Viviano, creció y tomó su propio camino. A los cinco hermanos, la orfandad de su madre los orilló a dejar el hogar tempranamente, el rechazo llega rápido cuando se convive con una familia ajena, obliga a salir y buscar la propia subsistencia. Sin embargo, Ponciano sembró la semilla en cada uno para continuar la tradición familiar de contar la historia trágica de su padre, ligada estrechamente a la revolución y los hechos narrados se acumulaban en esos cuadernillos familiares plagados con detalles, fechas, nombres, anécdotas y recortes de periódicos del México que les tocó vivir. Ya en la juventud, Viviano contaba su propia historia, describía y conocía los detalles.

Viviano narraba con lucidez el Gobierno de Miguel Alemán, contaba con la lozanía y vigor de la adolescencia. En 1940, al tomar posesión el primer presidente civil después de concluida la revolución, tenía doce años; y al terminar el sexenio, cumplía dieciocho primaveras. La etapa de cambio físico y biológico que lo transformó lo ubica en el tiempo exacto y cuenta su propia historia con agudos detalles, heredados de la tradición familiar.

El régimen de esa época estaba caracterizado por los abusos de la clase empresarial que realizaba obras enfocadas a magnificar la imagen presidencial, las escuelas se construían a borde de carreteras para que fueran observadas por los viajeros, como símbolos de un progreso ficticio de la nación.

Adolfo Ruiz Cortines, secretario de Gobierno durante el periodo de Alemán, toleró silenciosamente todas las tropelías de los amigos del presidente; y fiel a lealtades partidistas, exploró la posibilidad de modificar la constitución al observar los apetitos de Alemán para reelegirse. Privó la sensatez y se canceló la osadía del Cachorro de la Revolución, en gran medida por la oposición del cardenismo y sus aliados, con un principio elemental: aceptar la reelección es traicionar la revolución. El nuevo sistema puede tolerar un presidente dueño del partido y del régimen, pero solo durante seis años; una vez concluido su periodo, debe elegir al sucesor y ungirlo litúrgicamente.

Ruiz Cortines fue un presidente austero, honesto y eficaz, pero tampoco podía definirse como un demócrata. No obstante, las evidentes pruebas de corrupción del régimen previo, no actuó en contra de los funcionarios que se enriquecieron, tampoco contra el presidente que lo permitió. Y a partir de ahí, él establece la nueva regla del sistema político. El presidente saliente designa sucesor y lo compromete a otorgarle inmunidad. Los expresidentes son intocables.

Ruiz Cortines, como buen administrador, ejerció un estricto control del presupuesto, impulsó obra pública y estableció campañas exitosas en materia de salud pública. Crea la campaña nacional de erradicación del paludismo; amplió la presencia del seguro social a todo el país; creó el Instituto Nacional de la Vivienda; y envió la iniciativa que otorgaba el derecho al voto de la mujer, en 1953, reformando el artículo 34 constitucional. Puede afirmarse, fue un avance en materia política; en los hechos era una simulación, la mujer no tenía acceso a cargos políticos de poder o económicos y la resistencia al ejercicio de sus derechos, en muchos rubros, persistió por décadas; y es hasta el año 2011, con la modificación a la Constitución, que las garantías individuales se convierten en derechos humanos, se inicia el largo camino hacia la igualdad civil y jurídica entre hombres y mujeres.

Adolfo Ruiz Cortines, último presidente de México que nació en el siglo XIX y protagonista en la Revolución mexicana, es partícipe de la etapa de apogeo del sistema político posrevolucionario. Cinco presidentes subsecuentes replican el ritual sexenal de heredar el poder a su sucesor favorito a través del poder supraconstitucional del dedazo y cumplen, sin autocrítica alguna, las reglas no escritas del sistema.

Viviano, para ese entonces, rondaba los treinta años. Devoraba los periódicos de la época, releía a la luz de las velas las noticias publicadas sobre las actividades del presidente, escrupulosamente cuidadas por una prensa fiel a su tradición desde el Porfiriato, plegada a los intereses políticos del Gobierno. Tomaba notas con detalles extremos de periódicos de la época, fiel a la tradición heredada de Ponciano.

En paralelo, se creaba, desde aquella época, la versión del ciudadano de a pie, que a la luz de los hechos narraba su propia versión, plagada de sarcasmo, mofa y desprecio hacia la conducta de los gobernantes, que mantenían un contexto social de pobreza, rezago y marginación; mientras la propaganda pagada a los medios de comunicación ensalzaba virtudes y obras del Gobierno.

La historia de Viviano, el apogeo del sistema

Viviano, fiel a la tradición de su padre Ponciano, narraba en reuniones familiares, con lujo de detalle, esa época de juventud, el México que le tocó vivir.

En esa época, se vivía el apogeo del sistema político de México, del partido hegemónico heredero de las luchas revolucionarias y germen donde emanó el sistema autoritario del PRI.

Su historia personal, como todas, es interesante cuando se cuenta con detalles y anécdotas únicas y propias. Era un hombre ordinario del México posrevolucionario que vivió experiencias extraordinarias.

Viviano nació en un día frío, 3 de diciembre de 1928, en la capital del estado de San Luis Potosí, pocos meses después del asesinato de Álvaro Obregón, presidente electo de México, magnicidio que ocurrió en julio de 1928. Huérfano a temprana edad, tenía apenas seis años cuando murió su madre; es evidente, se observa un patrón. En esas épocas recientes, todavía a inicios del siglo XX, la orfandad y muertes eran una regla en muchas familias, en todas había una tragedia de muerte materna, infantil o del padre. Era una época convulsa, con grandes rezagos sociales en servicios médicos y el costo de vidas humanas era muy alto.

La orfandad deja marcas que se manifiestan en la edad adulta. Se percibía en Viviano el enorme cariño que le profesaba a su madre, fue el mayor de los hijos de Ponciano y tuvo conciencia de la pérdida en plena infancia cuando la necesidad de cuidados y afectos es suprema.

Los hermanos no alcanzaron a adquirir conciencia de la gran necesidad que tenían de su calor, de su amorosa compañía, afecto y cuidado; verla y sentirla morir cuando eran pequeños les dejó cicatriz imborrable en sus almas. La herida más dolorosa estaba en la parte afectiva, mitigada por el tiempo, porque hasta las heridas más profundas en el cuerpo y en el alma el tiempo las endurece y los niños tienen esa capacidad de sobreponerse, la naturaleza los dota de ese poder para olvidar los episodios trágicos. Asimilar les permite convertirse en grandes sobrevivientes y renacer con nuevas esperanzas.

La orfandad de madre es profundamente dolorosa, el apego es vivencial, profundo, marca la vida. Un niño que sufre soledad y carencia de afecto reacciona de manera instintiva para sobrevivir.

Las madres de la época fueron mujeres y seres humanos emanados de la posrevolución, apegadas al trabajo doméstico y con escasas opciones de vida, atrapadas en sociedades hostiles, androcéntricas y racistas. En ellas se guarda un secreto nacional, ahí en su pecho descansa una ternura infinita, que descargan en sus hijos; y esos afectos domésticos y cotidianos es lo que marcaba a las personas en esa época de pobreza y falta de oportunidades.

Es posible que esta forma de crianza formara mujeres y hombres buenos, perder ese contacto y comunicación afectiva limita el desarrollo. Darle tiempo a cada bebé, lactar y lograr una convivencia cercana y constante forma mejores seres humanos. Es la esencia de la familia mexicana: no tener grandes cosas materiales se compensa con el sentimiento, afecto y solidaridad de la familia.

No es casualidad que fue la época marcada por la imagen de las películas *Nosotros los pobres* y *Ustedes los ricos*, donde el protagonista, Pepe el Toro, describía la esencia de una época, una sociedad, personas marcadas por tragedias dolorosas, pero cargadas de emociones, sentimientos y valores personales.

También describe la polarización entre ricos y pobres, demostrando que en realidad no es cuestión de recursos. Personas buenas y malas existen en todas partes. La diferencia: las malas surgen de manera espontánea del caos, violencia, hostilidad, maltrato y carencia de afecto; las buenas deben cultivarse y propiciar que surjan y maduren virtudes insospechadas.

La corrupción y violencia que permea en México también tiene un determinante social: el abandono. La falta de afecto de infantes no planeados o no deseados provoca en ellos búsqueda de sobrevivencia, como respuesta instintiva a la hostilidad del entorno, que inicia por el abandono y rechazo de padres y madres de familia, que igual luchan por sobrevivir y, ante una prioridad personal, perpetúan y heredan sus propias limitaciones.

Los seres humanos que nacen y crecen en la injusticia social tienen dificultades colectivas para vencer y romper este círculo. Las sociedades modernas que han progresado en el desarrollo humano para formar mejores personas se fundamentan en impulsar un sistema social basado en los derechos humanos y justicia social, con una palanca de desarrollo accesible, educación de calidad.

Cuando los infantes crecen huérfanos, con hambre, descalzos, con frío y carentes de afectos, peleando por sobrevivir un día más, no es posible esperar que de ahí surjan personas virtuosas; puede ser, pero son excepciones.

Ponciano, padre de familia, con su pasado de orfandad y carencias, seguramente sufrió en soledad y con toda su alma la muerte de su compañera. Es probable que, en la intimidad, lloró amargamente sus cuitas. Aunque no era un hombre de expresiones afectivas, fue el que más vívidamente lo asimiló. Pronto se reagrupó con sus críos, ajeno a las necesidades afectivas de los descendientes, las cuales es probable que el también sufrió en su tierna infancia. Buscó cubrir por lógica las suyas; se casó pronto y cargó con los cinco hijos y formó otra generación.

Viviano, no solo sufrió cicatrices en el alma por la pérdida de su madre a tierna edad y la lejanía afectiva de su padre; fue un niño pequeño, delgado y frágil. A los tres años de edad, tuvo un accidente al derramarse una olla con agua hirviendo en su pecho; sufrió quemaduras de segundo y tercer grado, con ámpulas ardorosas. En la época, las quemaduras se manejaban en el domicilio y solo utilizaban remedios caseros. Consistía en colocar clara de huevo en las quemaduras, cubiertas con algodón; esto, aparentemente, mitiga el dolor, con un pequeño inconveniente: la clara de huevo se adhiere a la lesión y piel de las vesículas; al retirarlo, arrancaba piel y tejidos quemados. En su caso, desprendieron el remedio casero; el pequeño, con gritos de dolor, aguantó el desprendimiento de la piel, grasa, musculo y su pequeña tetilla derecha. Siguió un proceso de cicatrización doloroso, prolongado; afortunadamente, sanó y, como secuela, terminó en una cicatriz enorme en hemitórax derecho, ausencia de pezón y cambios en la coloración, ausencia parcial del músculo pectoral; y agradecer que no era niña: habría perdido una glándula mamaria completa.

Poco antes de cumplir diez años, Viviano enfermó gravemente de un proceso respiratorio. Su padre lo llevó al médico, quien le comunicó: «El niño tiene pus en un pulmón». Debía realizar una punción, un recuerdo intenso que contó años después: «El médico me sentó en una silla, mi padre me sujetó por la espalda y, sin mayores preámbulos, el galeno puncionó uno de los pulmones. No extrajo nada, pero, horas después, expulsé una cantidad enorme de expectoración obscura, con lo cual, en pocos días, mejoró». Nunca platicó el agudo grito y llanto que debió emitir.

Viviano y su hermano que le seguía, Valente, en temprana adolescencia, formaron una pareja unida, se cuidaban y defendían de los abusivos que nunca faltan en los barrios bajos. Cuando hay abandono familiar, surge el instinto de supervivencia. Pronto se convirtieron en jóvenes dispuestos a defenderse a trompadas. Viviano, el mayor, era inteligente, veloz, hábil, valiente, orgulloso, arrojado, sin nada que perder. Valente, un tipo chaparrito, irónico, sarcástico, pero con un físico de fierro, fuerte, con una pegada de miedo, valiente y entrón, sin nada que perder. Ambos descubrieron un talento que bien utilizaban, se defendían con soltura en el cuerpo a cuerpo a puñetazos. Esto los mantenía vivos y seguros en cierta medida; en particular, en esos barrios bravos de una ciudad ruralizada y donde la vida, como cantaría años después José Alfredo Jiménez, no valía nada.

Viviano pronto se dio cuenta que no había futuro como peón en una milpa ajena, dejó la casa y se fue a estudiar la secundaria a un internado para jóvenes, donde conoció un hecho insólito para él, hasta ese momento: comía tres veces al día, algo que lo motivó sobremanera y lo convirtió en el alumno más sobresaliente del internado.

Terminó estudios con honores y con gran reconocimiento académico. Esto motivó que sus profesores lo animaran a presentar el examen de admisión para ingresar a la Escuela Nacional de Chapingo, en esa época, la mejor escuela del país para estudiar ingeniero agrónomo. Era una escuela militarizada y con un prestigio nacional ganado a pulso y donde solo ingresaban los mejores estudiantes del país. Increíble, solo dos alumnos de San Luis Potosí aprobaron el examen y uno de ellos fue Viviano, joven orgulloso, inteligente, que conoció en la educación el lado más positivo de su existencia, llena de carencias hasta entonces. Estos hechos simples de conocer su potencial desarrollaron en él una profunda nobleza, lealtad, integridad y orgullo por el trabajo como sus mejores cualidades, hasta entonces dormidas y ocultas en la pobreza.

Estudiar en Chapingo le abrió un panorama personal para el desarrollo. Narraba con nostalgia que participó en los juegos universitarios realizados con motivo de la inauguración del estadio de Ciudad Universitaria en 1952. Compitió en 100 metros planos; aunque no ganó, lo recordaba como el evento más importante de su juventud y una de las mejores etapas de su vida: siempre que platicaba la anécdota, rodeado de niños, se convertía en el héroe de la familia. Describía con detalle, en la línea de salida de los 100 metros planos, respiraba hondo y contaba hasta tres, para evitar una salida en falso; en ese instante, perdió zancada y se rezagó, sin posibilidad de subir al podio. Vivía la juventud hermosa, el vigor y lozanía de sus veintitrés años, preñado de ilusiones.

Durante su primer año académico en Chapingo, escuela militarizada, se estilaban las famosas novatadas, agregadas a una presión académica y disciplina férrea. Viviano, persona rebelde por sus orígenes, tenía dificultades para tolerar los abusos y la disciplina a veces abusiva de la formación, no se adaptó y bajó su rendimiento escolar. Abandonó la universidad al concluir el primer año de estudios. Años después, en 1998, en una visita a un evento en la conmemoración del Día Mundial de la Alimentación, visitó el archivo de la escuela y pudo examinar, su expediente estaba intacto. En el frente, tenía unas fotos de su época de estudiante donde aparece con su uniforme, regio, serio, orgulloso y con la mirada noble y pacífica que siempre lo caracterizó.

También apareció el gesto de desánimo al observar en la carátula del expediente que aclaraba el abandono en el primer año. Los recuerdos acudían con sentimientos encontrados, después de ver en la pared de la entrada principal, entre todas las placas que coloca cada generación de egresados, la que correspondía a su ciclo de ingreso. Nostalgia y memoria de su juventud.

Al salir de Chapingo, se fue a estudiar a la escuela de Roque, en Celaya, Guanajuato, como técnico agrícola, con una beca del Gobierno, fácil de conseguir por sus antecedentes académicos. Ahí conoció amigos que lo fueron para toda la vida.

Al terminar en Roque, ya graduado, de inmediato consiguió trabajo. Soltero, sin apego familiar, sin ataduras de ningún tipo y con un espíritu aventurero, se fue a recorrer buena parte del sur del país, con su grado de técnico agrícola.

Sus inicios en el trabajo formal, como toda persona joven, vivió sus momentos de felicidad; contaba sus recuerdos más claros con alegría, reflejaban su vida de juventud, porque empezó a ser libre, feliz y a tener independencia económica. Era mediados de los cincuenta.

Los recuerdos marcan a las personas y definen lo que son como seres humanos. Hay una tendencia natural a rememorar los buenos recuerdos, los que generan felicidad y traen sonrisas al rostro. Los malos se olvidan pronto, atormentan, dañan, abren y hacen sangrar heridas y cicatrices del alma.

En particular, Viviano recordaba el pueblo de Coxcatlán, en el estado de Puebla, donde trabajó varios años y conoció amigos de juventud. Ahí se tomó las primeras fotos de su vida, que pudo conservar; se bañó en el río; aprendió a fumar, podía comprar cigarrillos y era una moda arraigada entre los jóvenes (la adicción al tabaco la conservó hasta bien entrada su edad madura). También desahogó sus penas con unas copas, se emborrachó al calor de una fogata rodeado de amigos y seguramente recordaba su origen triste en la pobreza y lloró la ausencia de su madre, que lo dejó carente de afectos y a merced de una vida hostil. Renació, despertó y resurgió. Se podía observar joven y con un futuro más halagüeño. A sus veinticinco años, paseó por las calles de ciudades y pueblos nuevos de Michoacán, Oaxaca, Puebla, Guerrero y muchos otros, pero siempre en el campo, en áreas rurales, donde se sentía en su elemento, como técnico agrícola; era un hombre de campo nivel Dios. Conocía brechas, caminos, caminaba el campo y exploraba los cultivos, que eran su pasión. Se convirtió en un experto en el cultivo y procesamiento del chile poblano, materia prima esencial para elaborar el mole. Empezó a forjar un destino promisorio en una época próspera del país, llena de oportunidades, que años después añoraría no solo él, sino toda una nación.

En Coxcatlán, conoció a su amigo apodado el Califa, amistad que marcó a ambos para siempre, cuates inseparables, así lo describía: Califa era todo un personaje, alto, fortachón, morenazo, pelo a rape, siempre con boina de estambre doblada en la frente, cara gruesa, con sus pantalones bombachos y sus zapatos de bota industrial. Era su compañero de parrandas, de peleas. Cuando salían de parranda, hacían sus escándalos en bares y cantinas, ya medios briagos, retaban a los policías y le partían la cara a uno que otro, hasta que llegaban refuerzos y los metían al tambo (llámese cárcel) a cachazos de pistola. Era una época en que el valor se demostraba en las peleas callejeras cuerpo a cuerpo, a puñetazos. Cuando no tienes nada, puedes arriesgar todo lo que te queda. La vida y ese estilo de vida eran su adrenalina. El Califa compartía sus vivencias, el sueño de sentirse poderosos e invencibles. Jóvenes y medios ebrios, se sentían libres de las calamidades y del hostil entorno que conocían.

Lo que más le impresionaba del Califa, narraba, es que conocía y practicaba cincuenta pasos del baile de moda, el mambo, estilo musical traído a México por el famoso Cara de Foca, Dámaso Pérez Prado, un músico cubano, talentoso, chaparrito, acicalado, con barba breve, bigotito, mulato; y alegraba los bailes con su música alegre y contagiosa.

Las raíces originales del mambo pueden ser encontradas en el «Danzón de Nuevo Ritmo», popularizado por la orquesta Arcaño y sus Maravillas, dirigida por el famoso flautista Antonio Arcaño; este fue el primero en denominar a una sección del danzón cubano como «mambo».

Viviano y sus amigos gozaban este concepto cultural. En bailes, fiestas y pachangas se daban vuelo disfrutando y gozando a Pérez Prado. Recorrieron el sureste del país y se separaron cuando Viviano emigró a Michoacán. De todas esas vivencias, guardó algunas fotos deterioradas, en blanco y negro, como mudos testimonios de esas leyendas contadas por el protagonista que les siguen dando vida y persisten en la memoria de quienes las escucharon y las transmitieron de alguna u otra forma a generaciones subsecuentes. Los recuerdos son llamas vivas mientras perduran en la memoria de los amigos.

Fue también la época de los tríos, a la cabeza de todos, Los Panchos, legendarios por su música romántica. Crearon una corriente musical de época, valses, tangos, pero sobre todo boleros: los llevó a ser íconos durante varias décadas. Los boleros interpretados por los tríos eran una música sencilla, creada con maracas, guitarra y requinto, con letras que invocaban romanticismo.

El bolero se mantiene como un símbolo fundamental de identidad y cultura latina. Las décadas de los cincuenta y sesenta son, sin duda, la época dorada del bolero. Los Tres Ases, Los Dandys, Los Tres Caballeros, Los Tecolines, Los Tres Reyes, entre otros, de los mejores representantes junto con Los Panchos.

También fue representativo de esa época el Rey del Bolero Ranchero, Javier Solís, intérprete, sin duda, con una de las mejores voces de toda la historia de la música en México. Lo conocían como la Voz de Terciopelo. Murió prematuramente por complicaciones de una cirugía, pero su interpretación y legado perduran a través de generaciones. Sus canciones acompañaron a Viviano en los bares y marcaron para siempre su existencia, recordaba con nostalgia a los artistas e intérpretes de su juventud.

Una anécdota breve que ejemplifica la personalidad de Viviano.

En la década de los setenta, había un organista bien conocido en México, Juan Torres. Interpretaba todo tipo de música con su famoso órgano melódico, incluyendo, por supuesto, música popular mexicana. Viviano era fanático de sus interpretaciones y tenía colección de discos del popular organista.

En una ocasión, se enteró que presentaría su espectáculo musical en la feria de León, Guanajuato, famosa en todo el país por su palenque y peleas de gallos.

Viviano, emocionado, acudió y disfrutó a plenitud las interpretaciones, ovacionando al organista y, como se estila en esos eventos, consumiendo algunos tequilas.

Ya con los efectos propios de los alipuses y armado de valor, invitó a sus amigos a que lo acompañaran a saludar a Juan Torres, quería conocerlo. Los amigos trataron de persuadirlo, ya andaba con algunos tragos de más y desbordaba alegría. Sin medir prudencia, se acercó frente al artista y le dice con vehemencia: «¡Juan Torres, vengo a verte para conocerte, te agradecería que me obsequies tu autógrafo!».

Juan Torres amablemente voltea y le responde: «Claro, señor, ¿dónde le firmo?».

Viviano, ya con la pasión de los alipuses y por conocer a un artista admirado, se desgarra la camisa y con el pecho desnudo y mostrando su enorme cicatriz, le dice: «¡Aquí, en mi pecho, cerca del corazón!».

Juan sonrió, le firmó y se despidió amablemente.

Ese era Viviano, todo un personaje.

Años después, Viviano contaba la anécdota y reía a carcajadas, con algunos huecos de memoria que sus amigos se encargaron de refrescarle. Las vivencias especiales siempre generan algarabía y nostalgia cuando se recrean con los amigos.

Viviano nunca ventiló su vida personal a nadie, jamás comentó algún amor o novia que marcara su vida previo a su matrimonio, por lo menos en círculos cercanos capaces de documentarlo. Era una persona respetuosa y conservadora en su vida privada. Pero siempre el hermetismo genera especulaciones de todo tipo, así eran esos tiempos y los rasgos de la personalidad impregnados como una impronta por sus ancestros no podían desaparecer espontáneamente, el hermetismo fue siempre la constante y eso fue respetado por todo su círculo cercano.

Es probable que haya tenido problemas para interactuar con las mujeres, en su adolescencia y juventud, porque era tímido y orgulloso, muy propio y receloso para iniciar relaciones fraternales y afectivas, además de su natural dificultad para expresar emociones afectivas marcado por la carencia de estas en su formación. Es natural y comprensible, simplemente consecuencia y víctima de una orfandad a los seis años, que fue la última etapa de su vida en la que recibió una caricia, un beso, un cariño, un abrazo de su madre, palabras de aliento o de afecto, que, por supuesto, se necesitan para fortalecer la ternura y el alma pura de los niños.

Los afectos dan cauce a las emociones y fortalecen la capacidad de ser solidarios, cariñosos, libres, tiernos y felices, como un proceso aprendido y fomentado. De lo contrario, las personas se convierten en seres ásperos, fríos, incapaces de expresar sensaciones y manifestaciones de afecto importantes en el desarrollo biopsicosocial de las personas. A eso había que agregar la carencia de recursos y, por supuesto, una autoestima golpeada por todos estos agravantes, de manera implacable.

Brincar ese proceso se llama «resiliencia» y Viviano fue un claro ejemplo de este proceso psicológico complejo, es la gran lucha humana de la vida moderna: crear personas cálidas, afectivas y solidarias que vean como expresión máxima de afecto el bien común y la justicia colectiva, sin importar sus antecedentes afectivos, familiares y sociales.

Las buenas conductas no son obra de la casualidad, deben ser aprendidas y replicadas hasta lograr una impronta en la vida temprana que dará origen a un desarrollo intelectual sólido. Aunque nadie hereda la culpa ni el delito, se pueden heredar complejos, atavismos, odios, rencores y se aprenden malas conductas. Las personas requieren no solo afectos, también límites, eso necesariamente consolida la personalidad y el carácter. Ser un adulto no es casualidad, se requiere aceptar responsabilidades, dominar la razón sobre los sentimientos y ser capaz de controlar y mantener en equilibrio las pasiones.

Viviano se formó solo, en la adversidad, siempre juzgado y minimizado en sus talentos, porque una persona brillante siempre genera pasiones. Tenía una personalidad con grandes cualidades, valores y aptitudes. Al crecer, se convirtió en un hombre trabajador, con un profundo celo por el deber, responsable, íntegro, honesto e incorruptible; con ideas claras, propias y con la capacidad de expresar su postura. Esto le trajo costos, en una sociedad matizada por la corrupción, pero mantuvo su postura y su legado fue ejemplar. En el claroscuro de la personalidad, siempre con defectos y virtudes, fue apreciado por sus amigos, porque era un hombre íntegro que siempre vivió con orgullo, valor y dignidad.

Raquel, encuentro de dos mundos

Ella nació cuando México era otro, en el año 1937. Un México posrevolucionario, humeante, con secuelas de las batallas de Torreón, Zacatecas y el Bajío, con resabios del México bronco creado por Obregón y sus huestes, cuando todavía las cosas se arreglaban a balazos y se vivía entre huellas y herencias del Maximato, de Plutarco E. Calles, provocador de la guerra de los cristeros. El cardenismo estaba en su apogeo, a mitad del primer sexenio de la historia moderna de México, y se respiraba paz y fin de turbulencias políticas y sociales. En esa época de nuevos vientos y reacomodo social, nació Raquel. De propia voz, narra su historia, matizada por los recuerdos más intensos.

Doña Bárbara, su madre, nació en 1913, en plena revolución. Era una mujer de origen rural, que provenía de una vida dura en el campo, llena de hostilidad, poca educación y trabajo duro. Inmadura, frágil, joven y linda, casó pronto y se llenó de hijos, secuencia de acontecimientos propios de la época.

El intervalo entre cada embarazo era breve, no existía la anticoncepción y la reproducción humana era libre, espontánea y no planeada. Lactó poco a su descendencia, se juntaba un nuevo embarazo encima de un recién nacido en tierna infancia.

Cuando lactaba a sus criaturas, ya con hijas mayores, la observaban, se percataron que tenía una variante anatómica en su cuerpo, vestigio de antepasado remoto: politelia (muchos pezones); una variante normal en algunas mujeres, sin repercusión alguna si carecen de tejido mamario. Cuando contienen tejido mamario, pueden inflamarse e infectarse durante la lactancia. Son esas historias extraordinarias, personales, familiares e íntimas contadas en las charlas vespertinas entre madre e hijas, y que honran a los antepasados ya perdidos, que permanecen vivos por recuerdos y afectos.

Bárbara se casó en abril de 1931, a los dieciocho años, con Sereno, para entonces de maduros treinta y ocho (nació en 1893). Sereno fue seminarista, abandonó la carrera sacerdotal por falta de vocación, permaneció interno durante cuatro largos años, de los doce a dieciséis años de edad. Un hombre atormentado por el pecado, profundamente religioso, pero noble y bondadoso. Ya casados, vivían en una hacienda en un poblado cercano a Jiquilpan, Michoacán.

Sereno era un hombre maduro que le pidió matrimonio a Bárbara con los protocolos de la época. Cuando la doña aceptó, la «depositó» varios meses, con una tía, hasta la fecha del matrimonio. En realidad, no estaba completamente convencido de casarse y asumir todos los costos y responsabilidades, después de vivir a libre albedrío hasta cercanos los cuarenta años. Para empezar, tendría que limitar su arraigada práctica en ese entonces del único deporte nacional vigente, tomar de vez en diario los sagrados alipuses.

Bárbara, mujer estoica, fuerte, joven y como todas las mujeres de sus tiempos, se enfrentó a la naturaleza tempranamente en el campo de batalla de las mujeres: la reproducción humana. El embarazo y parto eran los factores que determinaban la supervivencia de las mujeres. Unirse en matrimonio era iniciar esa larga y azarosa vida reproductiva, estereotipo arraigado, esencial y proceso que definía a la mujer mexicana y de muchas partes del mundo. Mujeres con pocos derechos, muchas obligaciones y riesgos inherentes a su naturaleza biológica.

El primer embarazo siempre marcaba la vida de una mujer, ponía a prueba su fortaleza física, psicológica y genética. Sometía su mente, cuerpo y pelvis a las pruebas rigurosas de engendrar, parir, lactar y formar su descendencia. Había que tener capacidad de sobreponerse a la naturaleza y sobrevivir ante todos los retos existentes en el proceso. El acceso a servicios y atención médica estaban lejanos o inexistentes y era la mujer frente a la naturaleza. Muchas mujeres murieron en el proceso y siguen muriendo, en silencio.

Permanecía latente la posibilidad de tener un parto complicado y morir si era necesario, sin acceso a servicios médicos. Las crónicas familiares narraban que Bárbara paría a sus hijos desnuda; en el periodo expulsivo se sentaba entre dos sillas y ahí, con el esfuerzo máximo, aparecía el recién nacido. Todos nacieron en presentación cefálica, para su fortuna. Las presentaciones anómalas eran causa frecuente de partos complicados, muertes maternas y perinatales.

Trece embarazos fue su legado. La procreación encerraba dos generaciones en una sola familia, nacieron en un periodo de veinticuatro años. Dos fallecieron: una pequeña, de fiebre tifoidea; y un recién nacido, en los primeros días de vida.

Bárbara se mantuvo en vida reproductiva sin pausa, sin descanso y sin temores; la mujer pagaba los costos de una sociedad con estereotipos y atavismos aún muy arraigados: parir hijos como único hecho relevante de la existencia, todos los que Dios les permitía, era la premisa. Entregada a la reproducción, no tenía vida ni decisiones propias. Así tenía que ser: eran mujeres, decían sus abuelas.

México tenía, en esas épocas, tasas de mortalidad escandalosas, la mortandad infantil y mortalidad materna eran las principales y con mayor daño social. En 1930, cada año en todo el país, morían veinticinco personas por cada mil y un aproximado de quinientas mujeres por cada cien mil nacimientos.

La esperanza de vida era de treinta y seis años para los hombres, treinta y siete años para las mujeres; la mortalidad infantil era de ciento treinta y ocho por cada mil en esa década del Maximato. Bárbara, como muchas mujeres heroicas, parió trece hijos y vivió para contarlo, no muchas mujeres en esa época se daban ese lujo natural y biológico. Al fin joven y sana, tener la capacidad de parir por vía natural era una de las premisas para sobrevivir.

El 23 de marzo de 1937, Bárbara parió una mujer, Raquel, producto del cuarto embarazo. Esperó, como presagio de su larga vida, que llegara la primavera para nacer, un día de clima incierto.

Sereno eligió el nombre porque, en sus años mozos, cortejó a una doncella con ese nombre, con promesa de matrimonio, y, por azares de la vida, Sereno emigró como bracero a Estados Unidos; allá permaneció durante cinco años, esperando pacientemente para regresar y desposarla. A su regreso, como era de esperarse, la encontró embarazada de otro mancebo, que tomó cartas en el asunto, nada comparado con el romanticismo a distancia de Sereno.

Todos los obsequios, *souvenirs* y aquella vajilla de porcelana y anillo de compromiso, guardados por varios años en Estados Unidos y transportados con extremo cuidado y esmero, para desposar a la doncella, quedaron para mejor ocasión. Sereno encontró a su amada en brazos de otro mancebo.

Por supuesto, Bárbara, conocedora de este pasado romántico y decepcionante, se opuso a ponerle el nombre de Raquel a su cuarta hija; se impuso la decisión del patriarca y Raquel recibió el sacramento del bautizo.

Las mujeres pensaban (porque así les enseñaban) que, al casarse, irían al paraíso. La realidad se plasmaba ante sus ojos al día siguiente del matrimonio y, en muchas ocasiones, era lejana a los pasajes oníricos y románticos de las doncellas.

Narraba una mujer de la época con ochenta y cuatro años de edad y cargada de sabiduría adquirida con los años. Se casó a los quince y parió doce hijos, cinco murieron en la infancia. Decía con aquella tranquilidad que dan las pruebas de vida superadas: «Al lado derecho del Señor, hay una silla para sentar a la primera mujer que no se arrepienta del matrimonio y, hasta hoy, sigue vacía».

El hermetismo que siempre surgía cuando se comentaba alguna cuestión aludiendo estos hechos se fue relajando con el paso del tiempo, hasta que, cuatro o cinco décadas después, se ventiló completamente y era motivo de charlas familiares con mayor frecuencia e intensidad; y, por supuesto, cada vez se exageraba un poco más, se agregaban hechos de la cosecha de cada relator. Siempre ha sido y es excitante contar historias del pasado, turbio, oscuro o trágico de la familia. El embarazo de la novia de Sereno, a su regreso, era una de esas historias románticas y trágicas.

Poco se sabe, como todo hecho histórico lejano, contado por los ancestros, qué pasó en los primeros años del crecimiento de la niña Raquel. El hermetismo familiar, pobreza, escasa comunicación, falta de experiencias y vivencias limitan describir acontecimientos importantes. La existencia se alimenta de buenos recuerdos, los malos marchitan el alma; por eso siempre se cuentan las historias que hacen felices a las personas.

Raquel, como niña y adolescente, fue a la escuela con sus hermanos, les encantaba bajar la loma del pueblo en bicicleta a toda velocidad, con la calle empedrada, ¡sin frenos!

Aparecían las consabidas caídas, heridas y raspones, descritos con sorna y cierta discreción para evitar la carrilla y burla entre hermanos de ese pasado oscuro de juegos extremos.

El suceso que marcó esa época, sin duda, fue que el general Lázaro Cárdenas, oriundo, nativo, avecindado y gerundio de Jiquilpan, llegó a la presidencia de la república y todo el entorno se sentía partícipe del trascendental acontecimiento. La familia de Raquel vivía a unos cuantos kilómetros de la tierra del general.

Bárbara, después de su noveno parto en septiembre de 1949, presentó un brote de esquizofrenia paranoide, situación que marcó a la familia, no solo por la cuestión médica, también por el entorno social de un pueblo pequeño que se convertía en permanente hostilidad, burla, estigma y discriminación hacia las enfermedades psiquiátricas.

Internada, tratada, parcialmente rehabilitada e integrada a la vida familiar, la realidad es que Bárbara nunca se recuperó y permaneció con una esquizofrenia con altibajos, hasta su fallecimiento. Aun así, después del episodio inicial y brotes recurrentes, tuvo cuatro partos más, con grandes dificultades para la crianza de sus hijos.

Raquel, su cuarta hija, asumió el rol de ama de casa, dejó la escuela cuando cursaba el 5.º grado de primaria y se convirtió en una guerrera de la cocina y de la crianza de sus hermanos pequeños. La última hija y parto número doce, poco después del nacimiento, presentó un cuadro febril, probablemente una meningitis. Sobrevivió con secuelas neurológicas de por vida, crisis convulsivas, trastornos del habla y mala coordinación psicomotriz, y nunca se valió por sí misma. Vivió en el anonimato y estigma de una familia disfuncional, a cargo de una de sus hermanas; aislada y carente de afecto, sufrió una soledad dolorosa, le llamaban cariñosamente la Mona, porque al no poder hablar, prácticamente era muda y solo guturaba o balbuceaba algunas palabras distorsionadas; aprendió a hablar precariamente pasados los diez años. Murió de un cáncer de mama con más de setenta años de edad.

La familia vivió en una casona antiquísima, vivienda visible desde la carretera que atraviesa el pueblo. En el centro de la calle por donde se ingresaba al caserío, corría y podía escucharse eternamente un riachuelo de aguas residuales. A unos 300 metros, topa con una casa en alto, que tiene un enorme corredor con barandal formado de triángulos de ladrillo y puerta de madera. Construida en una lomita, dentro, una casa de adobe, con techos altos y tapanco cubierto de teja, lleno de polvo, palomas y sus emuntorios, alimañas, alacranes y lagartijas; la enorme sala, con piso de mosaico antiguo de colores vivos; cuartos en penumbra con ventanas de madera sólidas, sin cristales y con aldabas de herrería de tiempos revolucionarios. Las habitaciones, llenas de cachivaches y una cocina humeante y llena de hollín. El antiguo fogón de leña fue remplazado por estufa de gas.

Se observa en el corredor, además, una escalera de caracol que contrasta con la casa vetusta antigua y húmeda; al centro, un patio con una palmera gigante, plantada setenta años atrás, por Sereno; al fondo, una pileta y dos letrinas; el espacio del patio, eternamente húmedo; un corredor interno, en declive, de unos cinco grados, con piso de un ladrillo desgastado por los años y, para variar, lleno de triques y cachivaches.

Al pie del corredor y entrada de la casa, se observaba eternamente un vendedor ambulante con su mesa de madera y su silla: el famoso Jerry War. Un hombre mayor, serio, callado, enigmático, de bigote blanco, cano, con su eterno jorongo, pantalones de manta, huaraches de cuero y sombrero de revolucionario, que, de vez en cuando, sentado en su silla, a falta de clientes, se echaba un coyotito, que significa quedarse dormido un ratito. Invariablemente, vendía mañana y tarde, cambiando su mesa: la acera oriente por la mañana; la acera poniente por la tarde; siguiendo la sombra, para no asolearse. Frijol, maíz, cocos, dulces, alfajor, frutas cristalizadas y verduras nunca faltaban en esa mesa; revoloteaban las abejas y algunas moscas que don Jerry espantaba con un pompón. Su llegada, 7:00 a. m.; y retiro, 18:00 p. m., invariablemente. Murió con más de noventa años y, según se sabe, vendió en su puesto hasta el día previo de su muerte. Ahí, en esa casona, creció la familia; y poco a poco, con los años, las casi dos generaciones de hijos fueron buscando su camino y separándose paulatinamente, emigrando a diferentes estados del país.

Raquel creció en la adversidad, vetada al acceso escolar, como madre suplente de un hogar perdido por la enfermedad de la matriarca, asumiendo que las hermanas mayores trabajaban para sostener la numerosa familia, la costosa educación y manutención de un hermano en el seminario. La adolescencia pasó rápido. Cuando roban la niñez y la adolescencia de las personas y, en particular, de la mujer, eso las marca para siempre, aparece la resiliencia. Raquel creció con un lema personal conservado después de ochenta y siete primaveras: alegría por vivir.

Poco sabemos de los acontecimientos vividos, porque no los hubo, encerrada en una casa y en un pueblo con pocas esperanzas, criando hermanos, en labores del hogar, con alimentación precaria, mucho trabajo en labores domésticas y sin incentivos existenciales.

Las familias disfuncionales y numerosas, como la de Raquel, son una especie de experimentos sociales espontáneos, sin grupos de control. De ese experimento natural aparecen personas diversas, con carácter, temperamento y personalidades totalmente diferentes. El abandono y la falta de cuidado en la formación son el rasgo común en todos, pero la respuesta y las consecuencias que generan son impredecibles e inesperadas en cada individuo emanado del experimento natural.

La carencia de afectos domésticos es la manifestación más evidente. Los anhelos, esperanzas, pasiones y sueños personales se vuelven una llama viva pero tenue y se toleran todo tipo de privaciones porque son jóvenes y, en esa época, lo que alimenta el espíritu son las ganas de vivir. En la realidad de la familia, cada uno de los once hermanos creó una biografía que podría ser motivo de un relato particular.

Una mañana fresca de primavera de 1957, temprano, Raquel, de escasos veinte años recién cumplidos, salió, como todos los días, al corredor de la casona. Sentados en el borde, los hermanos observaban la llegada de autobuses y taxis al pueblo. La vista era panorámica y privilegiada desde lo alto de aquella lomita natural. El pasatiempo preferido era narrar chismes, chascarrillos y bromas de los nuevos visitantes o gritar a los transeúntes conocidos alguna consigna en la calle; además de ver a los visitantes que ingresaban al pueblo y comentar, con la habitual lujuria juvenil, las cualidades físicas de mancebos y doncellas por igual.

Era emocionante crear historias acerca de quien llegaba y quien salía del pueblo, en lo alto de la calle podían ver todo el panorama y escuchar la algarabía del contingente que bajaba del trasporte público. Para ingresar a la plaza principal, la calle de la casona era paso obligado. Observaba el bullicio de un afluente de personas que ingresaban al pueblo, eran técnicos agrícolas asignados a la localidad para atender los sembradíos aledaños, donde había huertos de árboles frutales atacados por una plaga que llamaban la «mosca prieta de los cítricos». Las cuadrillas de trabajadores llegaron al pueblo por primera vez, se enviaban a las localidades con el fin de estudiar y erradicar las plagas de los cultivos. La gente extraña siempre despierta curiosidad en pueblos pequeños. Esta no era la excepción.

La presencia en la comunidad de personal del Gobierno generaba gran algarabía. Nacía y crecía la campaña nacional para la erradicación del paludismo. En 1947, se usó por primera vez el DDT (el diclorodifeniltricloroetano, compuesto organoclorado, insecticida utilizado en el siglo XX para control del mosco transmisor del paludismo).

En noviembre de 1955, se publicó el decreto de creación de la Comisión Nacional para la Erradicación del Paludismo, el organismo encargado de la ejecución del programa; la Comisión dependía de la Secretaría de Salubridad y Asistencia.

El 2 de enero de 1957, se inició la aplicación general de insecticidas de acción prolongada en el interior de todas las casas del área malárica del país, con el propósito de lograr la erradicación del paludismo. Por aquel entonces, todo el territorio nacional, con la excepción de los estados de Baja California y Tlaxcala, estaban infestados de paludismo, afectando el 58 % de la superficie total de la república.

En esa cuadrilla de trabajadores, caminaba un joven de veintiocho años, Viviano, que emigraba de Puebla con la nostalgia de las juergas con su amigo el Califa. Era en esa época un hombre delgado, bajito, con bigote, tez blanca, calvicie prematura y andar orgulloso y altivo, que formaba parte de un grupo de jóvenes contratados para atender la plaga de la mosca prieta; y provenían de una prestigiada escuela de técnicos agrícolas de Roque, en Celaya, Guanajuato; y visitaban localidades dispersas acompañando las brigadas de trabajadores y técnicos de la campaña para erradicar el paludismo.

Ese día, Raquel saludaba a los lugareños del pueblo durante el bullicio y Viviano, al voltear al corredor, percibió que alguien lo saludaba: era Raquel. En realidad, saludaba a una lugareña, pero eso bastó para detectar una joven doncella que llamó la atención especialmente. Era mujer delgada, de figura extremadamente femenina, morena, extrovertida y risueña, pero también cohibida, enigmática y algo despeinada, como era su acostumbrada apariencia.

Viviano, confundido, hizo el ademan de «¿es a mí a quien le habla?», Raquel simplemente volteó para otro lado y lo ignoró. Sonrojada y tímida, aguantó la carrilla de las hermanas por el resto de la semana por la insistente mirada del mancebo fuereño que la saludaba efusivamente.

La hormona siempre mata neurona y parece que ese flechazo fue suficiente. Nunca se comentó cómo fue el seguimiento de un mayor conocimiento de dos personas, pero buscaron la forma de conocerse; en poco tiempo, la relación afectiva se intensificó y, cuando dos jóvenes andan en busca de su destino, no hay fuerza que lo impida. En pocos meses, Viviano se convenció: era lo que buscaba y la pidió en matrimonio. En esa época y también ahora, las relaciones afectivas prosperaban por sensaciones espontáneas, naturales y humanas muy nuestras, el corazón, el instinto. Es la naturaleza que llama o todo junto.

Raquel vivía en casa de sus padres. En aquellos inicios de 1957, tenía encima veinte primaveras. Joven, sana, rozagante, fuerte, curtida al fragor de las batallas hogareñas criando hermanos, estaba lista para desposarse. Hoy, en la época de la tecnología, el internet y los teléfonos inteligentes, es impensable que una doncella de solo veinte años pretenda casarse. Eran otros tiempos.

Todos eran solteros en la familia, se acercaba el llamado de la naturaleza, crecían y Raquel era la primera en ser flechada por los aromas e instintos concupiscentes del amor y el pecado y las fantasías eróticas y lúbricas que todo ser humano joven siente, vive y le llena la existencia por la necesidad imperiosa de compartir y fundirse con otra persona para reproducirse y dejar el legado genético en este mundo. Biología pura. También intervienen sentimientos, aspiraciones, necesidades, esperanzas de una vida mejor. La experiencia e ilusión propia que cada uno debe vivir y nadie experimenta en cabeza ajena.

Inexperta en las lides del amor, vivió enclaustrada en su casa buena parte de sus frescos veinte años, sin afectos y sin esperanza existencial, mujer pobre, en el área rural y con familia numerosa, marcaba un pronóstico desfavorable y sus chances estaban limitados, acotados, escasos.

En todos los jóvenes, arde la llama por vivir y buscar un mejor futuro, la fuerza de la naturaleza que impulsa y engendra voluntad, instinto por crear una familia con mejores expectativas de las que ella conoció.

Una infancia y adolescencia truncas de experiencias y vivencias positivas genera existencia con limitaciones en una etapa clave en el desarrollo de la persona y personalidad. Un proceso formativo sin acceso a información, educación y satisfactores provocan ser y hacer menos de lo que potencialmente se guarda en el interior y lentamente apaga talentos insospechados que cada ser humano carga en su acervo genético.

Ese proceso de vida precede a cada familia, poco se habla y menos se conoce. Debería ser importante porque son los ancestros, los antecedentes, la carga social y genética que vive dentro en nuevas generaciones.

Esas tradiciones, sensaciones y costumbres arraigadas por siglos son un enigma que encierra la unión de dos personas distintas, ajenas, que se integran como pareja y funden un legado genético que provoca la diversidad humana y nos hace más fuertes para sobrevivir. Dos personas forman una familia y convierten el yo en nosotros. Siempre la eterna historia del encuentro de dos mundos.

Después de todos los rituales del noviazgo, la natural insistencia de Viviano de formar una familia y la renuencia, escepticismo y arrogancia de Raquel, propia de la vanidad de la mujer, fomentada por el valor que se daba a la castidad, juventud y, por supuesto, belleza física, encendieron las llamas humanas de la pasión.

En ese encuentro de dos mundos, Viviano, formado en la orfandad, tenía sus costumbres propias, fumaba compulsivamente, tomaba alcohol y era proclive a armar desmanes. Sin un aprecio aprendido de los cuidados familiares y aún joven, tenía un concepto diferente de lo que significaba formar una familia.

En contraste, Raquel, inquieta, rebelde, vehemente, tenía otra visión: esperaba, con ansiedad, un mejor futuro que permanecer en el pueblo como todas las demás mujeres contemporáneas. Inmadura, sin una formación sólida y con pocos ejemplos de vida, solo percibía la esperanza personal de ser la primera de la familia en casarse con todas las de la ley, una cualidad apreciada en esos lugares. Significaba un posicionamiento social diferente y otorgaba valor a las cualidades de la mujer.

Es probable que nunca se trató el tema de las diferentes expectativas: querían casarse y amarse, no tener disertaciones filosóficas futuristas sobre la familia. Lo que matizaba la unión era un desconocimiento mutuo de las propias necesidades y expectativas y falta de una comunicación fluida y franca, limitada por los profundos, enormes atavismos, orgullos, temores mutuos, que enrarecen la comunicación, nublan la razón y seducen el alma de todos los seres pasionales. Sin embargo, ambos fieles a las tradiciones y respetuosos de las buenas intenciones que exigen las formas sociales al desposar una mujer de un lugar lejano, desconocido, cumplieron con todo el ritual y protocolo. Noviazgo perpetrado en el corredor, encuentros y contactos furtivos, y presencia social de una relación que invariablemente terminaría en matrimonio en la iglesia del pueblo, como sucedió, expresión propia de la juventud hermosa.

Fue el encuentro de dos mundos: el varón, con una impronta machista de la época, con su concepto propio de esposa, sumisa, servicial, atenta, diligente, hogareña, fiel y sometida a las expectativas de quien la desposaría. Como menciona el clásico, a veces, lo que amamos se considera nuestra propiedad. En contraste, una mujer con activos valiosos, joven, casta, hermosa, llena de vida y con capacidad reproductiva, pero también con ideas propias, liberales, rebelde, de sumisa nada y demandante de calidad de vida, como el mejor incentivo de entregarse al sacramento del matrimonio. Visiones encontradas, amalgama interesante.

Dos personalidades formadas en ambientes distintos. Las historias donde afloran las pasiones, sentimientos, lo más humano, despiertan toda clase de sensaciones y reacciones, impulsan a mover las partes más primitivas del sistema nervioso central y convierten a las personas en seres guiados por instintos, solo inhibidos por la razón y el temor a las consecuencias de no respetar las formas sociales.

Hay algo innegable: es excitante para todas las personas contar historias de gente, de parejas, vidas de sus ancestros que preceden y se pierden en el tiempo y la memoria. Recapitular los hechos y las pasiones humanas. Es irresistible la tentación de agregarle la chispa de emoción personal y especular acontecimientos familiares.

La generación que formó familias en la segunda mitad del siglo XX vivió con una identidad propia, en una transición existencial entre los resabios de la tradición porfiriana y posrevolucionaria, cargada de machismo y una buena dosis de violencia doméstica y el paso a una modernidad tecnológica y de comunicaciones humanas vertiginosas.

La transición, tímidamente y con enorme oposición, camina hacia una sociedad de derechos. Son choques culturales muy fuertes que estallan en los conceptos intelectuales como bombas de dos épocas encontradas y viven en una misma persona. Es impostergable iniciar el proceso de desaprender para volver a aprender. Las improntas y mapas mentales están lejos, muy lejos de modificarse, porque, sencillamente, no existe un proceso deseducativo de todos los atavismos históricos. Se requiere flotar y nadar en lodos pestilentes de complejos sociales y colectivos para llegar a la orilla de un mínimo de salud mental que permita la adaptación a nuevos y vertiginosos tiempos.

La generación actual de personas maduras, nacidas en las últimas décadas del siglo XX, que vivieron y sobrevivieron milagrosamente el mundo de otra manera, son como intrusos de otra época, viajeros del tiempo. Vienen de la época de las cavernas, de las peleas cuerpo a cuerpo, aprender a nadar en el río, tomar agua de la llave, crianza en la calle, juegos de té, muñecas, trompo, balero, matatena y canicas; a un mundo de redes sociales, realidad virtual, computadores, celulares y tabletas.

Hay un cambio generacional, como un viaje en el tiempo. Un buen número de personas son producto de esa época ya pasada, cuando las mujeres y los hombres tenían otro tipo de relación personal. Romántica, de sueños, de ilusiones, de expectativas y también de ignorancia e incertidumbre, no porque no se quisieran conocer: era el estilo de la época. Casarte sin casi conocer a la otra persona, la mayoría hombres y mujeres jóvenes y, por la temprana edad, casi todos vírgenes; aunque, por ese carácter machista que matizaba el ambiente, la mayoría de los hombres debían hacer su «primera comunión» (primera relación sexual) antes de casarse. Pero también como todos y en cualquier época, se enamoraban y se enamoran.

Los costos, en ocasiones, eran altos. No es fácil apegarse a cartabones sociales sobre la paternidad, maternidad, sexo, fidelidad, divorcio, hijos extramaritales. Nunca ha sido fácil la unión entre personas que tienen formas diferentes de vivir, pensar y actuar en la cotidianeidad. Al no convivir previamente, era motivo de desencuentros tempranos, intensos y, a veces, con duración de por vida. Hay matrimonios que permanecen unidos durante largas décadas, pero guardan rencores y diferencias hasta la muerte.

No es casualidad que las leyendas urbanas de abuelas se intensifiquen con más fervor cada día, la vieja premisa: «la segunda educación viene con el matrimonio para ambos». Y si quieres conocer tus virtudes, muérete; y si quieres conocer tus defectos, simplemente cásate.

La unión de dos personas diferentes, Raquel y Viviano, en la iglesia de un pintoresco y mágico pueblo, llegó a su clímax: el matrimonio, la formalización y solicitud pública de un deseo privado.

Después de los obscuros e impronunciables acuerdos concupiscentes del noviazgo, le sigue la rigurosa e insustituible petición familiar para desposar a la doncella por el mancebo, prospecto de caballero que cumplió los requisitos y rituales que la sociedad y las familias no solo exigen, sino idolatran como algo sagrado, lejos de lo pagano. Y a finales de 1957, corrieron las obligadísimas y necesarias amonestaciones. Era necesario: el mancebo pretendiente que desposará a la doncella local es un fuereño de más o menos madura edad, de pasado desconocido para el pueblo, familias y pretendientes locales. Todos deben despejar cualquier duda del pasado y de las buenas intenciones del caballero solícito de nupcias con Raquel. Rituales extraordinarios, maravillosos, que se rigen por las eternamente vigentes y nunca escritas leyes del querer.

Y qué decir de la iglesia, el sacramento indivisible del matrimonio, llevado al extremo de la representación de una imagen divina, que consume vino y pan, como símbolos de la sangre y la carne, consagrados a las creencias ancestrales de dos milenios; y se reviven con mayor fervor ese día en particular, con la intensidad que un legado histórico y prolongado exige.

Más allá de creencias, hay que aceptar, el ritual de un matrimonio es un acontecimiento cargado de misterio, misticismo y simbolismos culturales que no pueden sino generar admiración y gozo. Sin importar la religión que se profese, los rituales de un matrimonio son simplemente mágicos. Lo que pase después es responsabilidad de los contrayentes.

Las amonestaciones, la elección de invitados, el banquete, la integración de damas de honor, el vestido blanco de la novia, el traje negro del novio y los colores de los atuendos y accesorios de los desposados, la maravilla de convertir nuestro instinto más intenso y primitivo en un ritual lleno de tradiciones, símbolos, colores, conductas, valores, experiencias; en síntesis, compartir con todos aquellos afectos domésticos y familiares el vuelo de dos vidas separadas que se unen, el encanto de un viaje por la vida hacia la inexorable vejez, en compañía de un afecto profundo, cotidiano, que escucha y comparte. Ambos se convierten en testigos de la mutua existencia.

La unión generaba grandes, enormes expectativas. El 18 de enero de 1958, la formalización civil, poco importante; pero el 19, la boda por la iglesia, el acontecimiento público trascendente. Una mañana fresca de enero, con bruma que llenaba las campiñas, con olor a humedad en Michoacán, un domingo de fiesta en el pueblo. Y una vez concluidos rituales y festejos, comienza una nueva vida en común.

En esa década de los cincuenta, México vivía una época boyante. De las pocas, si no es que la única que ha tenido el país en toda su historia. El famoso milagro mexicano solo duró doce años, de 1958 a 1970. El crecimiento con estabilidad, México creció al 6 a 7 % y generaba empleos, prosperidad, inflación mínima y finanzas públicas sanas, dólar estable en 12.50 pesos; y dos presidentes de la república, más allá de sus defectos, hicieron crecer el país: tocayos Adolfo Ruiz Cortines (1952-1958) y Adolfo López Mateos (1958-1964); y todavía en el sexenio de Gustavo Díaz Ordaz (1964-1970) la economía Mexicana creció a un 7 % durante el sexenio, logro hasta hoy no superado por ningún mandatario, incluidos los neoliberales expertos en economía, con toda su arrogancia, presunción y títulos. Por desgracia, la represión y asesinatos de estudiantes de 1968, maquinada por Díaz Ordaz y Luis Echeverría, y la incapacidad para flexibilizar la política y democratizar el país fueron el inicio y detonante de una época oscura que llevó a México a una caída libre provocada por Gobiernos corruptos e irresponsables que lo hundieron hasta tocar fondo.

Las últimas tres décadas del siglo XX y primeros tres lustros del siglo XXI, se convirtieron en la tragicomedia mexicana. Generaciones enteras formadas en un escenario adverso y corrupto, donde se dejaron de formar personas y ciudadanía para crear técnicos que sirven al sistema y a las políticas chafas del Gobierno.

En este periodo de relativa prosperidad (1958-1970), inició el desarrollo de la familia. Raquel, más allá de su natural rebeldía, era una mujer de hogar, viva, tradicional, apegada a roles familiares. Poco a poco, lo cotidiano, los hijos y la necesidad de mantenerse unidos dejan pasar el tiempo; y se concluye que la costumbre es más fuerte que el amor, como decía el Divo de Juárez, décadas después.

Integrarse en un matrimonio con una mujer definida como recién casada, con atributos físicos incuestionables, joven y frágil, generó en Viviano una natural desconfianza de irse a trabajar y dejarla sola; esta fue la primera reacción que matizó el matrimonio: cuidar celosa y personalmente a su cónyuge. Él, por supuesto, la quería y la veía como su prenda amada. Por ese hecho primario, perdió su trabajo en poco tiempo. Lo recuperó pronto, lo enviaron al paraíso del rezago social, a Tamazulapan, Oaxaca, un pueblo rural, heredero de la más rampante pobreza y falta de servicios. Ahí se fue a vivir con su incipiente familia, ahí nació su primera hija, milagrosamente, porque la descripción del parto es digna de una historia kafkiana.

Tres días con trabajo de parto, asistida por parteras y comadronas del pueblo, Raquel pujaba sujeta a la cabecera de la cama. Como primípara, desconocía las lides obstétricas y acabó destruyendo tres camas consecutivas, las destrozó al sujetarse para intensificar el pujo del parto, esfuerzo prematuro por el desconocimiento de la evolución de una eutocia.

Finalmente, después del prolongado ayuno, deshidratación, fatiga y manipulación de las comadronas y el pago de tres catres, parió una hija saludable, según se describe, enorme, probablemente, en un cálculo conservador, más de cuatro kilogramos; no había báscula ni cuidados neonatales tempranos. Raquel, fiel a su naturaleza y a la hostilidad del ambiente, de inmediato inició lactancia materna, lo cual aseguró el buen desarrollo de la primogénita y saludable niña, que creció sin mayores dificultades. Dice el dicho popular: «Bien haya lo bien parido, que ni trabajo da criarlo». Ese ambiente y ese parto la formaron, aprendió a parir naturalmente y la convirtieron en una gran superviviente, herencia de la salud obstétrica de su madre, Bárbara.

El padre, trabajando para traer el sustento, llegó poco después a conocer a su heredera. La niña, saludable y rozagante, lo recibió con el típico llanto agudo de una recién nacida llena de vida. Fue amor a primera vista, de padre e hija; son esos acontecimientos que alinean los astros. En la pequeña se fundieron probablemente las mejores cualidades y diversidad biológica de la pareja, que con el tiempo se manifestarían: la nobleza y generosidad del padre y la alegría por vivir y salud de la madre.

Meses después del nacimiento de su hija, Viviano sufrió una fractura de húmero en el tercio medio del brazo derecho, jugando béisbol. Era un *pitcher* de no malos bigotes y, en un partido que iban perdiendo, era lanzador de relevo en el equipo del pueblo; lo metieron sin calentamiento previo, de acuerdo con su versión oficial, y cuando estaba en tres bolas y dos *strikes*, lanzó su mejor curva lenta y se escuchó el horrible ¡crac! y el húmero derecho se partió en dos. De inmediato fue llevado para su atención con el único recurso existente, sobadores empíricos, lo que propició un mal manejo inicial de la fractura; la manipulación innecesaria generó un gran edema, mala evolución y prolongada morbilidad: por poco le cuesta la amputación.

Sin poder trabajar y con la familia de Raquel presionando para regresar a la prenda amada y primera mujer casada de la familia, urgieron para retornar al seno familiar. La sobreprotección y los afectos afloraron. La familia regresó a la casona de los padres de Raquel.

Ahí, Viviano, casi inválido, incómodo, sin recursos, apechugó poco tiempo, porque el brazo no sanaba; es probable, por la descripción, cursaba con una pseudoartrosis (referida como falsa articulación o falta de unión de un hueso fracturado; fractura ósea sin posibilidades de curar sin intervención, el organismo percibe los fragmentos como si se tratara de huesos separados y no intenta fusionarlos). Viviano se encontraba imposibilitado para trabajar. Aun así, cuenta la leyenda que fue capaz de realizar algunos trabajos de albañilería con el brazo colgando, en aras de no sentirse inútil, en una casa ajena.

Ahí nació su segunda hija, un 3 de julio de 1960, una pequeña saludable, atendida esta vez por un médico del pueblo, pariente de la familia, que asistió en todo el proceso. El parto, mucho menos traumático en su evolución, ratificó la salud reproductiva de Raquel.

Pasó el tiempo e inició el natural conflicto: la madre de Raquel exigía su permanencia en el seno familiar ante la incapacidad para trabajar del esposo, sin brazo, sin dinero y agregado cultural de familia numerosa.

La situación obligó a Viviano a regresar a su tierra en busca de atención médica y nuevas oportunidades. Raquel no aceptó ir con él, hasta no tener seguridad de llegar a un lugar que les permitiera vivir y cuidar a sus dos hijas y un tercer hijo que venía en camino. Se separó la familia temporalmente. Raquel permanece en casa familiar, con dos hijas y un embarazo en curso.

Viviano regresó a su tierra, San Luis Potosí. Llegó a casa de su padre, dispuesto a rehacer su vida y recuperar el brazo inutilizado. Así, acudió al Hospital Central Dr. Ignacio Morones Prieto, hospital escuela fundado en 1946. Este hospital público atendía a la población de escasos recursos, soportado por personal médico de alto nivel académico. Había una vinculación entre la Facultad de Medicina que mantenía una plantilla de profesores asignados por la Universidad Autónoma y el Hospital Central, que otorgaba asistencia y campos clínicos para los médicos en formación.

Ahí tuvo la suerte de ser atendido por uno de los mejores ortopedistas de la ciudad de esa época, el Dr. Manuel Hernández Muro, quien, después de revisarlo, propone lo más simple: amputación del miembro y solución definitiva. El brazo estaba inutilizado, sin función por el largo proceso de inactividad y el edema crónico provocado por una fractura mal consolidada. Cuando le informó esto, Viviano le dijo: «Si me amputa, me suicidaré, prefiero morir que estar manco, lisiado y sin poder trabajar». Ante este hecho, el Dr. Hernández Muro replantea el escenario y, al ser un hospital de enseñanza, cree es posible darle oportunidad de convertirse en un caso ilustrativo de fractura con pseudoartrosis que puede recuperarse. Le ofrece una cirugía, con una modalidad para ese tiempo innovadora: extraer hueso autólogo del peroné de su pierna, realizar limpieza y legrado de la fractura, injertar hueso, fijarlo con tornillos y esperar que consolide; sin garantizar resultados, con un proceso de rehabilitación prolongado, pero sin necesidad de amputar. El ánimo fue de regocijo, cualquier riesgo antes que una mutilación corporal.

La cirugía se realizó sin complicaciones, se extrajo un tercio de peroné, conservando el periostio (cubierta o cáscara que cubre todos los huesos del cuerpo humano). Esto permite que se regenere. El peso de la pierna lo puede soportar la tibia, la regeneración tendría una duración de cuatro-seis meses.

Lo que no sabía el Dr. Hernández Muro es que el enfermo caminaba los 8 kilómetros de distancia que había de su casa al Hospital Central, cada ocho a quince días. Lo hacía con la ilusión de recuperar su brazo, no tenía para pagar el camión y el orgullo no le permitía pedir dinero prestado, tenía meses sin trabajar y estaba becado en la casa de su padre.

Sin un tercio de peroné y con el riesgo de fracturar la tibia, por las caminatas prolongadas, se concretaba a decir: «Doctor, camino despacito».

Cuando le informó al Dr. Hernández Muro, el galeno solo sonrió y movió la cabeza. Sin embargo, el proceso de recuperación llevó varios meses, la fractura consolidó y el brazo recuperó poco a poco la movilidad, con la colocación de una extensión de alambre en semicírculo fijada en el yeso, que rodeaba la mano, donde se colocaron unas ligas que extendían los dedos y permitían ejercicios de flexión y extensión. Esto se aceleró por la voluntad de recuperar su brazo y finalmente le retiraron el yeso; la mano recuperó su función, no así su fuerza y sensibilidad: mejoraron con el tiempo, pero nunca al 100 %; y el hueso del peroné se regeneró. Jamás volvió a lanzar una pelota de béisbol, su deporte y pasión de juventud. Una nueva vida, casi dos años después, incluyendo una cicatrización grotesca agregada a la cicatriz de quemadura y pérdida de tetilla en el tórax que sufrió en la infancia y tres clavos incrustados en el húmero que llevaría por el resto de su vida en el brazo derecho.

Al poco tiempo de recuperase, retomó su vida, buscó trabajo y seguía viviendo en la casa de su padre y madrastra. Mezclado entre sus medios hermanos, lo respetaban por ser el mayor, pero con cierto recelo por la prolongada estancia en la casa paterna, sin trabajo e incapacitado para hacerlo. Para esa época, varios de sus medios hermanos eran jóvenes y adolescentes, lo cual hacía cada día más incómoda su estancia. Raquel y sus hijas permanecían en casa de su familia y se acercaba el tercer parto.

Pocos meses antes del nacimiento del tercer hijo, Raquel por fin decidió viajar a San Luis Potosí y retomar un asunto llamado matrimonio y vida en común. Llegó a la ciudad y la recibió con una novedad: la familia obligó a Raquel a dejar a la hija pequeña en la casa paterna, en garantía de que regresarían por ella, y no perder el contacto con Raquel; percibían que, si se iba, sería para siempre, como sucedió años más tarde.

Al llegar, la recibió Viviano con sentimientos encontrados por la ausencia de una niña en el equipaje. Se alojó en la casa del suegro y fue ubicada en un pequeño cuarto al lado de la cocina, donde pernoctaba, con un catre, una silla, una mesa y un guardarropa, todo el patrimonio.

Empezaron los desencuentros, había una niña depositada en casa de los abuelos maternos. Pero era muy pronto para explicar y muy tarde para llorar, como dijo el capitán del Carpathia cuando rescató los trece pequeños botes del Titanic, después del naufragio. Seis meses sin ver a la familia. No es fácil asimilarlo, había que recomponer.

Viviano logró obtener un nuevo empleo; y Raquel, embarazada, no podía viajar, y esperaron el nacimiento del tercer hijo. El día del parto, un 27 de febrero de 1962, Raquel despertó temprano, inquieta y sin hambre, preludio del parto, ya sabía de esos menesteres, ahora sí. A las ocho de la mañana, presentó ruptura de membranas, y la salida de líquido amniótico claro y en moderada cantidad auguraba un parto sin complicaciones. Sin servicio médico, llamaron a la partera, personajes todavía existentes; aunque fue cancelada su participación oficial en el sistema de salud en 1957, la inercia continuó por varios años, había un gran número y ejercían como profesión de gran impacto social, asistían a las mujeres durante el trance del parto y puerperio, la famosa cuarentena, cargada de mitos, leyendas y supersticiones respetadas y veneradas por madres y abuelas durante siglos.

A las nueve de la mañana, llegó la partera, revisó la evolución y comentó que sería rápido. El papá, ausente por el trabajo. En apoyo, la suegra metiche; y el hermano de Viviano, Valente, fue el encargado de traer a la partera. A las once de la mañana, se escuchó un llanto enérgico, grave y persistente. A los pocos minutos, salió la partera y anunció el nacimiento, sin problemas.

Valente, como era tradición, fue encargado de negociar con la partera, pagó los cincuenta pesos por sus servicios y se autocomisionó para enterrar la placenta en el patio de la casa, como se acostumbraba en la época. Así nació Facundo, último narrador y único sobreviviente en la tradición familiar. El México que hemos vivido.

Todavía entre 1964 y 1969, Raquel y Viviano tuvieron tres hijos más, integraron una familia de seis hijos: Sixta, Nora, Facundo, Rogaciano, Natalia y Lucrecia, en unos años que auguraban prosperidad. En 1966, se mudaron. Viviano construyó, con la ayuda de sus hermanos y un compadre, una pequeña casa rústica desde los cimientos, en un terreno que adquirieron en abonos, sin servicios públicos y en medio de la nada. Ahí, Raquel cumplió su deseo más acariciado: tener una casa propia para criar a su familia y donde pudo iniciar su propia historia. Hoy, llena de nostalgia y, como dice la canción, los ojos llenos de amaneceres, recrea vivencias y conserva ilusiones y sueños.

Grietas en el sistema político

En esa época, a mitad de los sesenta, Viviano, ya recuperado de su trance al borde de la amputación de su brazo derecho, retomó sus narrativas familiares. Era el apogeo del sistema del partido hegemónico, describía con paciencia y detalle los actos litúrgicos del partido de Estado, replicados con precisión matemática cada seis años.

Último año de gobierno; loas al presidente saliente, por su gran labor y legado histórico; destape del ungido; cargada de toda la clase política apoyando al candidato de unidad, elegido por dedazo del presidente; campaña pagada con recursos públicos sin control alguno; y elección simulada, organizada y calificada por el propio Gobierno. Utilizaban la elección sexenal como treta para definir el sistema político mexicano en términos democráticos. Una dictadura en todos sentidos, con diferente dictador o monarca cada seis años. Para los ciudadanos comunes, cada sexenio era el mismo infierno con diferente diablo.

El último año de gobierno, descrito como defecto de origen del sistema, perdía vertiginosamente poder el presidente en funciones. Una vez calificada la elección, llegaba el ocaso de su poder, más rápido todavía sobrevenía el rompimiento con el sucesor; de forma habitual, la ruptura se concretaba en el discurso de toma de posesión.

Con la toma de protesta, llegaba el obligado besamanos de personajes prominentes del país y servidores públicos de alto nivel: gobernadores, senadores, diputados y funcionarios públicos; sin faltar empresarios, sindicatos, amigos, colados y oportunistas propios de un sistema infiltrado por la corrupción, clientelismo y amiguismo. Toda una tradición nacional, heredada por décadas, vivía su apogeo.

El 1 de diciembre de 1958, Adolfo Ruiz Cortines, defensor acérrimo del sistema y de la investidura presidencial, como pocos, después de cumplir el ritual descrito, con una exactitud matemática, entregó el poder a su sucesor, Adolfo López Mateos, quien era su secretario del Trabajo y había demostrado grandes dotes de negociador con los sindicatos, apagando innumerables huelgas de trabajadores en breves plazos y previos a la sucesión.

Era tradición nacional, los sindicatos en el último año de gobierno y conocedores de la debilidad del presidente saliente y el vacío de poder generado por la transición, endurecieran sus posturas y llevaran al Gobierno a las cuerdas con sus peticiones de mejores condiciones salariales.

El Gobierno de Ruiz Cortines, que no era nada blandito, no fue la excepción: los cientos de emplazamientos a huelga en el año previo a la sucesión fueron controlados con maestría diplomática por López Mateos, eso le valió el crédito y unción como candidato por su antecesor. Ruiz Cortines designó a Adolfo López Mateos, con calma y sin que nadie perturbara su decisión y contra todos los pronósticos. Los candidatos fuertes entre los partidarios estaban en otros personajes. Todos corruptísimos. Así crea otra tradición de la política mexicana en la sucesión, el «tapado», término acuñado por el caricaturista Abel Quezada para describir la conducta presidencial discrecional de mantener en el anonimato a quien nombrará sucesor a la presidencia de la república, hasta el destape oficial. El dedazo del tapado se cumplía puntualmente con el acto litúrgico del poder. La elección democrática del sucesor siempre podía esperar un sexenio más. Así, durante setenta y un años.

El sistema creó un entorno que favorecía y estimulaba el corporativismo, un Gobierno centralista, autoritario y antidemocrático como parte de la tradición nacional. De 1934 a 1982, el sistema vivió su época dorada, con presidentes que replicaron el ritual creado por el nuevo sistema, abocado a crear instituciones, industrializar el país y lograr el ansiado crecimiento económico. Y en realidad se logró, de 1958 a 1970. El problema surgió cuando los cambios sociales rebasaron a los presidentes autoritarios, incompetentes y corruptos que saquearon el país y lo hundieron en crisis económicas sistemáticas. Las grietas, como en todos los sistemas monolíticos, surgieron de dos factores: del hartazgo social y de la ruptura al interior del partido.

López Mateos ejerció un sexenio caracterizado por un modelo económico de prosperidad conocido como «el milagro mexicano». Impulsó la educación, apoyado en un secretario, Jaime Torres Bodet, creador e impulsor de la Comisión Nacional de Libros de Texto Gratuitos; política pública aplicada en todo el país para la educación básica. En ese mismo periodo, decretó la autonomía de la Universidad Nacional. Además, nacionaliza la Comisión Federal de Electricidad; y crea el Instituto de Seguridad y Servicios Sociales para los Trabajadores del Estado. Dentro de sus obras públicas emblemáticas, se encuentra la construcción del Museo Nacional de Antropología, en septiembre de 1964.

López Mateos tampoco estuvo exento de críticas a su Gobierno, mantuvo mano dura y represión contra los lideres sindicales, con el fin de consolidar el poder del partido de Estado y limitando derechos laborales de los trabajadores.

Una vez concluido el sexenio, López Mateos designa sucesor, Gustavo Díaz Ordaz, quien fungía como secretario de Gobernación y atendió personalmente la crisis de los misiles en Cuba, mientras López Mateos se encontraba en uno de sus múltiples viajes al extranjero. La actuación sensata durante la crisis y el reconocimiento de Estados Unidos por su apoyo le permitieron ganar la candidatura para sucederlo y, después de la consabida campaña por todo el país a costa del erario, asume el poder el 1 de diciembre de 1964.

Díaz Ordaz mantuvo la inercia del modelo establecido por López Mateos y generó en un sexenio el mayor crecimiento económico en la historia del país.

Sin embargo, y a pesar del crecimiento económico, el sistema político y en particular el presidente Díaz Ordaz era rígido, cerrado a cambios y procesos democráticos que el país demandaba. El autoritarismo y represión del régimen propició movimientos sociales que terminaron por fracturar el sistema y acabar con el partido de Estado. Las manifestaciones contra el régimen fueron permanentes durante esos años. Los sindicatos de maestros, ferrocarrileros, obreros y gremio médico encabezaban las demandas de cambio que el país requería y el partido de Estado se negaba a conceder.

Los movimientos de trabajadores reprimidos por el Gobierno, durante dos décadas, llegaron a un punto culminante con el movimiento estudiantil de 1968. La falta de apertura democrática, el control férreo del Gobierno y la llegada de una nueva cultura de libertad en otros países estimuló a grupos de jóvenes estudiantes para revelarse contra el Gobierno y sus políticas, en aquel verano turbulento.

La represión de estudiantes en el centro de la ciudad de México, después de un conflicto entre escuelas, fue el detonante que provocó el movimiento estudiantil. La trifulca entre estudiantes fue reprimida con inusitada violencia por granaderos enviados por el Gobierno. Ahí se inició una cadena de protestas contra la represión, que crecieron vertiginosamente. En pocas semanas, las demandas de los estudiantes se generalizaron y se agregaron en apoyo profesores, amas de casa, intelectuales, obreros, campesinos y sociedad civil de todos los ámbitos.

Las protestas iniciales por la represión, en realidad, eran reflejo de las profundas desigualdades sociales y políticas prevalecientes en el país y buscaban promover una nueva forma de relación entre Gobierno y sociedad. Había vientos de cambio en el mundo y, para lograrlos en México, se requería apertura a la participación democrática.

El presidente de la república y su círculo cercano venían de una formación ideológica dogmática, defensora del sistema político emanado de la revolución y consolidado por los cachorros de la misma revolución. Díaz Ordaz y Echeverria, presidente y secretario de Gobernación, se formaron en esa corriente. Pertenecían a un partido caracterizada por conductas antidemocráticas, autoritarias e impermeables a todo cambio progresista, acostumbrados a actuar sin contrapesos y sin ley; anclados al pasado, ajenos a una cultura democrática de libertades. La represión y control político imitaban el Porfiriato, de ese periodo heredaron conductas que replicaban a pie juntillas. El Gobierno era un patriarca severo, represor y autoritario, incapaz de controlar su apetito y obligación de reprimir a los hijos descarriados de la sociedad, proclives a ser rebeldes y revoltosos, en demanda de libertades y derechos.

Los actos de represión y sordera del Gobierno obligaron al movimiento estudiantil a integrar un Consejo General de Huelga, encabezado por estudiantes que fungían como voceros ante representantes del Gobierno y a través de asambleas públicas plantearon un pliego petitorio de seis puntos;

1. liberar presos políticos;
2. destituir autoridades represivas;
3. extinguir cuerpo de granaderos;
4. derogar del código penal el delito de disolución social;
5. indemnizar a víctimas; y
6. deslindar responsabilidad por la represión.

En respuesta a las peticiones, el Gobierno endureció su postura, reprimió las manifestaciones sin contemplaciones y el punto culminante se concretó con la matanza de estudiantes en la plaza de Tlatelolco, el 2 de octubre de 1968, por un grupo paramilitar, llamado Olimpia, que operó con saña, asesinando a varios cientos de estudiantes y manifestantes. El evento detuvo las manifestaciones sociales, pero sembró la semilla del cambio político en el país.

Los protagonistas, el presidente Díaz Ordaz y el secretario de Gobernación Luis Echeverría, ambos responsables de la represión gozan del repudio histórico y social. Fue la primera manifestación de grietas en el monolito priista y la semilla que germinó para lograr la alternancia en el poder en el año 2000.

El Gobierno trató de ocultar por todos los medios a su alcance los acontecimientos de esa tarde. Incluso el noticiero más importante de la televisión, el día siguiente, presentó su frase de apertura: «Hoy, es un día soleado en la ciudad de México», en voz del inefable Jacobo Zabludovsky.

La verdad sobre los acontecimientos de 1968 nunca fue esclarecida y, a pesar de la gravedad de los hechos, el Gobierno, fiel al sistema autoritario que representaba, mantuvo el hermetismo durante varias décadas. Desaparecieron y encarcelaron disidentes políticos y mantuvieron el control de los medios de comunicación con amenazas y sobornos.

Aun así, como toda sociedad plural, las manifestaciones continuaron; la oposición política y social fue creciendo; aparecieron libros, artículos, películas y documentales sobre los hechos, algunos de ellos emblemáticos.

La publicación del libro *La noche de Tlatelolco*, escrito en 1971 por Elena Poniatowska, es una crónica testimonial de los acontecimientos de esa tarde en la plaza de las Tres Culturas de Tlatelolco, recopila testimonios de estudiantes y testigos que vivieron la masacre. Documenta la represión del Gobierno, participación del Ejército en la muerte de estudiantes, activismo y solidaridad de la sociedad civil.

La película *Canoa*, estrenada en 1976 y dirigida por Felipe Cazals, protagonizada por Ernesto Gómez Cruz, Enrique Lucero, Sal Sánchez, Roberto Sosa y Arturo Alegro, es un testimonio de la atmosfera enrarecida de la época.

La trama, con carácter documental, recrea la experiencia de cinco trabajadores jóvenes de la universidad de Puebla, que salen de excursión y llegan a un pueblo, San Miguel de Canoa. Por la paranoia religiosa, son confundidos, los tachan de comunistas y son linchados y asesinados por todo un pueblo enardecido. Reflejo del ambiente hostil creado por el Gobierno en contra de estudiantes que se manifestaban en ese año crucial de 1968.

La película *Rojo amanecer*, protagonizada por María Rojo, Héctor Bonilla, los hermanos Bichir y Eduardo Palomo; dirigida por Jorge Fons y estrenada hasta 1990, es una de las primeras en tratar el tema abiertamente, previo a esos años el tema era censurado en películas mexicanas.

El Gobierno se encargó con todos los recursos a su alcance de ocultar la información, la cifra de muertos y desaparecidos nunca fue dada a conocer, se calcula en varios cientos; y el presidente de la república en turno, Gustavo Díaz Ordaz, con el autoritarismo que lo caracterizó, también pronunció su famosa frase alusiva a los acontecimientos del 2 de octubre de 1968:

«Ya tienen ahí sus muertitos». Un año después, en su informe de Gobierno el 1 de septiembre de 1969, Díaz Ordaz asumió toda la responsabilidad de los acontecimientos acaecidos en la plaza de Tlatelolco; así, dejó el campo libre para la sucesión y ungir a Luis Echeverría, su secretario de Gobernación, como sucesor y defensor del sistema.

Posterior al crecimiento estabilizador, conocido como «milagro mexicano» (periodo de 1958 a 1970), el sistema dio un giro radical al llegar al poder un presidente como Luis Echeverría el 1 de diciembre de 1970. Con una personalidad mesiánica, con tintes de franco narcisismo, megalomanía desbordada, anárquica y con un carácter autoritario sin límite alguno, propicia un giro radical a las políticas públicas en la nación.

Díaz Ordaz nunca aceptó públicamente su error por ungir a Echeverría. Sin embargo, después de concluir el sexenio, criticó acremente el modelo económico que generó inflación y devaluación desbordante, sus tendencias radicales de izquierda, la corrupción reinante en el Gobierno y políticas que ahuyentaron inversiones.

La propuesta de Echeverría era radical: cambiar el modelo económico para lograr, de acuerdo con sus teorías, redistribuir los ingresos y riqueza nacional, lograda en sexenios anteriores, de manera más equitativa.

No era poca cosa lo que se había logrado para ese momento, estabilidad económica y monetaria, una deuda externa manejable y un crecimiento sostenido de casi el 7 % anual, durante dos sexenios. Este proceso fue encabezado por un secretario de Hacienda eficaz y riguroso en el manejo de las finanzas públicas, Antonio Ortiz Mena. Los acontecimientos subsecuentes demostraron que era mejor sucesor que Luis Echeverría.

Echeverría, al llegar al poder, decide distribuir los beneficios de la economía estable entre las clases marginadas, a través de políticas públicas populistas y convertido en un defensor y fanático del nacionalismo estatista.

Como premisa, parecía un cambio positivo; sin embargo, el desorden, la corrupción y la personalidad mesiánica de Luis fueron un impedimento infranqueable. Llegó al extremo de ordenar el manejo de la economía nacional desde la presidencia de la república y no en la secretaría de Hacienda. La decisión provocó endeudamiento al final del sexenio, marcó el inicio de crisis cíclicas propiciadas por centralización de recursos, decisiones unipersonales, ausencia de límites en el gasto del Gobierno federal y carencia de un marco normativo sólido en política monetaria. Una presidencia de la república sin límite alguno y con manejo irresponsable del erario. Las consecuencias vendrían después.

En 1976, antes de entregar el poder a su amigo de la infancia, José López Portillo, con el tradicional dedazo, Echeverría devaluó el peso de 12.50 a 20.60 pesos. La última devaluación había ocurrido en 1954. Veintidós años antes, después del desastroso sexenio y despilfarro del régimen de Miguel Alemán, se unía a esa lista negra Luis Echeverría.

No existía división de poderes, el Ejecutivo mangoneaba el país como cacique de pueblo y no como responsable del erario y política pública nacional. Se sumaba la grotesca complicidad y sumisión de los otros poderes, medios de comunicación y clase empresarial beneficiada con leyes y privilegios a modo para sus inversiones.

Todo perfectamente ajustado al engranaje del sistema, se agregaba una sociedad apática, pobre, sin acceso a servicios esenciales y heredera del sometimiento social de la era porfiriana, una secuela que, como un lastre social, impedía el desarrollo y movilidad social del país y encumbraba a una clase política cada vez más cínica y corrupta.

Se sumaba al escenario nacional la experiencia de la represión y matanza de estudiantes en octubre de 1968, replicada en junio de 1971, con Echeverría como presidente. Los ciudadanos aprendieron la lección, cualquier manifestación sería apagada con violencia brutal para los ciudadanos e impunidad para el Gobierno.

En esos años, Viviano, ya maduro y con una familia numerosa, trabajaba en el Banco Ejidal, símbolo del apogeo del cardenismo, utilizado como herramienta del corporativismo y asistencia social a los campesinos, que fracasó y debió desaparecer como todos los bancos de crédito Ejidal, por la corrupción sin controles y un sistema de gobierno sin contrapesos, rendición de cuentas y Estado de derecho.

En 1974, Viviano perdió su trabajo y sufrió las calamidades de la inflación y devaluaciones del sexenio de Echeverría. Con seis hijos a cuestas para mantener, conoció el verdadero rostro del sistema y aprendió a sobrevivir a pesar del Gobierno, actitud que heredó a sus seis hijos, incluyendo a Facundo, su tercer hijo, férreo crítico del sistema que continuó la tradición familiar de narrar el México que vivieron durante las próximas cinco décadas.

Alcides falleció en la tragedia ferroviaria de 1915. Ponciano falleció en 1996 de una neumonía complicada con insuficiencia renal aguda. Y Viviano falleció en 2005 víctima de cáncer pulmonar.

Facundo toma la estafeta

Facundo tomó la estafeta de la historia narrada en los tiempos de Ponciano y Viviano. Así narraba los acontecimientos, fiel a la tradición familiar, arropado por el pasado de sus ancestros. Igual que ellos, toma conciencia de los acontecimientos en plena adolescencia. El ingreso a la Facultad de Medicina, en 1979, le permitió conocer y formarse en el Hospital Central Dr. Ignacio Morones Prieto, nosocomio donde Viviano recuperó su brazo.

La sensibilidad social era una característica en la formación de los estudiantes del hospital. Ahí se atendían pacientes de toda la región del Altiplano y el Bajío, los más pobres y vulnerables, que acudían, la mayoría, con los únicos patrimonios que poseían: enfermedad y pobreza.

El hospital abarcaba como área de influencia la región del centro del país y llegaban enfermos con patologías graves y diversas, provenientes de varias ciudades y estados vecinos. Y como dice la canción compuesta por Pepe Guízar «Acuarela potosina», San Luis es vecino de diez estados, ahí se define la influencia.

Las enfermedades complejas, graves y diversas han puesto a prueba históricamente la capacidad diagnóstica y terapéutica del nosocomio y en toda su historia se ganó un merecido prestigio a nivel nacional como unidad hospitalaria por la calidad del servicio y la formación de médicos generales y especialistas de gran calidad académica.

El hospital nació en una alianza sólida con la Facultad de Medicina de la Universidad Potosina. Inaugurado en noviembre de 1946, mantuvo altos estándares en la calidad de la atención al contar con profesores de la facultad que realizaban una labor esencialmente altruista durante décadas y eran promotores de altos estándares académicos y asistenciales.

El beneficio adicional se centró en formar y egresar médicos de campos clínicos en un hospital escuela, con alto grado de demanda y servicios integrales de atención. El financiamiento se realizaba con subsidios del Gobierno y con el cobro de cuotas de recuperación, además de autonomía en la producción de insumos esenciales para la atención, como soluciones parenterales, lavado de ropa hospitalaria y personal en formación que reduce la necesidad de plantilla laboral.

La alianza con la universidad creo un modelo virtuoso durante varias décadas, siempre con problemas en el financiamiento, por atender enfermos que en su mayoría no tenían recursos para solventar gastos de atención. El modelo empezó a presentar grietas. Con las cíclicas crisis económicas del país, en la década de los setenta y ochenta, se agregaron los cambios en las normas sanitarias con mayor exigencia en manejo de residuos, protección civil, normas de calidad y controles internos. Se agregó la sobredemanda de servicios por crecimiento demográfico y la falta de inversión en infraestructura y equipamiento. La suma de estos factores generó crisis repetidas y suspensión del servicio en varios episodios.

Pese a las crisis, el hospital se mantuvo a la vanguardia en la prestación de servicios; cíclicamente superó las carencias históricas de insumos, equipos y personal, deudas con proveedores y falta de apoyo financiero.

Las gestiones, inversiones privadas y la intervención en varias ocasiones del Gobierno estatal y federal lo mantuvieron operando precariamente.

El hospital logró un breve periodo de recomposición con la aparición del seguro popular como política nacional. Por medio de convenios de colaboración y certificación de hospitales, se atendían las personas aseguradas y se pagaba la atención. Además, se obtenían recursos por atención de enfermedades contempladas en el fideicomiso para gastos catastróficos.

El aseguramiento tuvo un impacto importante en la atención de enfermedades graves con altas tasas de mortalidad, en particular los cánceres en niños. El acceso a quimioterapia disminuyó radicalmente la mortalidad y mejoró la calidad de la atención, siendo uno de los grupos más beneficiados. La desaparición del seguro popular revirtió los beneficios obtenidos. La creación del Instituto de Salud para el Bienestar y su desaparición en solo tres años provocó un daño en la calidad de la atención e incrementó la mortalidad infantil por cáncer y limitó la atención en todos los hospitales del país.

El Hospital Central permanece en operación a pesar de todas las carencias y forma parte de la biografía de Facundo, ahí se formó en la década de los ochenta y palpó en propio pellejo las crisis económicas cíclicas sufridas por los servicios de salud.

La sensibilidad social adquirida en esos años de formación alimenta la narrativa de las últimas décadas y permite prolongar la visión personal de historias que involucraron en el pasado a Alcides, Ponciano y Viviano. Acá, se narran los hechos vividos a partir de esos años aciagos.

Facundo creció y se formó en un país en crisis permanente, indignado por los cambios sociales provocados por un régimen insensible e impermeable a toda persuasión basada en la razón.

Trabajó en instituciones públicas durante más de tres décadas y conoció las entrañas del sistema. Navegó entre las patas del poder, forjó un destino, una familia con Margot, una mujer extraordinaria. Procreó dos hijos, a los que llamaba, cariñosa e íntimamente, sus diamantes: Jacinto e Isidoro. Los formó fiel a sus principios y espera que alguno continúe con el legado: narrar historia propia del México que han vivido.

Dos cómplices: nacionalismo estatista, saqueo y nepotismo

José López Portillo fue secretario de Hacienda en el último tramo del Gobierno de Luis Echeverria. Se conocían mutuamente como Luis y Pepe. Luis, su amigo, lo ubicó en ese cargo por su historia común de infancia y juventud. Pepe, sin la más peregrina idea del manejo de las finanzas nacionales, aceptó sin gestos plegarse al manejo mesiánico y anárquico de la hacienda nacional, desde la residencia oficial de la presidencia de la república, Los Pinos.

Al fin amigos, Echeverría prepara la sucesión sin oposición alguna y la mejor decisión es dejar como sucesor a su camarada. José López Portillo acepta la distinción, es ungido candidato, recorre el país con cargo al erario, fue electo sin tener registrado ningún candidato opositor de otro partido. El candidato Valentín Campa obtuvo un millón de votos, pero al no estar registrado, su candidatura y votos fueron anulados. Y fiel a los eventos litúrgicos, López Portillo toma posesión el 1 de diciembre de 1976 y, en su discurso, alaba a Echeverría y lo llama patriota.

Al final de su sexenio, Echeverría pactó la tradicional impunidad y carga histórica de la deuda heredada por el despilfarro de su Gobierno. Su amigo aceptó sin problema alguno y sin hacer gestos. Los políticos lo saben, la carga de sus fechorías drena directamente en la sociedad, los privilegios de la clase política se mantienen intactos.

Echeverría pretendía seguir influyendo en las decisiones del país. López Portillo, heredero y orgulloso de ser macho mexicano, puso un alto de inmediato y al poco tiempo lo envió a la embajada más alejada de México, las islas Fiyi. El mensaje quedó claro, López Portillo no permitiría intromisiones y disfrutaría, en sus propias palabras, «el prestigio del machismo mexicano».

El periodo de 1976 a 1982 se caracterizó por un auge petrolero, marcó una ilusión ficticia de que México por fin arribaría al desarrollo económico y social anhelado por el régimen posrevolucionario.

En esa década de los setenta. en particular, México ingresó con enorme fuerza al mercado petrolero, al descubrirse yacimientos con reservas potenciales en el orden de doscientos mil millones de barriles. Hasta ese momento, el yacimiento de Cantarell, descubierto en aguas de las costas de Campeche, se consideraba el segundo más grande del mundo. Ahí, López Portillo, acuñó la famosa frase «preparémonos para administrar la abundancia». Sin embargo, un problema que afrontó el Gobierno fue la falta de recursos para financiar la explotación del petróleo. La tecnología, equipos, personal y maquinaria no existían en el país; y la extracción, transporte e industrialización representaba altísimos costos, fuera del alcance de la economía y tecnología mexicana de la época.

La solución acorde con la filosofía de un Gobierno sin contrapesos y sin rendición de cuentas fue muy obvia: adquirir deuda con el objetivo de financiar tecnología y equipo para atacar el subsuelo marítimo. México se lanza al mar, con plataformas, equipo, personal y barcos obtenidos con créditos, que hipotecaban las ganancias a corto, mediano y largo plazo. Los inversionistas voraces y conocedores de la riqueza encontrada se peleaban por prestar a México; y el Gobierno, fiel a sus conductas, endeudó al país, no para fomentar el desarrollo, sino la corrupción y saqueo.

Los primeros años del Gobierno, de 1977 a 1981, fueron de bonanza y crecimiento económico histórico. En el año 1981, surge un ajuste en los precios del petróleo; y las malas decisiones del Ejecutivo, no ajustar oportunamente el precio del crudo, cesar al director de Petróleos Mexicanos (PEMEX) y al secretario de Hacienda, además del enorme endeudamiento, corrupción y despilfarro, culminan con el mismo cuadro al final del sexenio: una brutal crisis económica, devaluación y enorme costo social.

En ese momento, la corrupción, el nepotismo y el despilfarro del grupo cercano y familia del presidente se hicieron públicos y pocos meses antes de concluir el sexenio, al presentar su último informe de gobierno, además de otorgar la sucesión a su amigo e incondicional Miguel de la Madrid, el presidente toma decisiones drásticas y erráticas.

Emite dos decretos, uno para nacionalizar la banca y otro para establecer un control de cambio de pesos por dólar; decisiones que pretendían, además de mitigar la crisis económica, lavar su imagen y fortalecer su legado histórico. El efecto generado fue todo lo contrario. El sexenio concluyó con evidencias de corrupción a niveles superlativos de su familia y círculo cercano. Familiares y amigos del Ejecutivo, con información privilegiada, adquirieron dólares y los enviaron a cuentas en el extranjero, antes de la devaluación.

Proclive a las frases grandilocuentes, López Portillo acuñó aquella alusiva a su hijo: «El orgullo de mi nepotismo». Y como crítica a los periodistas y a la libertad de expresión, aquella: «No les pago para que me peguen». Y la más ilustrativa de su ineptitud: «Defenderé el peso como un perro».

Debe quedar claro el extravío, él no pagaba un peso, lo pagaba el erario, emanado de los contribuyentes.

Porfirio Muñoz Ledo, presidente del partido revolucionario institucional (PRI), cuando fue electo López Portillo, cuenta la anécdota en plena crisis económica de 1982.

Porfirio le comenta al presidente:

—Presidente, ¿por qué no denuncia y castiga a quienes sacaron dólares del país?

—No, Porfirio, no puedo hacer eso, los nombres llegan muy alto.

—Pues con mayor razón, presidente.

—No puedo hacerlo, Porfirio, porque si llega muy alto, llega muy cerca.

Después del último informe de gobierno y la emisión de sus dos decretos, López Portillo se mantuvo aislado, encerrado en la residencia oficial de Los Pinos. Salió solo para entregar la estafeta, banda presidencial y un país en crisis económica profunda a su sucesor, Miguel de la Madrid, abogado formado en la Universidad Nacional, con posgrado en Harvard, incondicional del presidente saliente, con una personalidad muy diferente y con una formación definida como «tecnócrata» por su antecedente académico en universidades de Estados Unidos.

El monolito se fractura

Miguel de la Madrid toma posesión el 1 de diciembre de 1982 y emite una narrativa en su discurso de renovación moral en el Gobierno. Pasa de las palabras a los hechos y encarcela varios funcionarios de alto nivel del sexenio anterior. Son simples simulaciones: los verdaderos responsables, fieles a la tradición del partido, permanecen intocables.

Su sexenio se caracterizó por índices inflacionarios escandalosos, una crisis financiera en 1987, deficiente gestión gubernamental posterior al terremoto en septiembre de 1985, pero, sobre todo, por la impensable fractura al interior del PRI, previo a la sucesión presidencial.

De la Madrid es considerado un eslabón débil en la cadena de sucesiones presidenciales. El relevo generacional de la nomenclatura del PRI empezó a crear grietas, lo nunca antes visto; de pronto permiten disidentes al interior del partido, que rompieron con la vieja tradición de disciplinarse al dedazo del poder presidencial.

De la Madrid, un tecnócrata con pobre formación política, personalidad gris, arrogante y carente de capacidad para lograr acuerdos y disciplinar a los disidentes, ejerció una presidencia mediocre e inoperante, pagó deudas del sexenio previo con facturas altísimas para la población y provocó una sucesión fraudulenta.

La ruptura dividió el partido de Estado y originó una oposición política perniciosa, que capturó a todos los renegados, disidentes, traidores y resentidos del viejo sistema y formó un partido matizado por las tribus: el PRD, engendro del viejo PRI y sus prácticas caciquiles. El nuevo partido mantuvo presencia nacional y un protagonismo encaminado a la transición democrática mientras sus líderes originales permanecieron en la dirigencia, venían de una formación política del viejo sistema y le sabían al asunto de prácticas electorales fraudulentas, conocían las entrañas del poder y cómo organizar un partido y un sistema político.

En el año 1987, al acercarse la sucesión presidencial, Cuauhtémoc Cárdenas, hijo del general Lázaro Cárdenas, junto con Porfirio Muñoz Ledo, hasta entonces ambos miembros distinguidos del PRI y del sistema, se sentían con derecho a ser candidatos e intentaron democratizar el proceso para elegir el sucesor a la presidencia de la república. Se acercaron al presidente y le plantearon su propuesta de abrir la elección de precandidatos, les llegaba el tufito de no ser los favoritos para sucederlo y, como afirmaban, no aceptarían el tapadismo como práctica tradicional del partido; sentían que era el momento del cambio y se autoproclamaban herederos del sistema, montados, ahora sí, en una bandera democrática que desconocieron durante décadas.

Ambos personajes impulsaron, desde el interior del PRI, un movimiento nominado «corriente democrática». Por supuesto, el presidente no iba a renunciar a su privilegio supraconstitucional de más de medio siglo de nombrar a su sucesor. Les ofreció participar en otros cargos y platicarlo con el partido, les notificó, su decisión ya estaba tomada. Designó a Carlos Salinas de Gortari, candidato a sucederlo.

Los integrantes del movimiento no aceptaron el dedazo, y con una medición, nada alejada de la realidad, del peso político que tenían en el país, asumen el costo de la ruptura con el sistema. Los integrantes de la corriente y sus líderes, no sin resistencia y con actitud retadora, fueron expulsados del partido. En bloque, formaron una coalición de partidos denominada Frente Democrático Nacional para contender en la elección presidencial de 1988, con Cárdenas como candidato.

Cuauhtémoc Cárdenas esperó pacientemente su momento político y fiel al sistema creado por su padre, militó en el PRI toda su vida y siempre acarició la posibilidad de ser heredero histórico del cardenismo y llegar a ser presidente de la república. Su percepción era incorrecta, el partido había tomado otro rumbo varios años atrás y los tecnócratas se apoderaron de las decisiones y dejaron fuera a los políticos tradicionales.

Como en todas las dictaduras, el cambio y la fractura surgen del interior. El sistema se fractura en 1987 en su columna vertebral. La disidencia al interior del PRI creó un movimiento social y nacional de enorme dimensión. El padre de Cuauhtémoc, Lázaro Cárdenas, fue el fundador del sistema político mexicano posrevolucionario y pionero del periodo sexenal. Ahora, su hijo fracturó el partido monolítico y propició el fin de la dictadura sexenal, la cual resultó que no era perfecta, solo era cuestión de tiempo para comprobarlo.

Al paso de los años, es evidente que un sistema, para ese momento, de casi sesenta años de poder absoluto, no cae fácilmente. En 1988, aún con el control de los órganos electorales, el Gobierno y el presidente de la república, por enésima ocasión, impidieron el avance democrático del país y el sistema tomó la presidencia a través de un fraude descomunal.

En la contienda, se agregaba un protagonista del pan. El empresario Manuel Clouthier sería pionero del partido de una nueva era como contendiente en elecciones estatales y nacionales y transforma al pan en una verdadera fuerza electoral y suma personajes de todos los ámbitos. Su partido deja de ser testimonial y lo convierte, a partir de su candidatura, en una opción viable para ganar la presidencia de la república.

El secretario de Gobernación en ese momento, Manuel Bartlett, en contubernio con el órgano electoral aun manejado por el Gobierno y con la anuencia del presidente de la república, alteraron el curso de la elección; y con técnicas dilatorias y manejos nada democráticos, otorgaron el triunfo al PRI. Por enésima ocasión, la elección fue matizada por la sospecha de fraude electoral denunciado por el frente democrático y su candidato Cárdenas, lo que propició un profundo descontento social, que, gracias a la actitud, para algunos, tibia de Cuauhtémoc Cárdenas, para otros, responsable, impidió un movimiento social de magnitudes no cuantificadas. Su llamado no fue a romper el marco constitucional, lo que incrementó su altura política. La acción fue encaminada a crear un nuevo partido que tenía como objetivo prioritario oponerse al régimen de Salinas de Gortari, a quien consideraban usurpador y producto de un fraude electoral. Así nace, el 5 de mayo de 1989, el Partido de la Revolución Democrática (PRD), engendro del PRI y depositario de todo disidente o renegado del sistema.

Falacia de ingreso al primer mundo

Carlos Salinas, ahogado en rechazos y sin legitimidad electoral, tomó protesta como presidente el 1 de diciembre de 1988. Sería la última vez que el Gobierno priista manejaría las elecciones libremente. Se abrió el camino para crear un órgano electoral formado y manejado por ciudadanos ajenos al Gobierno, reforma constitucional lograda en 1994 con la creación del Instituto Federal Electoral (IFE) y consolidado en 1997, México logra el primer Congreso con mayoría de oposición al Ejecutivo, en elección intermedia.

El sexenio de Salinas fue otro periodo de contrastes y claroscuros marcadísimos. Pertenecía al ciclo de políticos denominados tecnócratas, formados en universidades de Estados Unidos que llegaban a renovar los cuadros del PRI y relevar a la nomenclatura de políticos de la vieja escuela priista.

Salinas, hijo de un exsecretario de economía del periodo de López Mateos, se había preparado específicamente para acceder al poder con las credenciales suficientes, de acuerdo con su concepción, para llevar a México al primer mundo y a una modernización inmersa en la globalización, siguiendo los pasos y sombra del país más poderoso del mundo, donde se formó.

Del año 1988 a 1993, el régimen de Salinas reordenó las finanzas públicas, estableció una macroeconomía sólida y bajó la inflación a un digito, después de estar en cifras escandalosas en el sexenio anterior. Una vez logrados estos objetivos, su Gobierno inició un proceso de privatización de las empresas paraestatales, obteniendo recursos para pago de deuda y obra pública.

Como segunda fase de su Gobierno, inició la reprivatización de la banca comercial, decisión cuestionada por la forma en que la instrumentó el régimen. Los bancos entraron a una subasta pública y abierta. La justificación del Gobierno para enajenarlos sin evaluar experiencia y capacidad para manejar la banca fue que la Constitución solo contemplaba vender al mejor postor. De la venta, se obtuvieron recursos utilizados para pagar deuda, liberar recursos del presupuesto y aplicarlos en programas sociales. El problema surgió derivado del proceso para adquirir los bancos.

Los participantes en la subasta solicitaron créditos a los propios bancos para comprarlos. La mayoría eran empresarios con capitales especulativos manejados en la bolsa. La inexperiencia, carencia de regulación de buenas prácticas, pero, sobre todo, la voracidad económica de quienes ganaron las licitaciones propiciaron una crisis bancaria y financiera.

Los empresarios a quienes se les adjudicó la compra de los bancos se dedicaron a realizar prácticas bancarias fraudulentas. Otorgaron créditos hipotecarios, préstamos sin garantía de pago y autopréstamos. Como consecuencia, creció la cartera vencida y la crisis financiera solo fue cuestión de tiempo.

En otro frente, el Gobierno en turno inició negociaciones para la firma de un tratado de libre comercio con Estados Unidos y Canadá, lo cual se logró a mediados de 1993 y entraría en vigor el 1 de enero de 1994. México ingresaría al selecto grupo de países del primer mundo, esa era la apuesta del régimen.

La oposición al Gobierno empezó a manifestarse desde varios frentes, los principales, la oposición de una izquierda radical que buscaba revancha de la elección de 1988. En otro frente y más fuerte, aparecía la oposición al interior del partido de la vieja guardia o nomenclatura, como le llamó Salinas; los dinosaurios, como se les llamaba, se oponían al modelo implementado por los tecnócratas y veían, ante todo, el riesgo de perder poder político, privilegios y control de los negocios en el país, con la consolidación del nuevo modelo económico.

En el mes de mayo de 1993, inicia la debacle del sexenio con el asesinato del Cardenal Juan Jesús Posadas Ocampo en el aeropuerto de Guadalajara en un fuego cruzado entre líderes del crimen organizado. A partir de ahí, el país entró en una profunda crisis política, económica y social. En noviembre, cumpliendo el ritual sexenal, Carlos Salinas destapa a Luis Donaldo Colosio, su secretario de Desarrollo Social, como candidato del PRI a la presidencia; y abre las hostilidades políticas. Un aspirante con graves limitaciones personales, Manuel Camacho, regente del Distrito Federal en ese momento, rechaza la designación y manifiesta públicamente por primera vez en más de medio siglo, su desacuerdo por no ser ungido como candidato.

El 1 de enero del año 1994, entra en vigor el tratado de libre comercio y se presenta la aparición de un grupo armado en Chiapas, el Ejército Zapatista de Liberación Nacional (EZLN); marca un golpe político enorme en el modelo de Salinas, al rechazar la entrada de México al tratado comercial con América del Norte.

El EZLN, sin aviso previo, toma por sorpresa al régimen. Se inicia la insurrección armada en el estado de Chiapas, se autodenomina «levantamiento zapatista». Ocupan varios municipios: San Cristóbal de las Casas, Altamirano, Las Margaritas,

Ocosingo, Oxchuc, Huixtán y Chanal; y emiten la Declaración de la Selva Lacandona, una declaración de guerra abierta contra el Gobierno mexicano. Sus peticiones se centraban en derechos básicos: tierra, trabajo, educación, salud, vivienda, alimento, independencia, libertad, democracia y justicia. Derechos sociales, en esencia.

Atacaron una zona militar, secuestraron a un exgobernador y, por primera vez en muchos años, el Gobierno enfrenta una crisis política, militar y social de grandes dimensiones por la difusión en medios de comunicación. El impacto se magnificaba por la capacidad del líder del movimiento para emitir escritos cargados de retórica y simbolismos. En ese momento se presenta y autodenomina subcomandante Marcos. El comandante era el pueblo. Él mandaba obedeciendo, un concepto que impactó positivamente en la sociedad.

Varios combates fueron escenificados. El más importante se llevó en Ocosingo. Fiel a su tradición y simulación, por órdenes del Gobierno federal, el Ejército combatió al EZLN con la instrucción de cuidar a la población civil.

Las tropas zapatistas capturaron al general Absalón Castellanos Domínguez, exgobernador de Chiapas, en los primeros días de enero; y solo controlaron los municipios aledaños ocupados. Los informes daban escasa capacidad de ataque al ejército sublevado y nulas posibilidades de marchar a la ciudad de México, como lo manifestaron en su Primera Declaración de la Selva Lacandona.

En pocos días, el Ejército recuperó los municipios ocupados y, durante una semana, el EZLN se mantuvo expectante.

El presidente de la República, Carlos Salinas, decretó un alto al fuego, negó que fuera un levantamiento indígena y ofreció el perdón a quienes depusieran las armas. El Gobierno acusó al EZLN de recibir apoyo de otros países y el ejército zapatista rechazó las acusaciones y denunció abusos del Ejército federal durante los enfrentamientos.

Después del alto al fuego, el Gobierno nombra a un mediador para la paz: recae en Manuel Camacho, el disidente del dedazo de Salinas, quien, fiel a su protagonismo, crea un entorno favorable para su imagen e inicia el diálogo con los rebeldes que se prolonga por varios meses.

El movimiento armado cimbró el sistema político de la época, obligó al Gobierno a negociar y firmar los acuerdos de San Andrés Larrainzar, documento que les permitió a ambas partes lograr la paz y ganar tiempo. En realidad, los acuerdos, que tenían como base el derecho a la autonomía de los pueblos indígenas, acceso a cultura, democracia, participación política, justicia, reconciliación, desarrollo económico y social, siguen, como todos los compromisos del Gobierno, durmiendo el sueño de los justos, tres décadas después.

El proceso se entremezcla y contamina con las campañas por la presidencia de la república, siempre prioridad para el Gobierno, partidos y clase política. El desenlace y acontecimientos de ese fatídico año son dignos de una obra de terror político.

El 23 de marzo de 1994, es asesinado Luis Donaldo Colosio, candidato del PRI a la presidencia de la república, en la ciudad fronteriza de Tijuana, Baja California. Después del asesinato de Obregón en 1928, resurge el asesinato político como medio para acceder al poder. El candidato recibe un balazo en la cabeza cuando salía de un mitin, rodeado de una multitud, en medio del caos, desorganización, inseguridad, pésima logística y protección personal.

Pocas horas después, Colosio es declarado muerto en un hospital público de la ciudad y sustituido unos días después por Ernesto Zedillo, su coordinador de campaña.

Salinas le cerró la puerta a Fernando Ortiz Arana, presidente del PRI en ese momento, quien debió ser el candidato suplente como marcaban los estatutos del partido, en caso de renuncia o falta del candidato oficial. Ortiz Arana fue eliminado sin contemplaciones con una llamada de Salinas de Gortari; y sumisamente, sin oponer resistencia alguna, cedió la decisión al Ejecutivo. Estaba claro, no tenía el perfil político y el partido nunca contempló en el escenario la posibilidad de perder a Colosio.

Salinas elige a Zedillo sin margen de maniobra de otras opciones. La Constitución impedía nominar a miembros del Gabinete, la ley electoral especificaba, debían retirarse de cualquier cargo público seis meses antes de la elección, periodo rebasado en ese momento histórico. Además, vencieron la tentación de modificar la constitución, en plena crisis política.

El asesinato de Colosio, después de múltiples teorías judiciales, concluyó, como todo asesinato con tintes políticos, en la teoría ya conocida y favorita de la clase política: el asesino solitario. Se detuvo y culpó a Mario Aburto, un individuo sin preparación, de escasos veintitrés años, de actitud y personalidad incompatibles con un magnicidio. Enjuiciado y condenado, purga condena en una presión federal de alta seguridad y en varios episodios ha manifestado ser inocente, víctima de tortura y del sistema de justicia.

Para completar el caos del régimen, el secretario general del PRI, José Francisco Ruiz Massieu, es asesinado en septiembre de 1994, sin que se tenga, hasta hoy, certeza de las causas y móvil de ese asesinato político. El Gobierno entrante de Zedillo acusó al hermano del expresidente Salinas, al cual nunca se le comprobó nada y fue exonerado; permaneció diez años en la cárcel por otros delitos. Poco después de terminar su mandato, Salinas escribe un libro sobre sus experiencias en la presidencia. Más de cuatrocientas páginas para justificar sus tropelías y las de su familia. A la cabeza de todas, intentar modernizar el país, sin democratizarlo, operando dos dedazos en una misma sucesión, tolerando la corrupción impúdica de su hermano y cargando una estela enorme de asesinatos políticos. Personalidad de un cinismo extremo, propia de un capo.

La elección de ese año, 1994, se realiza en un ambiente de temor, incertidumbre y caos nacional. Por primera vez, hay un debate público, donde participan tres candidatos a la presidencia: Cuauhtémoc Cárdenas por el PRD, Diego Fernández por el PAN y Ernesto Zedillo por el PRI. El candidato del PAN, durante el debate, barre y trapea con los otros candidatos; y cuando parecía que se perfilaba como virtual ganador, se repliega y pierde la oportunidad de lograr un triunfo histórico.

El partido de Estado, el PRI, deja de ser hegemónico y se somete al escrutinio social y a una elección aun profundamente inequitativa, pero más competida.

La votación fue masiva, vota el 77 % del padrón y Zedillo obtiene el 48 % de los votos y gana la elección. A pesar de toda la estela de calamidades creadas por el Gobierno, el PRI nuevamente obtiene la victoria con un candidato sin experiencia política, con limitaciones personales en materia electoral y con la tragedia del asesinato de Colosio en sus hombros.

Zedillo, único beneficiario de una tragedia

Ernesto Zedillo toma posesión el 1 de diciembre de 1994. Único beneficiario de la muerte de Colosio era su coordinador de campaña y responsable del evento donde ocurrió el asesinato del candidato. En ese momento, se encontraba en la Ciudad de México, nunca explicó los motivos de su ausencia en un evento masivo realizado en un estado gobernado por la oposición y con obvia hostilidad hacia el candidato del partido oficial. Sin embargo, todo el sistema judicial y político, fiel a su historia de complicidades, nunca lo interrogó ni lo llamó a cuentas por su evidente responsabilidad en los hechos. Como coordinador de campaña, era su responsabilidad la logística del evento. En términos claros, dejó morir solo al candidato.

Zedillo, una semana después, rendía protesta como candidato sustituto y sin pudor alguno carga los agravantes del asesinato político. Único beneficiario de la muerte de Colosio es candidato violando los estatutos del partido; y por primera vez en la historia del PRI, es depositario de un segundo dedazo en el mismo proceso de sucesión. Zedillo era un burócrata de escritorio que aprendió a ser presidente sobre la marcha, nunca se preparó para serlo. Cuando se le cuestionó a Salinas, la designación de un candidato sin experiencia en cargos de elección y sin preparación política sólida, contestó lacónicamente: «Va a aprender».

Ante su evidente ineptitud política y ausencia de argumentos personales, Zedillo, durante toda su campaña, debió lucrar, sin hacer gestos, con la memoria y nombre de Colosio, para ganar la elección. Un surrealismo digno de obra kafkiana.

Al terminar el sexenio de Salinas, el saldo negativo se incrementó exponencialmente un mes después de dejar el cargo. Hereda un problema al Gobierno, una deuda de tesobonos por vencer, apenas cubiertos por reservas internacionales en dólares del Banco de México. El hecho es que las reservas internacionales en enero de 1994 eran de cuarenta mil millones de dólares; en diciembre, disminuyó a nueve mil millones de dólares.

Diez días antes de la toma de posesión, se reunieron Salinas y Zedillo con sus asesores económicos para analizar la situación. Se planteó una devaluación de 15 %, un peso sobrevaluado corría el riesgo de agotar reservas. La devaluación no fue aceptada por el Gobierno en funciones y se dejó latente el problema hasta después de la toma de posesión del Gobierno entrante.

El problema surge a partir de una torpe decisión de Zedillo: nombra a un secretario de Hacienda, Jaime Serra Puche, sin experiencia en el manejo de finanzas públicas, además de no atender las recomendaciones de Pedro Aspe, secretario de Hacienda que entregaba, de recibir a los inversionistas y ratificar los compromisos adquiridos y trasmitir confianza a los mercados; antes bien, el secretario Serra, al asumir el cargo, despidió el equipo de trabajo de la secretaría de Hacienda, con experiencia en el manejo de finanzas públicas y procesos de inversión en tesobonos.

Estalla la crisis: en solo veintidós días de gobierno, hay fuga de capitales, las reservas se agotan, se incrementan los compromisos por cumplir. Como medida paliativa, se ajusta la terminología y se inventa ampliar la banda de flotación del dólar. Sin resultados, tienen que devaluar. La devaluación se realiza de manera desordenada y sin un paquete de rescate financiero. El ciclo se repite al final del sexenio, nuevamente tiene un costo social a mediano y largo plazo que se continúa pagando.

Vienen las consecuencias: renuncia el secretario de Hacienda, Serra Puche, un mes después de asumir el cargo; y entra al relevo Guillermo Ortiz Martínez, quien prepara un paquete para recuperar la economía. Incluye nuevas deudas e incremento tributario del impuesto al valor agregado, medida que debe autorizar el Congreso de la Unión.

La información pública pone en evidencia a ambas administraciones, quienes asumen el nuevo Gobierno, manifiestan, reciben la economía «sostenida por alfileres» y el Gobierno que entregó cuestiona «para qué se los quitaron». Salinas acuña su frase: «El error de diciembre, convirtieron un problema en una crisis».

Zedillo recurre a Estados Unidos y solicita apoyo para el rescate financiero. Bill Clinton, presidente de los Estados Unidos, veía la crisis de México como una amenaza para los intereses de su país y también para reelegirse, elección en puerta al año siguiente. Anticipaba desempleo, migración masiva de mexicanos e incremento del tráfico de drogas. Se calculó en México una pérdida de un millón y medio de empleos en ese año.

El Congreso de Estados Unidos no aceptaría un rescate financiero. Por ello, Clinton usó su poder ejecutivo y otorgó un préstamo de veinte mil millones de dólares directos del tesoro y gestionó treinta y un mil millones más de los organismos internacionales, con lo que resolvió la crisis inmediata, no sin antes blindar sus intereses y su prestigio presidencial. La garantía consistía en comprometer la factura petrolera de México para el pago de la deuda a corto plazo. El Congreso estadounidense, al no autorizar el rescate de México, pediría cuentas de los recursos directamente al Ejecutivo. Un cobro extremo y abusivo, aceptado por un presidente mexicano torpe en crisis política, económica y con un Gobierno en ciernes.

Los daños fueron solo el principio, los primeros tres años de Gobierno fueron de crisis permanente, inflación, deuda y costo social elevado, con pérdida de empleo. Los bancos resintieron el golpe de un manejo irresponsable de los créditos acumulados otorgados sin garantías y autopréstamos que pusieron en riesgo todo el sistema financiero.

El Gobierno entró al rescate bancario, utilizando una figura creada por Salinas, el Fondo Bancario de Protección al Ahorro (FOBAPROA), que no estaba instrumentado de manera formal y sólida y pretendía garantizar el dinero de los ahorradores. Carecía de fondeo privado como se pretendía al crearlo, en términos del Gobierno, fue necesario adquirir la deuda privada, pagar con recursos públicos, sin autorización del Congreso, que para ese momento tenía mayoría de oposición y se negó a autorizar la deuda. Este hecho marcó el Gobierno como responsable de adquirir una deuda ilegal, producto de la corrupción y falta de regulación de buenas prácticas bancarias, que costó al país 18 % del producto interno bruto (PIB).

En su defensa, Zedillo, responsable de la decisión, argumentó no tener otra opción: no asumir la deuda colapsaría el sistema financiero del país. Autorizar el endeudamiento fue un delito menor según sus cálculos, emulando a su homólogo estadounidense, Bill Clinton, cuando fue acusado de conducta sexual inapropiada: argumentó, Mónica Lewinski solo le practicó sexo oral y eso era considerado un delito menor. La obstrucción de la justicia y mentir cuando se encontraba bajo juramento nunca estuvo en su argumentación. Tal para cual.

La justificación de Zedillo no explica la falta de acciones del Gobierno para llevar ante la justicia a quienes desfalcaron los recursos. Los responsables permanecieron impunes e intocables.

Posterior a esa crisis, el año 1998, se crea el Instituto de Protección al Ahorro Bancario (IPAB). Sustituye el FOBAPROA, ahora sí, aprobado por el Congreso, con los consabidos intereses, sobornos y corrupción de los legisladores, afines a los empresarios saqueadores.

Las pérdidas de la banca no se podían resolver solo con acciones gubernamentales. Los bancos rescatados debían subastarse, abriendo las licitaciones a capitales y bancos extranjeros. El Gobierno argumentó que no había inversionistas locales para adquirir la banca establecida. En realidad, el plan estaba encaminado a extranjerizar la banca, el régimen tenía una creencia equivocada. Su hipótesis se basaba en un concepto erróneo, que había mejores prácticas bancarias y mayor capacidad financiera en bancos extranjeros.

Los pronósticos fueron equivocados. En 2008, la crisis financiera en Estados Unidos y colapso de los créditos inmobiliarios generó que los bancos internacionales establecidos en México cayeran en déficit, transfiriendo recursos a la casa matriz ubicada en otros países. Esta medida incrementó tasas de interés, comisiones y costo del servicio bancario en nuestro país; y abrió el crédito solo al consumo, con altas tasas de interés. A final del 2009, la deuda del rescate ascendía al 13 % del PIB.

El Congreso de oposición generó un cambio estructural al que se ha dado poca importancia. En el año 1997, por primera vez, asignó en el presupuesto de egresos de la federación, el Ramo 33, a los municipios, recursos que, por mandato constitucional, deben otorgarse directamente, con autonomía para su ejercicio. Durante ochenta años, esos recursos se manejaron por la federación de manera discrecional e ilegal, con la complicidad de las legislaturas y la suprema corte de justicia.

El rezago administrativo municipal propició que esos recursos, al inicio sin reglas de operación y sin criterios para rendición de cuentas, generara subejercicio, corrupción y malos manejos. Dos décadas después, mejora el ejercicio de recursos y revierte lentamente el rezago municipal, en particular, aquellos con ejercicio responsable del presupuesto. En la mayoría de los municipios, la corrupción continúa, derivado de la falta de trasparencia, rendición de cuentas y órganos fiscalizadores eficientes; además de la falta de un verdadero Estado de derecho. El cambio estructural ahí está, ejemplo del beneficio de una verdadera separación de poderes.

Las crisis política y económica generadas al inicio de la administración de Zedillo trataron de mitigarlas con decisiones políticas. En febrero de 1995, la identificación del líder del Ejército Zapatista de Liberación Nacional fue anunciada personalmente por el presidente de la república. El Ejecutivo pone en evidencia su inexperiencia y asume tareas del sistema de procuración de justicia. Sin embargo, su anuncio no tuvo el efecto deseado y no prosperaron las órdenes de aprehensión anunciadas contra la guerrilla. Y el tampiqueño Rafael Sebastián Guillén, identificado como Marcos, mantuvo su anonimato y se convirtió en un mito.

El presidente excluyó de sus funciones y decisiones detectivescas en Chiapas, en contra del EZLN, a su secretario de Gobernación, Esteban Moctezuma, quien, después del ninguneo, debió renunciar sin mayores explicaciones, en junio de ese año.

Dos hechos trágicos marcaron el sexenio de Zedillo: la masacre de Aguas Blancas el 28 de junio de 1995 en el estado de Guerrero. La Policía judicial del estado masacró a un grupo de campesinos, dejando un saldo de diecisiete muertos y veintitrés heridos. El hecho tuvo una dimensión y difusión internacional y obligó al gobernador del estado, Rubén Figueroa, a renunciar a su cargo.

El otro evento trágico fue la masacre de Acteal, el 22 de diciembre de 1997, en el estado de Chiapas. Un escuadrón paramilitar atacó con armas de fuego a un grupo de indígenas tzotziles, mientras realizaban un evento religioso; el saldo, cuarenta y cinco muertos, incluyendo mujeres, niños y mujeres embarazadas.

Ambos eventos fueron objeto de críticas por organizaciones de Derechos Humanos, incluyendo la Comisión Interamericana (CIDH); y se consideraron actos de corrupción y conductas autoritarias del Gobierno.

Además de la renuncia del gobernador de Guerrero, fueron procesados y sentenciados veinticuatro policías judiciales del estado y seis de ellos condenados a cuarenta y cincuenta años de prisión.

En Chiapas, noventa y cuatro personas involucradas en la masacre de Acteal fueron procesadas, incluyendo militares y policías. En el año 2010, veinticuatro exparamilitares fueron condenados a penas de treinta a cuarenta años de cárcel por su participación en la masacre.

Finalmente, Zedillo comprendió que no había muchos espacios para sus erráticas maniobras políticas y se concentró el resto del sexenio en su materia, lo que sí conocía: recuperar y dejar una macroeconomía estable, bajar la inflación y propiciar crecimiento. Después de tres años de crisis, logró recuperar la economía, iniciaron programas sociales como PROGRESA y se preparó el escenario para la sucesión presidencial en 1999. Por primera vez en la historia moderna, sin designación por dedazo del presidente.

Ante su falta de talante político, Zedillo dejó el proceso de sucesión en manos del partido y de la inercia social, que, para entonces, tenía claro la necesidad de un cambio de régimen. Con un árbitro electoral ciudadano, una mejor regulación del financiamiento, apertura de medios de comunicación y partidos de oposición fortalecidos por líderes nacionales y legislativos, el país estaba preparado para la alternancia en el poder.

Los escenarios nacionales de apertura política y la desvinculación del Ejecutivo en la sucesión presidencial lograron una alternancia en el poder y acabaron con la hegemonía del partido de Estado, solo eso. Como se pudo observar después, no es suficiente lograr elecciones sin participación del Gobierno para lograr una transición definitiva a la democracia. Se requieren varias administraciones subsecuentes con vocación democrática, eficientes, incluyentes y con suficiente experiencia y talento administrativo para llevar a cabo cambios estructurales de fondo que consoliden los prerrequisitos para una democracia plena: Estado de derecho, elecciones libres, división de poderes, poder legislativo profesionalizado, medios de comunicación independientes del Gobierno y partidos políticos abiertos a la ciudadanía, con prácticas democráticas. Lejos está el país de cumplir estos prerrequisitos.

Vicente Fox: ineptitud y frivolidad

La elección del año 2000 marcó un parteaguas, la presidencia fue ganada por el PAN, partido de oposición desde 1939, creado en la época de Lázaro Cárdenas. Por su incapacidad de aglutinar poder político, debió esperar seis décadas para ganar una elección presidencial.

Vicente Fox, candidato ganador, tenía como opositores a Cuauhtémoc Cárdenas por el PRD y a Francisco Labastida por el PRI. Fue un candidato que apostó a una imagen personal folclórica para atraer electores, pero la verdadera fuerza radicaba en financiamientos externos para contender en la elección.

Su trayectoria política era reciente, fue diputado federal y gobernador de Guanajuato. Ajeno a la política hasta entrado en años, podía definirse como un empresario de rancho, con limitaciones importantes en su formación personal, política y administrativa, reclutado por Manuel Clouthier durante su campaña presidencial en 1988.

Fox ganó la presidencia de la república con un órgano electoral que legitimó una elección plagada de irregularidades y delitos. Hechos comprobados, opacados, minimizados y escondidos en el velo y locura nacional de la alternancia.

Las graves irregularidades del proceso electoral se ventilaron después del cambio en el poder, sin consecuencias mayores. Los ganadores, embriagados por la victoria y acceso al erario. Los perdedores pasmados por la derrota histórica. La clase política y autoridades cómplices olvidaron el asunto y todo quedó en simples anécdotas de dineros electorales. *Peccata minuta*.

En realidad, no eran cosas menores, en cualquier país con un mínimo Estado de derecho, todos los involucrados debieron ser procesados y sentenciados por delitos electorales graves plasmados en la ley electoral y la constitución.

Se comprobó que Fox, el ganador de la presidencia de la república, recibió financiamiento externo que no fue reportado al IFE, a través de una organización conocida como amigos de Fox. Y el PRI y su candidato, Francisco Labastida, para no quedarse atrás, se comprobó que recibieron financiamiento del sindicato de PEMEX, a través de una maniobra de su líder Carlos Romero Deschamps, delito comprobado y bautizado como el «Pemexgate».

Fox llega al cargo con enorme capital político y recibe un país por primera vez en décadas, sin crisis económica. Todo servido para consolidar y transitar a la democracia plena.

Lo impensable sucedió. El PRI entregó el poder después de setenta y un años. Desde el momento de la toma de posesión de Fox, inician sus conductas erráticas, característica de su administración.

Después de tomar protesta, en su discurso de apertura ante el pleno del Congreso, se dirige a su familia y no a los legisladores; y recibe en la tribuna un símbolo religioso de manos de su hija. La respuesta llega de inmediato y es cuestionado por Beatriz Paredes, legisladora priista de larga carrera política, quien, además de criticar su falta de conocimiento del protocolo legislativo, cuestiona acremente su comportamiento y pone en duda la capacidad para asumir el cargo. Le recuerda, es una tribuna legislativa en plena sesión solemne y está obligado a respetarla.

La ignorancia de las formas legislativas fue grotesca y, como sucede con muchos políticos, terminó su sexenio y nunca quiso aprender. Continuó con sus desfiguros y dislates durante el mandato y aun después de dejar el cargo. Llegó al extremo de no poder presentar su último informe de gobierno, los legisladores de oposición lo impidieron y él se retiró pausadamente y terminó con la tradición de dar lectura al informe presidencial en el Congreso.

Fox, irresponsable y ajeno a la enorme cantidad de problemas estructurales que heredaba en un país mal administrado y saqueado por un régimen con setenta y un años de evolución, ante el reto mayúsculo, mostró su falta de preparación. Integra un Gobierno con secretarios de Estado en su mayoría sin experiencia administrativa y política y, como era de esperarse, los resultados no llegan, los cambios tampoco y se agudiza la incapacidad gubernamental cuando se enfrasca en un enfrentamiento con el jefe de Gobierno de la Ciudad de México, Andrés Manuel López Obrador, ganador de la jefatura como candidato del partido de oposición, el PRD.

López Obrador se presentó como candidato a jefe de Gobierno del Distrito Federal para la elección del año 2000. Sin pudor alguno y argumentando su derecho antes que las normas, transgrede la ley electoral, que especificaba con claridad: los aspirantes debían cumplir con una residencia mínima de cinco años en la capital del país, requisito que no reunía el aspirante; el domicilio y credencial de elector se ubicaban en el estado de Tabasco.

Su domicilio en el Distrito Federal lo formalizó en 1996 cuando asumió la presidencia de su partido, el PRD. Aun así, fiel a su estilo de violar la ley en nombre del pueblo, impugnó argumentando que atacaban sus derechos políticos de contender por un cargo de elección popular. Para evitar mayores conflictos, por decisión política del Ejecutivo en turno, se aceptó su candidatura, a todas luces ilegal. Del anecdotario de un país surrealista.

Gana la elección y asume la jefatura de Gobierno de la ciudad y, con mayor talante político, le ganó la partida a Fox en el terreno del posicionamiento social, no solo en la ciudad, también en el país. La pugna política entre ambos llegó a su clímax con un intento de desafuero fraguado por Fox y sus incondicionales, desde la Procuraduría General de la República, no prosperó por tecnicismos jurídicos y por la presión política y social, que consideraban el desafuero como un abuso de poder público y treta para evitar la participación de López Obrador en la carrera por la presidencia de la república.

De importancia relevante en la historia del sexenio de Fox fue el ataque a las torres gemelas de Nueva York, en septiembre del año 2001, por el grupo terrorista Al Qaeda. El atentado truncó el proceso de alianza que buscó Fox con los Estados Unidos en materia económica y migratoria. A partir de ese acontecimiento, México se convirtió en país irrelevante para los Estados Unidos, la prioridad del país vecino fue buscar y acabar con los lideres de Al Qaeda y recuperarse del ataque terrorista.

Fox, como todos los presidentes, sufrió varias crisis. El golpe mediático más grave a su Gobierno fue la grabación filtrada de una conversación con el dictador cubano Fidel Castro, hecho que desnudó su ineptitud y frivolidad para manejar los asuntos nacionales de política exterior.

Previo a la realización de la cumbre de la Organización de Estados Americanos, organizada en la Ciudad de Monterrey N. L. en el mes de marzo de 2002, México, como organizador, invitó a los representantes del continente, entre ellos, el presidente de Estados Unidos, George Bush, y el dictador cubano Fidel Castro.

La crisis se presentó cuando el dictador Fidel Castro hizo pública la conversación telefónica con Vicente Fox. El presidente de México lo invita bajo ciertas condiciones. Le dice a Fidel que puede asistir a la comida que ofrece el Gobierno de México a los asistentes a la cumbre, y lo invita a sentarse a su derecha; pero una vez concluya, «comes y te vas», para no incomodar al presidente de Estados Unidos.

Una desafortunada conversación hecha pública por el dictador Fidel Castro, en la cual quedaron de manifiesto la indiscreción y calaña política de Fidel, además de la ingenuidad y torpeza de Fox y su canciller Jorge G. Castañeda. Fox mostró una evidente actitud servil hacia los Estados Unidos y un quiebre con la tradición diplomática de México. Un escándalo diplomático y político, reflejo de un sexenio errático y frívolo.

Es un hecho, los abusos de poder y conductas erráticas son inagotables y sistemáticos cuando se trata de presidentes de México.

En ese sexenio, también se truncó el proyecto de construir un nuevo aeropuerto en el municipio de San Salvador Atenco. La población rechazó el proyecto y no permitió el acceso a las fuerzas de seguridad, armados con machetes. Hubo enfrentamientos, represión, violencia y presión social. Se abandonó el proyecto y el Gobierno optó por construir una segunda terminal en el aeropuerto Benito Juárez de la Ciudad de México para reducir la saturación y sobredemanda. Una medida paliativa, que no resolvió el problema de fondo. México requería un nuevo aeropuerto moderno, acorde con la magnitud del país, necesidad que fue truncada por incapacidad del Gobierno de la alternancia.

Uno de los escasos logros de la administración fue la creación del Instituto Nacional de Acceso a la Información (INAI) en el año 2002, una decisión enfocada a trasparentar la información pública, dar un impulso a la rendición de cuentas y dejar un órgano autónomo como contrapeso al poder público. El Gobierno de Fox fue el primero en oponerse a transparentar información, derivado de actos de corrupción descubiertos. La solicitud de información al INAI generó el primer escandalo mediático, al conocerse a través de este órgano autónomo la compra de toallas de uso común, a precios excesivos, en Los Pinos, residencia oficial del Ejecutivo, escándalo conocido como «Toallagate».

La política pública más importante del sexenio de Fox fue la creación del Sistema de Protección Social en Salud y su brazo operativo, el Seguro Popular. La iniciativa fue aprobada en mayo del año 2003 por todos los partidos políticos del Congreso de la Unión y entró en vigor el 1 de enero de 2004.

La política nacional tenía como objetivo asegurar en materia de salud a la población sin seguridad social. Esto redujo en forma importante el gasto de la población por atención médica. El seguro médico aportaba recursos per cápita a cada estado de la república. El Gobierno federal asignaba los montos a través de un padrón de beneficiarios que se actualizaba anualmente y obtenía recursos del presupuesto de egresos de la federación directos de impuestos generales y se complementaba con aportaciones solidarias estatales.

La iniciativa en la Ley General de Salud modificó el artículo 77 bis, con una normatividad robusta que definía con claridad los montos asignados. La base de referencia tomaba en cuenta un porcentaje del salario mínimo. La ley facilitaba asignación justa y equitativa de recursos a los estados, basada en un padrón auditable de beneficiarios y no en caprichos políticos o preferencias partidistas.

El seguro popular se insertó en el Sistema de Salud en México como un instrumento de financiamiento enfocado a lograr equidad en el derecho a la salud. Desde su origen, el sistema ha separado los derechos de los trabajadores formales con seguridad social y los informales clasificados como población abierta, el mercado laboral del país dejaba sin seguridad social y servicios de salud a más de la mitad de los trabajadores y sus familiares.

La informalidad es un problema que involucra a poco más del 50 % de la fuerza laboral en México y acumula anualmente miles de personas sin acceso a una pensión y servicios de salud. Es un problema estructural que nunca ha sido atendido y genera inequidad histórica.

El principal impacto esperado estaba en reducir el gasto de bolsillo de las familias cuando se presentaba una enfermedad grave y, así, disminuir el número de familias que empobrecen por daños a la salud.

El Seguro Popular en Salud en 2002 inició como programa piloto en cinco estados. En el año 2004, al entrar en vigor la reforma, operaba en veinticuatro.

La iniciativa fue impulsada por Vicente Fox como presidente de la república y Julio Frenk Mora como secretario de Salud, no sin oposición del Instituto Mexicano del Seguro Social.

La iniciativa fue votada con 73 % de aprobación en la cámara de diputados y 94 % en el Senado; se implementó con amplio respaldo legislativo y político y fue incluida en el Programa Nacional de Salud del sexenio.

La aprobación de la política pública significó asignar presupuesto a los estados para fortalecer la contratación de recursos humanos, crear infraestructura y adquirir insumos para la salud.

Los estados tenían la responsabilidad de implementarla, gestionar y administrar recursos financieros, instrumentar la afiliación de beneficiarios para integrar el padrón y la más importante: coordinar y garantizar prestación de servicios en todo el país. El proceso estatal fue facilitado al crear los regímenes estatales, con un grado mayor de autonomía, organismos públicos descentralizados, plasmados en los convenios de colaboración con la federación.

En el proceso, se asignaban recursos financieros por aseguramiento, no como se hacía históricamente, por demanda de servicios. El nuevo modelo dispersaba presupuestos en función del número de personas afiliadas. Los recursos tenían tres fuentes y los montos se establecieron de manera precisa en la Ley General de Salud. Cuota social del Gobierno federal, aportación solidaria estatal y aportación solidaria federal. También había una cuota del afiliado, exentados en gran medida, a través de estudios socioeconómicos, con énfasis en ingresos y capacidad de pago, todos los afiliados se incluían en los cuatro deciles más bajos de ingreso.

La afiliación en los primeros siete años fue de 5.4 millones en promedio anual, la cobertura universal, se fijó en 51.3 millones de personas. En 2012, el número de afiliados alcanzó los 52.7 millones. Y debían reafiliarse cada tres años, para refrendar los recursos. La afiliación y reafiliación fueron procesos exitosos debido al incentivo económico por incrementar el padrón.

La inversión incluida en el Seguro Popular que generó un impacto social importante fue la creación de un fondo de protección contra gastos catastróficos, que cubría enfermedades con tratamiento de alto costo y un seguro popular para nueva generación; este último, creado en el sexenio de Felipe Calderón, con francos tintes políticos. Su carácter discriminatorio era evidente, solo contemplaba a los recién nacidos a partir del 1 de diciembre de 2006 y se otorgaba a todos los niños de entre cero a cinco años de edad.

Los afiliados tenían acceso a servicios de salud, sin desembolso al momento de obtener la atención médica. El seguro incluía padecimientos específicos: cáncer cervicouterino, cáncer de mama, cáncer de niños y adolescentes, trasplante de médula ósea, cuidados intensivos neonatales, trastornos quirúrgicos congénitos y adquiridos, cataratas y VIH/sida.

El cambio en inversión fue dramático: en 1994, el 80 % del recurso público en salud se invertía en población con seguridad social. En 2013, representaba el 55 %; y para los no asegurados, se invertía el 44 %. Según datos de la organización para cooperación y desarrollo económico (OCDE), el gasto de bolsillo por enfermedad, en México, disminuyó de 53 % en 2004 a 49 % en 2011. Impacto atribuible a la creación del seguro popular.

También mejoraron indicadores. La tasa de mortalidad infantil experimentó reducción significativa en los afiliados.

La prestación de servicios es el aspecto más deficiente de la política pública, al ser responsables los servicios estatales de salud, las capacidades heterogéneas es el principal factor que incide en el cumplimiento de sus funciones. La red de servicios son herencia del proceso de descentralización y la gran heterogeneidad que caracteriza a los sistemas estatales ha sido un fuerte obstáculo para lograr calidad en los servicios.

La irresponsabilidad federal ha sido evidente y grave también en el desarrollo de la política pública, al perder o abandonar importantes funciones como rectoría, supervisión, auditoría y exigencia en la rendición de cuentas. La ausencia de procesos de auditoria propició corrupción, anarquía, cotos de poder y negocios privados con recursos del seguro popular.

En octubre de 2019, el Gobierno federal, encabezado por el presidente de la república, anuncia la desaparición del Seguro Popular; lo remplaza el organismo llamado INSABI (Instituto Nacional de Salud para el Bienestar), que entró en funciones el 1 de enero de 2020.

La decisión generó un grave problema nacional en el sistema. Los personajes nominados para operar el nuevo instituto, además de carecer del perfil y capacidad para operar el instituto, se concentraron en saquear los recursos, desaparecer cuantiosos fideicomisos destinados para atención de gastos catastróficos y destruir la política pública.

La destrucción del proceso administrativo desde la federación desencadenó un retroceso histórico en la operación de servicios, desabasto de medicamentos e insumos, falta de recursos económicos y deterioro de instalaciones y equipos.

El daño al sistema se profundizó y convirtió los problemas en una grave crisis de morbilidad y mortalidad en el sistema, con la pandemia de COVID-19.

El despropósito concluyó con la desaparición del INSABI tres años después, en el año 2022, con enorme daño al erario y al sistema de salud. Aparece nuevamente la causa de fondo de muchos problemas en la administración pública, la impunidad fomenta la corrupción.

En otro frente, durante el sexenio de Vicente Fox, un dato trascendente fue que, en marzo del 2006, se promulgó la ley «televisa», que impedía a los partidos políticos comprar espacios a medios de comunicación con fines electorales, confirmada en abril de 2006 por el Senado.

La presidencia de Fox no logró consolidar los cambios estructurales esperados, la incapacidad política y administrativa propició una polarización social con su intento de desafuero del jefe de Gobierno, por rencillas personales y políticas, inaceptables en personas de Estado.

El gran fraude del sexenio de Fox se magnificó por su incompetencia y voracidad para manejar los excedentes del petróleo. Durante gran parte de su sexenio, el petróleo mantuvo un precio por encima de las expectativas y México, además de alcanzar una producción histórica de más de dos millones de barriles diarios en 2003, con incremento del precio en el mercado petrolero, recibió, durante el sexenio, un total estimado de 420 000 millones de dólares.

La falta de trasparencia y rendición de cuentas en la asignación de recursos propició no solo una sobreexplotación de las reservas, también corrupción y opacidad en el manejo de los recursos; y México, nuevamente y por enésima ocasión, perdía la oportunidad de mayor desarrollo por la corrupción e ineptitud de su Gobierno. Ahora tenía una característica innovadora, una voracidad inaudita por el dinero público. El incremento de recursos fue utilizado en gasto corriente, pagos de cuotas políticas y negocios al amparo del Gobierno. No canalizaron recursos para crear infraestructura, servicios públicos y estímulos para fomentar inversión y detonar empleos; además de la opacidad con la que se manejaron las cantidades escandalosas de recursos excedentes obtenidos de la venta de petróleo.

Elección 2006: «Haiga sido como haiga sido»

«No ganarán en la mesa, lo que no ganaron en las urnas».
LEONEL CASTILLO GONZÁLEZ, PRESIDENTE DEL TRIBUNAL ELECTORAL 2006

Fox, en 2006, harto de la presidencia de la república, después de una entrevista, se retiró con una frase que describe su actitud durante el sexenio: «Puedo decir cualquier cosa. Total, yo ya me voy». En esos momentos, el objetivo prioritario era obstaculizar por todos los medios la llegada de López Obrador, primero a la candidatura y eventualmente a la presidencia de la república. Después del intento de desafuero, el efecto fue contraproducente: tratar de sacarlo de la carrera lo posicionó a nivel nacional.

Fox y su partido, con sus habituales cálculos erráticos, impulsaron como candidato sucesor a Santiago Creel, secretario de Gobernación durante el sexenio. Un panista sin carisma, eterno perdedor de elecciones, que fue vapuleado por Felipe Calderón en la contienda interna de su partido. Calderón era un candidato sin grandes credenciales. En la década de los noventa recibió, junto con su esposa, una beca de su partido, el PAN, para estudiar una maestría en Estados Unidos. Tenía como antecedentes ser diputado federal, presidente de su partido, director de Banobras y secretario de Energía.

Durante su paso por la Secretaría de Energía, fue cesado por Vicente Fox, después de participar en un evento partidista en el estado de Jalisco, realizado por su amigo Francisco Ramírez Acuña, quien, sin pudor alguno, lo destapa como precandidato presidencial, sin informar a la presidencia de la república y estando en funciones de secretario de Estado. Muy apropiado al estilo de los políticos de pueblo.

Con todos los errores acumulados de Fox y su círculo cercano, incluyendo un amague fallido de impulsar a su esposa Martha Sahagún como precandidata a la presidencia de la república, finalmente sedimentaron las pasiones, dejaron al partido realizar el proceso interno y Calderón fue ungido como candidato oficial del PAN a la presidencia de la república.

La contienda estaba cuesta arriba para Calderón en ese momento; los dislates de Fox habían posicionado a López Obrador, en algunas encuestas, con más de treinta puntos de ventaja sobre el panista, al inicio de la campaña electoral.

La elección presidencial del año 2006 fue la más cerrada de que se tenga registro en el país. Felipe Calderón, del PAN, ganó la elección con un margen de diferencia de solo 0.5 % de los votos y las demandas de fraude por el PRD llegaron a extremos impensables. El candidato del PRD y sus seguidores tomaron durante cuarenta y siete días la avenida Paseo de la Reforma en la capital del país, instalaron en la vía pública casas de campaña, afectando el comercio, tránsito, movilidad y turismo de la zona más importante de la capital del país; y el costo político, económico y social fue inconmensurable.

Finalmente, el tribunal electoral dictaminó y calificó con carácter inatacable el triunfo del candidato panista. Las manifestaciones continuaron durante varios meses y, el día de toma de posesión, el Congreso fue escenario de un caos provocado por diputados de oposición. El presidente electo ingresó por una puerta lateral y tomó protesta en medio del escándalo, gritos y empujones, en un evento que duró unos minutos; se consumó la película y el país continuó adelante, con los costos propios de una elección cuestionada.

Calderón calificó su triunfo electoral con su frase cínica: «Como dicen en mi pueblo, "haiga sido como haiga sido"».

Ante la falta de elementos jurídicos para revertir el resultado, López Obrador se declara presidente legítimo en el zócalo de la capital del país, rodeado de sus seguidores. Nombra su Gabinete para actuar como Gobierno paralelo. Una pantomima propia de un desorden mental conocido como megalomanía, exacerbado por un evidente narcisismo.

Las elecciones en este país han sido históricamente fraudulentas y, cuando los candidatos aceptan participar, saben que se exponen a este tipo de fraudes y pugnas políticas.

La conducta política de López Obrador siempre ha sido errática y nunca aceptó una derrota electoral; y solo aceptó resultados cuando él o su partido resultaron ganadores, aun cuando también ha cometido burdos fraudes, como se documentó su candidatura ilegal para jefe de Gobierno del Distrito Federal, en ese momento, en el año 2000, al no contar con la residencia que especificaba como requisito la ley electoral.

El candidato terminó ignorado en sus afanes y su Gobierno y Gabinete legítimo se diluyó sin mayor impacto en las instituciones y en la opinión pública. En poco tiempo, se dio cuenta de su dislate y canceló la pantomima, que no estuvo exenta de burlas, descalificaciones y rechazo de adversarios e incluso aliados de su partido, que consideraban su actitud un intento de romper el orden constitucional.

Calderón venció a López Obrador, en gran medida, por el apoyo de la clase empresarial, que montaron una campaña negra contra él, lo calificaron como «un peligro para México». En la campaña, participaron activamente medios de comunicación; se agregó una mala estrategia de López Obrador al faltar a uno de los debates públicos que programó el IFE; con la arrogancia que lo caracteriza, se sentía ganador antes de la contienda.

La escasa legitimidad electoral de Calderón propició, como en ocasiones anteriores, un Gobierno que requería tomar decisiones para ganar credibilidad. Una vez que tomó posesión del cargo, en búsqueda de crédito social, atacó un problema que parecía adecuado para obtener legitimidad. El crimen organizado había crecido con indiferencia cómplice del régimen, que, en propias palabras de Fox, se administraba, y por estrategia lo habían dejado ampliar sus dominios.

Durante las últimas décadas, el cártel de Sinaloa había establecido el negocio de narcóticos más lucrativo del mundo, era el principal proveedor de Estados Unidos de América, con una estructura poderosa que infiltraba las esferas municipal, estatal y federal.

El Gobierno de Calderón, al poco tiempo de iniciado, declaró la guerra al narcotráfico. La instancia encargada de encabezar la lucha fue la Secretaría de Seguridad Pública y su titular, Genaro García Luna, apoyados por la Secretaría de Marina y Defensa Nacional. La guerra, planeada con fines políticos, sin una estrategia integral y con personajes del Gobierno federal involucrados en los negocios, generó enormes costos políticos, sociales y de vidas humanas.

El país se convirtió en un territorio de pugnas y masacres entre cárteles y aparecieron fosas clandestinas en todo el territorio nacional. El registro oficial fue de decenas de miles de homicidios dolosos durante el sexenio. Los resultados nunca se lograron y el Gobierno terminó su gestión entregando un país agobiado por la violencia, homicidios, anarquía y cárteles en pugnas por dominar el territorio.

La pandemia de influenza H1N1, en abril de 2009, generó una crisis sanitaria, económica y política. Se registraron 866 defunciones y se detectó una nueva cepa de virus en el mundo. El país se paralizó durante varias semanas y se calificó como una emergencia sanitaria global. Las decisiones fueron calificadas como excesivas, el tiempo puso en su justa medida la letalidad y riesgo de la pandemia, fue mucho más benigna que la de COVID-19, enfrentada por el mundo una década después.

El 5 de junio del año 2009, en Hermosillo Sonora, se produce un incendio en un almacén, provocado por equipos de aire acondicionado en malas condiciones, el fuego se propaga a una construcción aledaña, una guardería ubicada en un local improvisado, en malas condiciones de seguridad para niños y personal. La guardería estaba concesionada por el Instituto Mexicano del Seguro Social y, en las investigaciones, se confirmó que quienes manejaban la concesión eran familiares de la esposa del presidente de la república. Mueren por quemaduras cuarenta y nueve infantes y se produce una crisis política. Se detectó deficiente regulación y supervisión de las guarderías concesionadas por el Gobierno federal, a través del Instituto Mexicano del Seguro Social. Las secuelas de la crisis política, jurídica y social persisten hasta el día de hoy, como una tragedia nacional marcada por la impunidad.

Se suma a las tragedias el caso del Casino Royal en Monterrey, en agosto del año 2011: el crimen organizado perpetra un atentado, causando la muerte de cincuenta y dos personas, al incendiar un casino.

Fallecen, durante este sexenio, dos secretarios de Gobernación, Juan Camilo Mouriño y Francisco Blake Mora, en accidentes aéreos. La versión oficial descartó atentados del crimen organizado.

El Gobierno de Calderón desapareció la empresa Luz y Fuerza del Centro, la extingue con un decreto. Toman instalaciones con fuerza pública y Ejército, despiden y liquidan a más de cuarenta y cinco mil trabajadores. Cobra el finiquito el 60 % del personal. Los cinco estados donde operaba la empresa se integran a la Comisión Federal de Electricidad y el conflicto laboral perdura por varios años.

La crisis financiera de los Estados Unidos en el año 2008 afectó a México y lo que parecía un hecho pasajero generó una depreciación del peso del 25 %, una caída del PIB del 6.5 %, la peor en setenta y siete años. Las remesas caen 8 %, 1300 millones de dólares menos en un año. Se recuperó en el año 2010 con crecimiento del 5.5 % del PIB.

La guerra contra el narcotráfico se exacerba conforme avanza el sexenio y marcó ese periodo por una violencia que afectó en mayor medida a población civil. La muerte de civiles, estudiantes en masacres y enfrentamientos fueron catalogados por el Gobierno federal como «daños colaterales», término acuñado para justificar su ineficiencia e irresponsabilidad.

Personaje central de esa guerra fue el secretario de Seguridad Pública, Genaro García Luna. En diciembre del año 2019, García Luna fue detenido en el estado de Texas y encarcelado, acusado de facilitar el ingreso de drogas a Estados Unidos, recibir sobornos de los cárteles y mentir a las autoridades para obtener la nacionalidad estadounidense. En el juicio, el jurado lo declara culpable y recibe una sentencia de treinta y ocho años, cuatro meses de cárcel y una multa de dos millones de dólares. La paradoja, García Luna, el secretario más poderoso del Gabinete y mano derecha del presidente durante el sexenio y responsable de combatir el crimen organizado, sentenciado por vínculos con el narcotráfico.

El expresidente argumenta no haber tenido pruebas verificables del proceder de su poderoso secretario. Por supuesto, no tiene excusa, era presidente, los hechos solo corroboran su evidente ineptitud y conductas erráticas para gobernar, además de una negligencia extrema para utilizar las herramientas al alcance de cualquier Gobierno, que permitan verificar la conducta y posibles actividades ilícitas de sus colaboradores.

El juicio de García Luna inició en octubre de 2022 y concluyó en octubre de 2024. El expresidente de la república que lo nombró deberá rendir cuentas de los delitos por los que se juzgó y sentenció a su estrecho y poderoso colaborador. El cuestionamiento es muy claro, hay omisión o complicidad. Un caso que desnuda la carencia de Estado de derecho, los abusos del poder para enriquecerse con negocios ilícitos, además de mostrar evidencia de la infiltración del narcotráfico hasta las más altas esferas y la ineptitud del Gobierno para prevenir, detectar y sancionar las conductas delictivas del propio Gabinete.

La conclusión del sexenio de Calderón generó un nuevo desencanto social y comprobó que la alternancia y elecciones competidas son insuficientes para lograr los cambios estructurales necesarios para el país. La corrupción, crisis económicas recurrentes, impunidad y carencia de Estado de derecho persisten con la alternancia y con una insuficiente transición a la democracia. El origen, Gobiernos encabezados por presidentes ineptos, como principal causa, además de Congresos de improvisados, vividores del sistema. Y qué decir del Poder Judicial, omiso, nadando en corrupción, privilegios, indolencia e indiferencia ante los cambios políticos de las últimas décadas.

El saldo de esa guerra absurda dejó como secuela 121 683 homicidios dolosos durante el sexenio y su secretario de Seguridad es sentenciado a treinta y ocho años de cárcel por su complicidad con el crimen organizado; hecho concretado oficialmente una década después, pero conocido por la sociedad durante el mandato de Calderón. Lo dice el dicho popular: «No hay peor ciego que el que no quiere ver».

El desencanto fue aprovechado por el PRI para impulsar una candidatura a la presidencia de un personaje de la nueva generación de priistas, que llevaron las conductas delictivas desde el poder a niveles excelsos.

Las secuelas de dos sexenios del PAN en el poder con pobres resultados, saqueo del erario, guerra fallida contra el crimen organizado y manifiesta incapacidad para gobernar, así como el recelo hacia una izquierda radical que intentaba tomar la presidencia, definieron la elección de 2012 con el viejo refrán «Más vale malo por conocido que bueno por conocer».

La balanza se inclinó por el regreso del PRI con Enrique Peña Nieto como candidato, que, además de apostar a su imagen personal, estableció una nueva forma de ganar elecciones: emitir tarjetas de débito, con depósitos para los potenciales electores, y comprar votos con entrega de dinero en efectivo. Los recursos fueron obtenidos de sobornos de empresas que, una vez en el Gobierno, fueron beneficiadas con contrato de obras y servicios a cuenta del erario. Así, recuperaban su «inversión» con pingües ganancias. Todo bajo el amparo de un árbitro electoral incapaz de transparentar los recursos utilizados en las campañas.

El PAN, por primera vez en su historia, presentó una mujer como candidata, Josefina Vázquez Mota; y la izquierda insistió por segunda vez con Andrés Manuel. Ambos denunciaron irregularidades en la elección, fueron comprobadas, no prosperaron y el PRI volvió al poder con Enrique Peña Nieto, apoyado por un grupo de políticos de nueva generación, gobernadores y aliados, caracterizados por sus conductas delictivas, corrupción descarada, abuso del poder público y desprecio a la ley. La mayoría de sus aliados en los estados terminaron procesados por delitos relacionados con el manejo de recursos públicos.

La elección de 2012 la gana el PRI con 38 % de los votos, la izquierda en segundo lugar con 32 % y el PAN en tercero con el 25 %. El tribunal desecha las impugnaciones de financiamiento ilegal y rebase de topes de campaña, presentados por el candidato del PRD.

Enrique Peña Nieto, sinónimo de corrupción

El sexenio de Peña Nieto se marcó, como todos, por los hechos trágicos y por los retrocesos democráticos, económicos y en particular del Estado de derecho. La corrupción fue masiva y generalizada en su Gobierno, Gabinete y gobernadores de su partido, la cual no solo no fue combatida, fue estimulada y aceptada como parte de la conducta de la clase política y utilizada para manipular elecciones, programas y crisis.

La apuesta del Gobierno se centraba en posicionar la imagen del mandatario, con una publicidad masiva con cargo al erario. Las acciones, capacidad, talante político, preparación y cultura se mostraban paupérrimos. El hecho que marcó la cultura de su Gobierno y el futuro poco halagüeño esperado para el país se suscitó en la Feria Internacional del Libro de Guadalajara, en diciembre de 2011. Siendo candidato oficial, Enrique Peña Nieto fue incapaz de mencionar tres libros que marcaron su vida.

Peña Nieto, en su primer año de gobierno, impulsó reformas que fueron aprobadas por el Congreso, otorgando sobornos a legisladores de oposición, como se demostró posteriormente, en videos publicados por medios de comunicación. Las principales reformas la energética, educativa, laboral y telecomunicaciones tenían objetivos políticos y económicos. No lograron ningún impacto social y fueron opacadas por la corrupción, impunidad y manejo errático e indiferente del Gobierno hacia el Estado de derecho.

Derivado de las acusaciones a su Gobierno, se llevó a cabo la implementación del sistema nacional anticorrupción, una reacción política a los propios actos y una simulación en los hechos.

La desaparición de cuarenta y tres estudiantes de Ayotzinapa fue el acontecimiento que define el sexenio de Peña Nieto en toda su magnitud.

La versión oficial, llamada «verdad histórica» por el procurador de justicia en turno Jesús Murillo Karam, lo describe así: un grupo de estudiantes fueron privados de la libertad, asesinados, incinerados y arrojados al río San Juan en el estado de Guerrero.

El procurador renunció poco tiempo después y uno de sus más cercanos colaboradores, director de investigaciones criminales, Tomás Zerón, fue acusado de falsear evidencias y torturar testigos. Meses después, huyó a Israel para evadir la justicia.

El escenario observado en el caso de Ayotzinapa involucró a todos los niveles de Gobierno y desnudó la negligencia, impunidad y corrupción de un sistema agotado. Un régimen que llegó al poder con trampas y financiamientos ilegales y lo ejerció con un desprecio extremo por la ley. El corolario, ceder el poder a un régimen pernicioso y populista, se agrega la necesidad imperiosa de un pacto de impunidad encaminado a un autoexilio a digerir la ignominia y el desprecio social.

Una década después, la impunidad por la desaparición de los estudiantes persiste; un crimen de Estado, como todos los que involucran el poder, terminará sin culpables y sin justicia para las víctimas. A pesar de que el procurador, Murillo Karam, se encuentra detenido y bajo proceso por delitos de tortura y desaparición forzada relacionados con el caso, la realidad muestra un grado de complicidades e impunidad extremas.

El crimen organizado continuó creciendo y el Gobierno no realizó ajustes a la estrategia heredada del sexenio previo; la indiferencia del Gobierno propició que los cárteles incrementaran su influencia y, de acuerdo con datos del Departamento de Defensa del Gobierno de Estados Unidos, el 34 % del territorio en México está controlado por el crimen organizado. Al término del sexenio, en cifras que varían con la fuente consultada, el Gobierno de Peña Nieto dejó como secuela 105 658 homicidios dolosos.

La corrupción del Gobierno alcanzó al propio presidente y su familia, con la denuncia del caso de la Casa Blanca, una mansión construida y donada a la familia presidencial por la empresa Higa, propiedad del empresario Armando Hinojosa, personaje que recibía contratos de obras en el estado de México, con Peña Nieto como gobernador. Un conflicto de intereses por definición, que fue manejado políticamente, sin consecuencias jurídicas. El presidente fue exonerado por el secretario de la Función Pública Virgilio Andrade, nombrado por el propio Ejecutivo, para cerrar el caso.

Los últimos dos años del Gobierno, continuaron los escándalos de corrupción: el más emblemático fue la estafa maestra. Una forma de desviar recursos de los programas sociales hacia las campañas políticas del partido en el Gobierno, utilizando como medio universidades públicas que subcontrataban empresas externas para realizar proyectos financiados con recursos públicos. Las universidades, por ser entidades públicas, no estaban obligadas a licitar y se les permitían asignaciones directas. La Auditoría Superior de la Federación (ASF) calculó daño al erario por un monto cercano a los ocho mil millones de pesos.

En Estados Unidos, el Departamento de Estado demostró que la empresa brasileña Odebrecht repartió millones de dólares en sobornos en países de América Latina, incluyendo México. El mediador fue Emilio Lozoya, director de PEMEX y hombre cercano a Peña Nieto durante su campaña. Lozoya fue extraditado de España y enfrentó juicio en México por delitos cometidos en el servicio público, que terminará, como todos los casos, en impunidad.

La culminación del sexenio de Peña Nieto se anticipó por el triunfo de la oposición y el secuestro de sus funciones por un presidente electo, ante la complacencia de todo el Gobierno federal, encabezado por el Ejecutivo, más preocupado por su pacto de impunidad que por los problemas nacionales. Un final lamentable.

Morena, engendro del pasado

Morena fue fundado después de la elección de 2012, con los despojos del PRD y el liderazgo concentrado en López Obrador.

Nunca se formó un verdadero partido político, se creó un movimiento como necesidad para saciar los apetitos de un personaje con delirios mesiánicos y una obsesión personal por la presidencia de la república. Morena carece de estructura institucional y de lineamientos enfocados a fortalecer la capacidad de formar cuadros políticos, único camino que tiene un partido para ser opción democrática a largo plazo. Todo gira en torno a su líder, quien es dueño de recursos, voluntades y decisiones. Cualquier integrante, ante el más mínimo atisbo de discrepancia o disidencia, es catalogado como traidor y expulsado de las filas.

Quien dirige la secta no tiene el más mínimo interés en integrar un acervo político sólido. No lo necesita, por ahora es suficiente con la camarilla de provocadores, grillos, fanáticos, traidores de otros partidos y oportunistas, sin contrapesos ni reglas. Los requisitos para integrarse, lealtad y complicidad absoluta, sin grietas. La borrachera de poder terminará pronto y lo lamentarán. Llegará la inevitable resaca. La ruptura y autodestrucción vendrá cuando llegue el vacío de poder, con la muerte del caudillo. Así lo marca la historia y el tiempo.

El movimiento se formó para cumplir el pasaje onírico de López Obrador, un personaje obsesionado con el poder. Su paupérrima preparación personal y su formación política del pasado priista lo convirtieron en opositor férreo a un sistema caduco y podrido que opuso escasa resistencia. La clase política que reclutó para sus propósitos estaba formada de cascajo y despojos de partidos en descomposición, es pública y conocida su proclividad a traicionar por unas cuantas monedas, una clase política infame que pronto mostrará su verdadero rostro.

El movimiento le permitió a su fundador drenar resentimientos, venganzas, rencores y odios acumulados en la derrota electoral del año 2006 y convirtió a Calderón, vencedor de esa contienda con la ayuda del tribunal, en su verdugo y némesis, que llevará como lastre existencial por el resto de su vida. Es evidente que Calderón fue un presidente nefasto y permanecerá en el sitio asignado por la historia: la ignominia. Su triunfo en las urnas no fue por sus talentos o capacidades políticas, lo puso el sistema podrido con todos sus intereses. El daño colateral fue un opositor envenenado por el rencor contra sus enemigos políticos que le cerraron la puerta al poder en cuestionada elección.

La coyuntura para formar el movimiento debe reconocerse, fue con una lectura óptima del sentido de oportunidad de López Obrador. Como opositor y provocador contra el régimen, ha sido incomparable y se dedicó de tiempo completo, esa fue su gran aportación al movimiento.

Con recursos de montos y procedencia desconocidos hasta hoy, recorrió el país durante dos décadas; el motor que lo movía siempre fue su obsesión por ser presidente de la república, no necesitaba más. El tiempo demostró que su obsesión tenía como fin saciar su infinita sed de venganza. Envenenado por la derrota, se marcó como objetivo destruir toda institución, que, en sus pasajes oníricos y demenciales, le negó su derecho a ser presidente en el año 2006. No podía aspirar a más ante su evidente incapacidad creativa y carencia de cultura democrática.

Los costos económicos y logísticos de una campaña de esa magnitud, en el futuro, serán motivo de estudios minuciosos. Las evidencias del manejo de recursos en efectivo al margen de la ley electoral son de dominio público. El fuero del poder le permitió con cinismo llamar «aportaciones al movimiento» a los dineros obtenidos a través de complicidades de políticos y operadores reclutados por sus hermanos. El libro *El rey del Cash* desnudó los delitos electorales y fiscales cometidos por el candidato y su círculo cercano, durante varias décadas. Delitos que permanecen y permanecerán impunes mientras el régimen continúe en el poder. Su argumento para justificar las tropelías es simple: «los neoliberales robaron más».

La capacidad de López Obrador para manipular conciencias, personajes y convencerlos de sus ideas políticas fue su herramienta principal. En poco tiempo, reclutó a toda la clase política podrida formada en un sistema sacudido por la alternancia y una débil e incipiente democracia. Esa débil democracia le abrió la puerta para lograr su objetivo y, en solo un sexenio, erosionar y destruir los escasos avances.

Durante su mandato, la clase política rápidamente adoptó la nueva doctrina, abrazando la ideología añorada del apogeo del viejo partido hegemónico, con un agregado pernicioso: su repudio por el conocimiento y meritocracia y la idolatría a la ignorancia y mesianismo disfrazado de austeridad. La austeridad intenta disfrazar la voracidad por los recursos públicos ante la incapacidad para generar inversión y riqueza.

La base electoral centra su fuerza en convencer a las clases populares, marginadas y olvidadas por décadas, del valor de un nuevo nacionalismo revolucionario y populismo estatista que fracasó hace cinco décadas y ahora es retomado como bandera de un pasado no superado, con políticas con tintes medievales y adoctrinamiento ajeno a toda vocación democrática. Todo en aras de obtener y conservar el poder para manejar el erario, sin rendir cuentas a nadie.

Los partidos tradicionales que llenaron con militantes al nuevo régimen son ahora despojos de una oposición negligente y corrupta con el estigma de haber saqueado el país durante décadas. Nunca evolucionaron, se quedaron anclados en la desidia, apatía y cinismo político. Generaron hartazgo social capitalizado por la izquierda que toma el poder, ante la coyuntura de una transición democrática frágil e incompleta.

Los cambios democráticos logrados en los últimos cuarenta años abrumaron a los partidos, acostumbrados a ganar elecciones con trampas y a repartir el botín cíclicamente. Por su negligencia y corrupción, fueron incapaces de evolucionar y ofrecer alternativas a la ciudadanía, que manifestó su hartazgo social en las urnas abiertas a la alternancia y optó por un nuevo régimen enredado en la bandera de la honestidad, y ha mostrado su verdadero rostro de ineptitud, negligencia y corrupción una vez en el poder.

Los acontecimientos e historia alertan: democracias incipientes son capaces de llevar al poder a dictadores y dictaduras. El ascenso a través de las urnas del partido nazi lo demostró hace casi un siglo. Uno de los peores genocidios en la historia de la humanidad, fue perpetrado por el partido nazi, elegido en un país, Alemania, con una democracia débil e incipiente. Algunos países y partidos no aprendieron la lección histórica.

Los partidos tradicionales, ahora de oposición y que dilapidaron la oportunidad de consolidar la democracia, se encuentran desnudos y en los huesos, manejados por políticos cínicos, rapaces y soportados por raquíticas cuotas de poder. Empiezan a desaparecer como el PRD y son sustituidos por un nuevo régimen, un camaleón que únicamente cambia la piel de color, con las mismas practicas aprendidas en el pasado y envuelto en la bandera de una transformación que intenta llevar el país, otra vez, a un régimen de partido de Estado, sin oposición y sin contrapesos.

Está por verse qué dice la sociedad opositora, atacada y decepcionada por el régimen. Se polariza y soporta la intemperie ante la ausencia de Estado de derecho, en franca desigualdad respecto al poder público. Un cúmulo de votantes diversos aún no asimilan la llegada de un régimen pernicioso al poder, la explicación podría ser simplista, el hartazgo social tenía límites y los Gobiernos recientes los rebasaron, igual que en muchas ocasiones anteriores; con una diferencia: ahora se abrió la puerta para elegir entre opciones y parece eligieron la peor de todas.

Todas las alternativas presentadas por los partidos han sido nefastas para el país. Aun así, no se puede minimizar el México actual, son ciento treinta millones de habitantes con enorme poder en todos sentidos, que van a exigir resultados, sin excusas ni pretextos. Una sociedad civil capaz de vencer al PRI debe ser capaz de vencer a su engendro.

Los cuestionamientos tienen bases y argumentos, el pésimo desempeño del régimen acumula evidencias. El Gobierno muestra tintes radicales, ha ignorado principios elementales que propician el desarrollo de los países; y su concepto de pueblo ignora que el sostén fundamental de cualquier democracia son los contribuyentes, no el pueblo como pasión abstracta inexistente. El Gobierno es incapaz de generar riqueza: cuando la genera, es corrupción entre sus aliados. El erario es producto del trabajo e inversión de la sociedad civil para mejorar servicios públicos y bien común, no propiedad del régimen para dilapidarlo.

La ausencia de contrapesos en el poder es la principal causa de impunidad y conductas irresponsables de los Gobiernos de cualquier ideología. Renuentes a imitar políticas públicas exitosas y basadas en evidencias y conocimiento sólido. La carencia de contrapesos facilita conductas unipersonales de caudillos, pillos y caciques de la política.

Las naciones con Gobiernos democráticos sólidos y alternancia en el poder tienen controles y límites para lograr desarrollo consistente. Los países más evolucionados del mundo también tienen problemas y pendientes; la diferencia: los afrontan con acciones consensuadas en parlamentos profesionales, enfocados en un desarrollo evolutivo e infinito.

Los países desarrollados en el mundo moderno no son obra de la casualidad, tampoco producto de monarcas, reyecitos o tiranuelos de republicas rezagadas. Los países fincan su desarrollo en una vocación democrática y cultura política encabezada por un Estado de derecho sólido, consolidado por Gobiernos democráticos subsecuentes, división efectiva de poderes y elecciones libres. En materia de administración pública, privilegian la educación como principal palanca de desarrollo; el empleo como mejor programa social; el mercado como herramienta de equilibrio; órganos autónomos que privilegien la rendición de cuentas; y medios de comunicación independientes del poder político.

Las ideologías son un absurdo en el mundo moderno, cada una de ellas ha demostrado en la historia reciente sus defectos y virtudes y la experiencia permite aplicar aquellos principios que han dado resultados en menor tiempo y mayor beneficio a mayor número de personas. Cada ideología ha tenido la oportunidad de evaluarse en diversos países, continentes y culturas. Aferrarse a fracasos históricos es necedad. La información de lo que funciona está disponible, la toma de decisiones para usar las evidencias con sabiduría compete a la soberanía de cada nación. Ningún país va a venir a resolver los problemas de acá. Se requiere enderezar el rumbo y consolidar alianzas para integrar un modelo de país incluyente y democrático. No hay secretos, es trabajo duro y preparación.

Evidencia de éxito en países democráticos

El Estado de derecho es un prerrequisito para garantizar el desarrollo en cualquier nación. Gobernar aplicando un sistema de justicia basado en una legislación robusta que privilegie los derechos humanos es la esencia de un país democrático. Los derechos humanos incluyen necesariamente a las minorías y solo un sistema de justicia independiente y eficiente es capaz de preservarlos y defenderlos. Para cumplir este principio, se requiere división de poderes, rendición de cuentas, órganos autónomos y acatar los principios universales de derechos humanos. Todo lo demás es simulación.

Hasta ahora, la democracia ha demostrado que no es un sistema político perfecto; ninguno lo es, pero es el menos malo de los existentes en la historia de la humanidad. Cuando otro sistema demuestre mayor éxito, podrá cambiarse; la evolución política, igual que la humana, es infinita.

Las elecciones libres y equitativas en un marco de legalidad garantizan legitimidad y capital político a los Gobiernos, lo que facilita tomar decisiones en un marco de paz social y gobernanza. Aun así, no es suficiente, la población también puede ser manipulada cuando los grados de escolaridad y educación son deficientes y el régimen tiene el control de la información y medios que la difunden.

La creación de contrapesos adquiere su verdadera dimensión cuando de llegar al poder se trata. Los personajes que aspiran al poder deben tener una preparación personal sólida; sensibilidad social y vocación democrática. Los méritos y cualidades pueden y deben ser evaluados. El juicio que permita su participación no es una cuestión de género, poder político o económico, sino de méritos y capacidades personales demostradas en hechos tangibles. Quien tiene la capacidad de dictaminar requisitos es un grupo de notables ajenos a intereses políticos y económicos. Las decisiones deben ser colegiadas y discutidas en foros abiertos y públicos. Lejos está México de estos principios esenciales.

En un mundo globalizado, ningún país puede estar aislado, es imperativo evolucionar social y políticamente. El conocimiento y tecnología crecen con rapidez y las relaciones económicas se estrechan y fortalecen. Las naciones deben estar abiertas a realizar alianzas con países de todo el mundo.

El libre mercado no acaba con los problemas económicos ni con la pobreza, tampoco inhibe monopolios o corrupción, eso corresponde a otros entes; pero es evidente que facilita la competencia, limita y equilibra. La economía no busca esquemas o condiciones ideales o perfectas, busca equilibrio. Al Gobierno le corresponde impulsar una regulación bien instrumentada y justa.

Los países con mejor desarrollo humano no son casualidad, tienen como base altas cargas tributarias para los contribuyentes. Las altas tasas de recaudación se convierten en servicios públicos de calidad, prestaciones y derechos, en síntesis, un mejor nivel de vida.

La diferencia con los países como México es que acá las tasas tributarias son selectivas y extractivas para los ciudadanos, sin otorgar servicios públicos de calidad. El erario es fuente de corrupción y despilfarro sin consecuencias para la clase política. Las decisiones de inversión y ejercicio de los recursos están supeditadas a los caprichos y dislates de gestiones sexenales sin contrapeso alguno, manifestación clara de la falta de procesos democráticos en el ejercicio del servicio público. México no es un país pobre, es un país mal administrado que ha generado pobreza por la carencia de una democracia sólida, manejada por una clase política extractiva y corrupta.

El beneficio de la evolución política con sólido Estado de derecho es evidente y los casos exitosos abundan. Un ejemplo claro es la socialización del costo de los servicios médicos, una administración adecuada de los recursos incrementa alcances y logra impactos acelerados en materia de medicina preventiva y curativa. Además, se puede potenciar la calidad de servicios con esquemas mixtos de inversión público-privada, regulada con una legislación robusta.

La administración moderna demanda una instrumentación acorde con las necesidades de cada país, con principios globales de buenas prácticas. La salud es un patrimonio individual y colectivo, mantener una población sana la hace productiva y genera capital social y riqueza.

El objetivo primordial de un sistema de salud moderno es mantener a su población sana y recuperar con oportunidad, calidad y celeridad a toda persona que curse un cuadro mórbido. El principio tiene como base una premisa elemental: más valor tiene un gramo de prevención que toneladas de curación. Esto lleva a considerar que un sistema de salud universal, eficiente, de calidad, con enfoque preventivo y financiamiento garantizado, es un imperativo para lograr mejor desarrollo humano.

El otro componente esencial en el servicio público es la educación, principal palanca de desarrollo humano; apostarle a la educación de las personas es una garantía de éxito en el desarrollo a largo plazo. El conocimiento forma mejores seres humanos, genera riqueza y expande el capital social, detonando innovación, creatividad y nuevas verdades.

La libertad de expresión y los medios de comunicación independientes al poder político y económico son un contrapeso esencial para lograr equilibrio en el ejercicio del poder. Los medios de comunicación deben conquistar audiencia y obtener sus ingresos de esa conquista y no del dinero que obtienen del erario, escribiendo para agradar al Gobierno. El pago del régimen a los periodistas es un despropósito naturalizado y arraigado en el contexto nacional y global. Los medios deben vivir en la intemperie de la independencia del poder. Cuando no es así, se convierten en cómplices, zalameros, y traicionan a su audiencia por dinero.

Con mayor o menor evidencia, cada uno de los rubros ejemplifica que existe experiencia y conocimiento para instrumentar mejores sistemas políticos en las naciones. El problema se crea por la falta de un eslabón que trunca el proceso. Los políticos ven la ciencia y conocimiento como amenazas y, en su lugar, utilizan la simulación y manipulación ante las masas como herramientas para lograr el éxito. Por ello, pocos trascienden realmente. Los grandes estadistas son escasos, poco imitados. La mayoría de los personajes que acceden al poder, al pasar por la evaluación de los hechos documentados y el tamiz del implacable juicio de la historia, terminan en el justo sitio que les corresponde: la ignominia.

La izquierda y sus dolores

La izquierda, en teoría, es una corriente política que se caracteriza por defender los intereses de poblaciones más desfavorecidas de una sociedad: trabajadores, población de bajos recursos, marginados y minorías. En la realidad práctica, se alejan en demasía de esos principios. La conclusión es: no hay ideologías buenas y malas, son las personas que las ejercen quienes dan valor o destruyen los principios. Cuando destruyen los principios, condición inherente a la política, las ideologías se convierten en un absurdo.

La izquierda aboga por la igualdad social, redistribución de riqueza, protección de derechos laborales, intervención del Estado en la economía, control de servicios públicos; y cuestiona políticas capitalistas, monopolios; y tiene como enemigo mortal al neoliberalismo.

La izquierda en México tiene larga historia y ha evolucionado en la medida que los diferentes sistemas políticos se lo han permitido. Siempre ha estado presente en el escenario social, ha sido apéndice de grupos específicos como sindicatos y partidos con tendencia socialista, gremios que los aceptan como parte de una historia larga de luchas entre empresarios y obreros, ante la indiferencia de quienes detentan el poder y que solo atendían sus demandas y conflictos cuando afectaban intereses políticos o electorales.

El trabajo de la izquierda estaba enfocado en formar grupos de choque que manifestaban y defendían las demandas de los trabajadores. En el siglo XIX, se inició su participación sin presencia política importante y se incrementó al aparecer una ideología comunista y anarquista a principios del siglo XX; y en México, nunca había tenido una fuerza política mayoritaria.

Los anarquistas fueron opositores férreos al régimen de Porfirio Díaz y mantuvieron latente y viva la necesidad de terminar con su dictadura. La postura radical de los hermanos Flores Magón fue una piedra en el zapato para el régimen de Díaz. Hostigados, reprimidos y exiliados, pagaron un alto precio por su oposición al dictador.

El partido comunista mexicano se fundó en 1919, integrado por obreros y campesinos; y su objetivo esencial era la demanda por derechos laborales y agrarios. En 1948, se integran en el partido popular socialista.

Después de la revolución, el Gobierno de Lázaro Cárdenas inicia administraciones sexenales y, durante su mandato, trabajó con claros principios de izquierda, tratando de cumplir los objetivos de la revolución. Como premisa, incluía recuperar la dignidad de las clases marginadas. Los Gobiernos subsecuentes no continuaron su política. Al término del mandato de Cárdenas, Ávila Camacho fue el último presidente de corte militar y elemento de transición para entregar el poder a la sociedad civil.

En solo dos sexenios, el país pasó del Gobierno militar de Cárdenas, enfocado en obreros y campesinos, al de Alemán, un Gobierno civil para empresarios.

La izquierda mexicana incrementa su presencia con la formación del Partido Socialista Unificado de México, partido que desapareció a mediados del siglo XX y reinició participación política y electoral cuando se sumó en coalición con las corrientes integrantes del Frente Democrático Nacional en 1987. El Frente unificó diversas ideologías con tendencias de izquierda y se consolida como partido político con la creación del PRD en 1989.

Durante el régimen priista, la izquierda no logró consensos o mayorías. Ante esa realidad, en México se convirtieron en grupos de choque, de oposición sistemática al Gobierno en turno, sea de cualquier afiliación; esa labor los mantuvo vigentes.

La mayoría de los Gobiernos del último siglo se caracterizaron por su ineficiencia y corrupción sistémica. Con esa realidad, la izquierda mantiene su bandera, reclamos de justicia y derechos para los desposeídos ante malos Gobiernos; sus demandas siempre han tenido enorme eco social. Sin embargo, no habían tenido oportunidad de acceder al Gobierno y demostrar capacidad para corregir los males que cuestionan. Ante su realidad, esperaron agazapados y siempre al acecho del poder.

Cuando han logrado ganar elecciones, ha sido consistente su incapacidad para gobernar con eficiencia; antes bien, aparecen las profundas limitaciones y la realidad los desnuda. Su formación política se concentra en provocar, demandar, violentar, criticar con espíritu destructivo, ante la carencia de capacidad creativa. Drenan resentimientos acumulados, heredados por generaciones, y manifiestan una animadversión y violencia por cualquier ideología ajena. La prioridad es confrontar. Debe asentarse que hay excepciones, pero han sido eso, excepciones, sin una corriente sólida que aglutine fuerza social y electoral.

Ganar electores para la izquierda no ha sido fácil. La derecha es su enemigo por vencer, ambos tienen posturas encontradas en temas sociales y económicos. El Gobierno de Lázaro Cárdenas, con el impulso de sus políticas populistas y nacionalismo estatista, despertó entre las clases intelectuales y empresariales la necesidad de institucionalizar la oposición a través de la creación de un partido político. De ahí nació el partido Acción Nacional, partido de derecha con algunas prácticas democráticas, que esperó décadas hasta ser un verdadero contendiente para el dinosaurio priista. Su paciencia rindió frutos hasta el año 2000, con dos presidentes sucesivos emanados de sus filas, solo para demostrar que sus fracasos electorales durante décadas no era cuestión de ideología, sino de ineptitud política.

La clase política mexicana tiene una cultura arraigada de indolencia y corrupción como base para progresar en cargos públicos; a través del amiguismo y compadrazgo y el pan al llegar al poder, replicó las mismas prácticas del viejo sistema.

Los dos presidentes panistas, en los años 2000-2012, como muchos de sus antecesores priistas, no estaban preparados para un cargo de tal magnitud y sus Gobiernos terminaron, como todos, en el descredito histórico. La carencia de dos factores fue esencial, no tenían la sensibilidad social ni la capacidad intelectual para gobernar un país complejo en extremo y diverso en composición social, que arrastra problemas estructurales centenarios. A la cabeza de todos, la falta de Estado de derecho.

Los resultados y hechos reflejados en la realidad cruda demostraron que más allá de la ideología, son los perfiles y personas quienes demeritan o dignifican con sus conductas y decisiones el manejo del poder público.

Las propuestas de izquierda no habían tenido el apoyo social por ser proclives a la violencia y manifestaciones sociales permanentes. La mayor aglutinación de fuerzas de izquierda en México tiene su punto de inflexión en 1988 y su participación electoral de pronto surgió como fenómeno social.

Se conjuntaron varios factores: una inconformidad al interior del partido de Estado, de personajes que se consideraban herederos del sistema; la conducta impermeable de varios presidentes que no supieron interpretar los cambios en la evolución de una sociedad plural y se resistieron a cambiar el patrón político heredado; sumado al hartazgo social de corrupción, ineficiencia y monopolio del Gobierno, que concentraba recursos, elecciones y cargos en un partido y sus líderes.

La sociedad, ajena al manejo de los intereses nacionales y utilizada por el partido de Estado solo como treta para organizar elecciones sin una participación efectiva, apostaba a una vía electoral falsa para tomar decisiones y esperar que el nuevo Gobierno fuera mejor que el anterior. Las opciones políticas atendían solo intereses de partidos que eran y son sinónimo de corrupción.

En 1987, la izquierda mexicana se une en torno a un movimiento político encabezado por Cuauhtémoc Cárdenas. Una coalición heterogénea, anárquica y dispersa, unida en torno a un caudillo, que acaparó la candidatura de la izquierda a la presidencia de la república en tres elecciones consecutivas. No fue suficiente, fueron derrotados en todas.

El sistema tenía muchos años enquistado, estaba claro que no sería por la vía electoral como la izquierda llegaría al poder, en ese momento. El control del erario, medios de comunicación y clase empresarial parecían enemigos invencibles. La percepción personal de ser heredero del sistema creado por su progenitor tampoco fue suficiente.

El aporte de Cuauhtémoc no fue menor: abrir grietas en el monolito solo alguien con su peso político e histórico al interior del partido lo podía hacer, conocía las entrañas y debilidades de su partido, el PRI. Y como reza el dicho popular, «para que la cuña apriete, debe ser del mismo palo».

Después de perder la elección del año 1988 con un burdo fraude, la corriente democrática inició la confrontación con el

Gobierno, que hasta entonces no solo organizaba y calificaba las elecciones, también reprimía y apagaba protestas.

Los fraudes históricos en el partido oficial fueron tolerados durante décadas por los disidentes que ahora los denunciaban. El Frente Democrático Nacional, después de la derrota, forma el Partido de la Revolución Democrática, el PRD, partido que integra un conjunto de corrientes ideológicas y partidistas. Aglutina personajes inconformes de todos los partidos existentes hasta entonces. La mayoría eran militantes, dirigentes y líderes que fracturaron el PRI y lo convierten en su villano favorito y bandera para hacer crecer la «nueva corriente democrática», encabezada por Cuauhtémoc Cárdenas y Porfirio Muñoz Ledo. En realidad, se convirtió en un engendro del PRI, una transición hacia su refundación y refugio de todo, disidentes, inconformes, traidores, oportunistas y tribus rechazadas dentro del monolito. Y siempre, como marca la tradición, en torno a la personalidad de un caudillo.

La diversidad de personajes y grupos generó un partido con luchas internas, corrientes múltiples y divisiones que limitaron su consolidación. Su apogeo llegó cuando empezó a ganar elecciones y cargos públicos, sus integrantes formados en el PRI conocían prácticas fraudulentas para ganar elecciones, elementos nominados en el ambiente como mapaches profesionales. El triunfo más emblemático y que abrió las puertas al poder a la izquierda fue su triunfo en elección para jefatura de Gobierno de la Ciudad de México en 1997, con el eterno Cuauhtémoc Cárdenas como su candidato.

Los triunfos electorales empezaron a crecer y, en el año 2000, perdieron nuevamente la presidencia con Cárdenas como candidato. Por primera vez después de la revolución, hay alternancia en el poder presidencial, la gana el PAN con Vicente Fox. La debilidad del PRI en ese momento también abrió la puerta para que el partido de izquierda, el PRD, ganara la jefatura de Gobierno de la Ciudad de México con Andrés Manuel como su candidato; y el partido crece en el Congreso, con gran número de diputados y senadores.

En el año 2006, la candidatura de López Obrador expulsa del escenario político a Cárdenas, después de dieciocho años de su insistencia por ser presidente. Perdió una elección cerrada, que el tribunal otorgó al PAN, con Calderón como candidato. Fue el punto de inflexión para la fractura del PRD. Frustrado y cargado de resentimiento contra todo y contra todos, culpó de su derrota a la mafia del poder.

Con los rasgos priistas más acendrados, el PRD gana elecciones locales y curules. Sin embargo, la conformación de cuadros sin preparación política mostró sus carencias y debilidades. Pobre institucionalización, anarquía, pugnas internas, líderes ineptos y luchas intestinas por el poder y los recursos obtenidos del erario por prerrogativas. Una izquierda sin preparación política y administrativa que llegaba a perpetuar malos Gobiernos, alimentar la corrupción y el saqueo de las arcas públicas.

El PRD arropó personajes disidentes de oscuro pasado, con origen en el viejo sistema. Y fiel a la tradición de todos los partidos, cerraron las puertas a la ciudadanía y se atrincheraron en su coto de poder, repartiendo favores, recursos y candidaturas con el viejo método del PRI. Una lógica esperada, nunca conocieron otra forma de hacer política, solo la del PRI. El nuevo partido no formó cuadros con vocación democrática, como lo demandaba su propio nombre; nacía una nueva forma de hacer política en México, llamada «partidocracia», dedicados a ganar elecciones, obtener recursos del erario, cerrar puertas a la sociedad civil y, por supuesto, disfrazándose de demócratas de izquierda, pero viviendo de los privilegios pagados con el erario en su pequeño reino partidista. Conducta que siguieron todos los partidos del país, sin excepción.

La ciudadanía percibe la simulación, falta de opciones democráticas, candidaturas de impresentables de todos los partidos y reparto de botines. La respuesta ciudadana fue el menor de los males, alternancia en el poder de diferente partido, durante dos décadas.

La partidocracia invadió a todos y la ciudadanía, por enésima ocasión, era excluida de una participación democrática. Los partidos crearon su propia burocracia, llena de privilegios, legislando y apoyando iniciativas de Gobiernos afines a sus intereses y debilitando las instituciones creadas como contrapesos al poder, anteponiendo intereses de partido. La ley electoral fue modificada para que los partidos recibieran prerrogativas sin mayor esfuerzo y todas las elecciones debían ser financiados con cargo al erario. Los partidos se convirtieron en negocios familiares y de caciques que modifican estatutos para reelegirse eternamente si lo desean.

El argumento perverso para otorgar prerrogativas fue que se quería evitar el uso de recursos de procedencia ilícita o del crimen organizado. Argumento irrelevante considerando la complicidad del Gobierno con el crimen organizado como se ha documentado, con las detenciones del general Cienfuegos, la sentencia de García Luna, la captura del mayo Zambada y la investigación que documentó la aportación de recursos por el crimen organizado a la campaña del 2006 de López Obrador, publicada en el *New York Times*, donde se confirma que la investigación fue detenida por el presidente Barack Obama por razones políticas. Se agregan, además, en las recientes elecciones, los casos de asesinatos, decapitados, control de territorio y nominación de candidatos por los cárteles.

La izquierda se descompone

La izquierda mexicana, durante décadas, mantuvo la misma tónica autoritaria, antidemocrática y caciquil de sus raíces priistas. La izquierda «moderna», emanada en el año 1987, en seis elecciones presidenciales presentó a solo dos candidatos: las tres primeras, Cuauhtémoc Cárdenas; y las tres últimas, Andrés Manuel. Una clara conducta caciquil. Dos caudillos secuestraron el partido para saciar sus apetitos, durante tres décadas, sin formar un solo cuadro político y cerrando la puerta a cualquier otra candidatura. Ni partido ni revolución ni democrático. Solo formaron una mafia caciquil.

La falta de líderes, formación de cuadros y renovación generacional los convirtió en una corriente caciquil y autodestructiva. Elección tras elección de sus dirigentes, los pleitos, pugnas y violencia política fueron la constante.

Llegó a límites extremos, formar tribus y corrientes encontradas y opuestas al interior del propio partido, con líderes, caudillos y disidentes de todo tipo. Fraudes en sus elecciones internas y venganzas políticas que incluyen una expresidente del partido en la cárcel: Rosario Robles.

Un partido, auténtico engendro del PRI, pero sin disciplina alguna; anarquía al más puro estilo PRD; semilla de la nueva izquierda radical mexicana que se incubaba en el horizonte, una corriente de piel morena.

La debacle definitiva empezó cuando el fundador y líder del partido, Cuauhtémoc Cárdenas, renuncia al partido en noviembre de 2014, después del acontecimiento de la desaparición de cuarenta y tres estudiantes de la escuela normal de Ayotzinapa y conocerse los vínculos de líderes del partido con autoridades involucradas en la desaparición.

Fue el principio del fin de la izquierda emanada del PRI, que empezó a perder elecciones, partidarios; y culminó con una autodestrucción anunciada. Fue, piadosamente, una muerte rápida. Perdió el registro como partido nacional en la elección de 2024. De su agonía surgió el éxodo hacia el movimiento encabezado por el eterno caudillo López Obrador, quien, con su liderazgo unipersonal, llevó a todos los que lo siguieron y le creyeron a la tierra prometida, el poder presidencial, con el movimiento de regeneración nacional, Morena, engendro de dos pasados oscuros, el PRI y el PRD, abuelo y padre respectivamente.

Las elecciones de 1988 y 2006 fueron reñidas, los votos a favor de los caudillos no alcanzaron para vencer al dinosaurio que representaba el sistema. La primera, apoyada en la intervención y control de la elección por el propio Gobierno; y la segunda, con una burda participación de medios de comunicación, empresarios y Gobierno para descarrilar la candidatura de la izquierda; utilizaron desde un intento de desafuero hasta una guerra sucia en medios.

De esa elección de 2006, surgió como personaje político nacional Andrés Manuel, quien manifestó abiertamente su obsesión por ser presidente de la república. De acuerdo con su percepción, le robaron la presidencia, hecho que continúa generando polémica, pero que nunca se demostró y se convirtió en un mito magnificado por las leyendas urbanas de la toma del paseo de la Reforma.

La ira y belicosidad del candidato al sentirse despojado fue más intensa que la mediocridad y parsimonia de un órgano electoral manejado por un presidente paralizado por el miedo, que salió a declarar, cerca de la medianoche, que no podía emitir un resultado preliminar. Pasará el resto de su vida tratando de justificar su actuación en ese momento crucial. Se agrega al escenario de esa jornada un presidente de la república, Vicente Fox, con ineptitud manifiesta y con el peso de un desafuero fallido contra el candidato de oposición.

La obsesión por el poder de Andrés Manuel fue observada y descrita con aguda puntualidad por el escritor Enrique Krauze, quien lo entrevistó poco antes del proceso electoral y a partir de ese encuentro publicó, en junio de 2006, un artículo titulado «El mesías tropical», en alusión irónica y contundente al comportamiento observado en el candidato, quien estaba convencido del poder existente en el trópico. El escritor descubre en el personaje inspiraciones profundas y perturbadoras generadas por experiencias teológico políticas drenadas en el cargo de presidente de la república, años después.

El escrito generó una reacción de rechazo excesiva y profunda en el candidato, que posteriormente convirtió en enemistad y rencor que prevalece a través de los años; y una vez conquistada la presidencia, sus obsesiones permitieron drenar sus resentimientos contra el escritor. El poder expresa el verdadero talante del personaje que lo asume. La personalidad de Andrés Manuel, mesiánica, narcisista y con francos rasgos de sociopatía, estalló en la presidencia.

En ese PRD, con su corrupción, caciques y pugnas internas, fue incubado y creció sin contrapesos. Esa elección de 2006 desnudó los intereses confrontados entre partido y candidato, que obsesivamente demandaba lealtad absoluta y ante el mínimo atisbo de confrontación explotaba con rencor desmedido e increpaba a los dirigentes que pretendían llamarlo tímidamente al orden constitucional. Perdió una elección calificada por el tribunal electoral y ese hecho, según las leyes vigentes, era inatacable. Jugó y compitió contra un sistema que él conocía, un sistema incapaz de permitir la derrota, y con reglas establecidas de antemano, él tampoco la aceptó. Un estigma que lo perseguirá por el resto de su vida.

La escalera rota

La elección de 2006 dejó honda huella en la izquierda nacional y se escribieron algunas toneladas de tinta en papel para describir el suceso. El proceso electoral cambió la percepción política de López Obrador y, fiel a su formación en el viejo sistema autoritario, siguió el único camino posible para llegar a la presidencia de la república: vencer el sistema con sus mismas armas, en su propio campo y con sus propias reglas; y si no ha de ser por las buenas, será por las malas.

Todos los caudillos históricos lo hicieron en su momento de la misma manera: Iturbide, Guerrero, Santa Ana, Juárez, Porfirio Díaz, Huerta, Carranza, Obregón, Calles…, por mencionar los más emblemáticos caudillos y traidores. Todos llegaron al poder por las buenas o por las malas.

La secuela de su conducta se sembró como impronta imborrable en todos los presidentes de México, sin evolucionar, sin modificar un ápice los rituales absurdos durante casi dos siglos.

El país ha sido secuestrado por una clase política anquilosada, sin vocación democrática, detenidos en el tiempo, inmersos en un mundo que evoluciona y donde ellos se mantienen con una ceguera ideológica que les impide pensar.

Después de la elección de 2006, los cambios jurídicos en los procesos electorales se profundizaron, una elección definida por menos de un punto porcentual en las votaciones requería cambios en la ley.

Los cambios se realizaron y el árbitro electoral fortaleció su autonomía y propició elecciones competidas y abiertas, aunque aún con grandes deficiencias en la aplicación de normas. De manera perversa y particular, los árbitros electorales son omisos en el monitoreo del manejo de recursos utilizados en las campañas. El uso de recursos ilegales provenientes de fuentes no reportadas, por intereses económicos y políticos o del crimen organizado, siempre ha estado latente en el escenario nacional. Pero, como dice el refrán, nadie quiere poner el cascabel al gato o tomar el toro por los cuernos, es más cómodo hacerse de la vista gorda.

Prudentemente, el órgano electoral ha sido omiso y voltea para otro lado. En cambio, con un claro sesgo discriminatorio, a los candidatos independientes que pretenden participar los fiscalizan con lupa, les cierran la puerta y niegan recursos ante cualquier amago de llegar al poder. Son los partidos, sus reglas, sus árbitros electorales y sus cargos públicos, su país y su erario como botín. La sociedad civil está vetada, solo se le permite votar y debe tolerar fechorías ante la evidente falta de Estado de derecho.

La elección de 2012 fue una nueva oportunidad para López Obrador y su movimiento de izquierda para llegar a la presidencia de la república.

Las pésimas administraciones panistas y sus secuelas en economía, seguridad, combate a la corrupción, empleo, educación y salud fueron desastrosas; además de tener un apetito voraz para saquear el erario con negocios al amparo del Gobierno. La población, harta de la ineficiencia y saqueo, ya no votaría por el PAN y tenía dos opciones: la izquierda radical, representada por López Obrador, candidato por segunda ocasión, con toda su estela de antecedentes, que vislumbraban autoritarismo, mesianismo disfrazado de austeridad, ineptitud y un peligroso retorno al pasado; o bien el viejo régimen del PRI, representado por la nueva generación de políticos encabezados por su candidato, Enrique Peña Nieto, exgobernador del estado de México. Representante del viejo partido de dinosaurios, con una imagen personal pulcra e impecable, magnificada por la televisión, pero con antecedentes de una ineptitud política profunda.

La votación otorgó el triunfo a Peña Nieto. Por supuesto, la elección, como todas, no estuvo exenta de trampas. El reparto masivo de tarjetas de débito para comprar votos, con depósitos en efectivo, fue ilegal, pero innovador.

La alternancia en el poder presidencial durante dos décadas construyó una incipiente democracia y una escalera rota para acceder al poder, aun con peldaños inexpugnables, donde el dinero manda y las trampas para ganar elecciones siguen vigentes. Esa escalera carcomida sirvió para cambiar de partido en el poder y abrió la puerta para elecciones nunca limpias, pero sí más competitivas.

El candidato del PRD, con su talante autoritario y nunca pierdes, impugnó la elección de 2012. Ante la contundencia de los votos y la falta de elementos para revertir el resultado, por segunda ocasión, tuvo que digerir el veneno de la derrota y replegarse por un tiempo.

Después de relamer sus heridas y digerir una buena dosis de veneno por el resentimiento, se recompuso y vuelve con mayor ahínco. Empeñado en usar las mismas herramientas del sistema, ante las dos afrentas que le cerraron la puerta para ser presidente de la república, desintegra el PRD y crea su propio movimiento. Rompe con el partido que lo encumbró, tomó el cascajo, desechos políticos y formó un engendro emanado del único sistema existente.

Aferrado a su obsesión por ser presidente, tomó exactamente las mismas estrategias del partido donde se formó. Su movimiento, Morena, remplaza al viejo sistema en el escenario nacional y, ante la negligencia e ineptitud política de dirigentes en partidos tradicionales y el hartazgo social por la corrupción del Gobierno, crece vertiginosamente y los dinosaurios de todos los partidos, antes que el meteorito impacte y los extinga, cambian de camiseta sin pudor alguno y se adaptan a los nuevos tiempos del «mesías tropical». Lealtad absoluta que raya en el fanatismo y apoyan su movimiento. Perciben la realidad cruda, con ese gran sentido de oportunidad para anticipar el peligro que tienen los traidores. La sociedad no votaría nuevamente por el PRI después del Gobierno desastroso de Peña Nieto.

El Gobierno de Peña Nieto colocó, con su estela de corrupción e ineptitud, el último escalón a la escalera que encumbró a López Obrador a la presidencia de la república, que, para ese momento, había encontrado la forma de fortalecer su movimiento con recursos recopilados en efectivo y en sobres amarillos, de fuentes desconocidas e impronunciables. El último eslabón aprendido del sistema, la compra de votos completaba sus eslabones. Cumplió el principio: si no era por las buenas, sería por las malas. La escalera de la democracia era frágil, pero estaba completa, sin obstáculos.

La creación de Morena durante el sexenio de Peña Nieto creció con cada crisis política de su Gobierno. El rechazo a las reformas estructurales, los desaparecidos de Ayotzinapa, la Casa Blanca, las masacres y los casos de corrupción de sus amigos y colaboradores más cercanos; cada crisis fue abono que hacía crecer el movimiento de la izquierda.

En realidad, Morena no existió nunca. Es un engendro creado en torno al «mesías tropical» que reclutó a la clase política podrida formada en el viejo sistema. Se agregaron entenados de la peor calaña política a la cabeza de todos, el hijo vividor, drogadicto, vago, corrupto y miserable de la política, el Partido Verde.

Viejos y acabados, padre y abuelo pagaron consecuencias al engendrar e incubar el dinosaurio disfrazado de austeridad republicana. Viejos y abandonados, los dos partidos, PRI y PRD, quedaron al borde de la extinción, heridos de muerte, aún con signos vitales el PRI, ya sin posibilidades de retornar al escenario nacional como partido dominante. Paulatinamente, perdió elecciones federales, estatales y municipales. El PRD se desintegró lentamente y fue limitado a una mínima votación federal. El ciclo se cumple, el hijo acaba con su progenitor sin remordimiento alguno, el caudillo y cacique del partido se lleva toda su fuerza monolítica aprendida del viejo partido en busca del poder y convierte a Morena en opción para ganar la presidencia.

Se cumple puntualmente la consigna: vencer al dinosaurio con sus mismas trampas y en su propio terreno, por las malas. Así, edificaron el último escalón de la escalera, la compra de votos ahora se realiza con efectivo recopilado en sobres amarillos.

La derecha, némesis de la izquierda

La derecha, en teoría, es una corriente ideológica caracterizada por sus posturas que pretenden mantener las tradiciones y jerarquías sociales, económicas y políticas. Privilegia la propiedad privada, el libre mercado y la autoridad. Es la némesis y enemigo mortal de la izquierda. En la práctica, alejados de esos principios, al llegar al poder en México, dos Gobiernos consecutivos demostraron corrupción, voracidad por el dinero y profunda ineptitud política y administrativa.

La derecha en México tuvo su punto de inflexión en el siglo XIX. Su influencia económica y política acorraló el régimen de Benito Juárez y, en franco ataque a la soberanía, ofrecen el Gobierno de México a un descendiente de la nobleza europea. Apoyan la integración del segundo Imperio mexicano con el arribo de Maximiliano de Augsburgo. El origen del conflicto fue la venganza contra Juárez por la promulgación de las leyes de reforma que separaban la Iglesia del Estado.

El efímero Imperio de Maximiliano (1864-1867) pierde el apoyo de Napoleón III y de los propios conservadores que lo trajeron. Las leyes emitidas por el emperador fueron más liberales que las del propio Juárez; en ellas, procuraba mejorar condiciones laborales de los trabajadores. Los conservadores se irritan y retiran apoyo político y económico.

El emperador queda en la intemperie y solo en un país extraño. Es sitiado, sentenciado y fusilado en Querétaro en 1867. El triunfo de los liberales y la decepción de los conservadores los lleva a replegarse. Retoman sus intereses económicos y políticos con el arribo al poder del dictador Porfirio Díaz, época dorada para los conservadores.

La revolución rompe el *statu quo* y durante la guerra civil el país se hunde en anarquía y vacío de poder. Durante casi dos décadas, es escenario de la lucha entre revolucionarios, que defendían causas populares, y constitucionalistas, que defendían intereses de los conservadores.

El desenlace de la revolución genera un equilibrio de fuerzas, los daños de la guerra fueron profundos. Los caudillos vencedores, Obregón y Calles, después de asesinar a todos los adversarios políticos, encabezan un Gobierno emanado de la revolución con francas tendencias anticlericales.

Uno de los momentos de mayor posicionamiento político de las fuerzas conservadoras y con posibilidades reales de ganar una elección al partido de Estado fue, paradójicamente, la primera vez que participaban al concluir el sexenio de Lázaro Cárdenas.

Las fuerzas conservadoras se unieron en torno a un candidato carismático, preparado y con poder económico: Andreu Almazán. Su campaña fue exitosa, aglutinando simpatizantes y con gran poder de convocatoria. Había expectativas de que ganaría la elección ante un contrincante como Manuel Ávila Camacho, candidato oficial sin carisma, sin mayores méritos que ser, en el pasado, el lugarteniente de Lázaro Cárdenas.

La elección desaseada y manipulada por el Gobierno cerró la puerta a la oposición y el sistema se consolidó de manera definitiva, relegando a los conservadores a un papel testimonial en la construcción del régimen priista.

El PAN, partido conservador, permaneció como observador inofensivo de setenta años de gobierno del partido de Estado emanado de la revolución.

Ningún partido fue protagonista durante el periodo del régimen priista, el sistema se encargó de apagar el más mínimo atisbo de disidencia o amenaza a su poder. La consigna incluía actores internos y externos. La oposición del PAN nunca tuvo una corriente con la fuerza para amenazar el régimen.

La multicitada ruptura al interior del PRI, provocada por la corriente democrática en 1987, generó también, como efecto colateral, la aparición de una nueva generación de políticos de derecha encabezados por un empresario panista de Culiacán Sinaloa, Manuel J. Clouthier, que, con su personalidad vehemente, poder económico y crédito como empresario exitoso, dividió el voto nacional en la elección de 1988, ocupando el tercer lugar, con un impensable 17 % de los sufragios en una elección presidencial.

Con su capital político obtenido en la elección, reclutó un gran número de nuevos personajes provenientes de la clase empresarial encaminados a ser un contrapeso real contra el sistema monolítico, infranqueable hasta entonces.

La influencia y secuela de la campaña de Clouthier permitió que el PAN ganara por primera vez en su historia una gubernatura. En Baja California, Ernesto Ruffo Appel venció al PRI por primera vez en una elección constitucional.

Los cambios democráticos se aceleraron a partir de la elección de 1988, el PAN empezó a crecer y convertirse en opción de Gobierno. Por desgracia para el país, los dos Gobiernos panistas, como se ha narrado, estuvieron muy por debajo de las expectativas de la sociedad. Al concluir doce años de Gobierno panista en 2012, con una transición a la democracia incompleta, incipiente y frágil, se elige un candidato del PRI: Peña

Nieto, que llevó la corrupción a niveles excelsos y terminó su sexenio con un pacto de impunidad, entregando poder y agenda nacional al vencedor de la contienda, antes de concluir el periodo constitucional. Sus funciones como presidente fueron secuestradas y saboteadas por el presidente electo, antes de tomar posesión del cargo. Un final de sexenio matizado por la ineptitud, vacío de poder y parsimonia.

La izquierda toma el poder, sin pudores

La elección del año 2018 se caracterizó por una apertura inédita de los medios, los candidatos del PRI y del PAN, arrastraban setenta y siete y doce años respectivamente de ineficiencia, ineptitud, saqueos y corrupción sin límites. Los Gobiernos panistas dilapidaron el capital político, primero Fox con su frivolidad, ineptitud y voracidad por los recursos públicos y una sucesión marcada por las trampas y guerra sucia. Le siguió el Gobierno de Calderón emanado de una elección cuestionada y sin legitimidad electoral termina de hundirse políticamente al emprender una absurda guerra contra el narcotráfico, sin planeación y sin una estructura que enfrente un problema de enorme magnitud reafirma la decepción de los ciudadanos que optaron por un retorno al pasado al elegir a Peña Nieto del PRI en el año 2012, cuyo Gobierno fue marcado por una corrupción cínica y sistémica.

Las fechorías de los Gobiernos llegaron al límite del hartazgo social y facilitaron la denuncia del candidato de Morena, quien, con una adecuada lectura y denuncia sistemática ante la fuerza social marginada y una enorme dosis de sobres amarillos, obtiene el triunfo anhelado.

Los debates durante la campaña que se esperaba fueran escenarios para confrontar posturas y proyectos de Gobierno, se convirtieron en pleitos personales entre los candidatos para descalificarse.

José Antonio Meade, candidato del PRI, sin experiencia política y electoral, con formación como servidor público en varios Gobiernos, incapaz de contrarrestar la estela de corrupción dejada por el Gobierno de Peña Nieto, fue relegado a un tercer lugar.

Ricardo Anaya, del PAN, en un lejano segundo lugar en la votación, confrontó y puso en evidencia las limitaciones de López Obrador como candidato y posible presidente. Había señales, la ciudadanía las ignoró y antepuso la estela de malos Gobiernos que desperdiciaron la oportunidad de consolidar la democracia y optó por otorgar el voto al candidato de izquierda.

El otro candidato «independiente», Jaime Rodríguez, el Bronco, gobernador del estado de Nuevo León, le agregó folclor y ocurrencias a la contienda electoral. Durante uno de los debates en cadena nacional de televisión, propuso, como medida contra la corrupción, amputar las manos a quien se descubriera robando. Ante la falta de argumentos e ideas, aparecen las ocurrencias.

El candidato de Morena gana la elección con amplia mayoría, el sistema político da un giro violento hacia la izquierda, consecuencia de una democracia frágil insuficiente para formar y filtrar perfiles y nuevas opciones políticas.

Un presidente electo secuestra la agenda nacional

López Obrador ganó la elección en julio del año 2018 con más de treinta millones de votos y toma control de la agenda nacional incluso antes de la toma de posesión, ante la ineptitud, indolencia y falta de dignidad política del presidente en funciones.

Enrique Peña Nieto, aún presidente constitucional, al anunciarse el ganador de la elección, se desentiende del Gobierno y permite que el presidente electo tome decisiones de trascendencia histórica y al margen de la ley.

La leyenda urbana marca como etiología de ese errático comportamiento, un pacto de impunidad negociado por el Ejecutivo y su círculo cercano, que les otorga inmunidad después de entregar el Gobierno.

Los que entregan y los que reciben el poder por igual replican prácticas del pasado como eventos litúrgicos. Desconocen otra forma de hacer política, así fueron formados e incapaces de leer los nuevos tiempos, negocian impunidad en las altas esferas del poder.

Las balandronadas de López Obrador de acabar con la corrupción del PRI y PAN las olvidó en pocas horas, una vez embriagado de poder y soberbia al ganar la contienda electoral.

Siendo presidente electo, arma una consulta pública ilegal y anuncia la suspensión de la construcción del nuevo aeropuerto internacional de la ciudad de México. Un hecho que no solo desplaza y descalifica el Gobierno en funciones, define el talante autoritario que se avecinaba.

López Obrador toma posesión el 1 de diciembre de 2018, con grandes expectativas, considerando la legitimidad; por primera vez tiene un presidente treinta millones de votos. Un capital político extraordinario. La ciudadanía que lo eligió esperaba fuera utilizado para realizar cambios estructurales que el país demanda durante décadas. La desilusión será no solo monumental, será histórica.

Un Gobierno emanado de un partido improvisado, carente de orden institucional y centrado en un manejo unipersonal e integrado con los despojos de la clase política y viejas conductas no fue un buen augurio para gobernar.

Un liderazgo populista toma el poder y no se concentra en las grandes prioridades y problemas estructurales del país que demandan políticas públicas sólidas. Antes bien, concentra todos sus esfuerzos en propagar desde su púlpito, rencores y venganzas por agravios reales o ficticios del pasado y gobierna de manera unipersonal, sin un equipo sólido que mueva un país complejo. Esa forma de gobernar y hacer política trae necesariamente un golpe de realidad.

El régimen pinta un escenario de retroceso al pasado. México vive las secuelas de un sistema político dominado por un partido hegemónico, monolítico, que despreció el desarrollo social, con el objetivo de mantener el poder; y no solo detuvo, truncó la transición a la democracia. Con el triunfo de Morena, el viejo sistema simplemente se disfraza de izquierda y retoma el poder.

Las expectativas creadas fueron muy elevadas, estaban matizadas por las contradicciones propias de la personalidad con tintes autoritarios y antidemocráticos del candidato, manifestadas veladamente durante tres campañas presidenciales consecutivas. Una vez en el cargo, las conductas drenaron y se conjuntaron con el abuso del poder público, un Gobierno caracterizado por una profunda ineptitud para ejercer el servicio público, administrar el erario y con una concentración excesiva del poder presidencial, con facultades supraconstitucionales inéditas e ilegales, con un tufo poderoso que recuerda la dictadura de Porfirio Diaz. Además de tener un Congreso sometido, está en proceso someter también, a la suprema corte de justicia de la nación. Reformas regresivas de un país con profundos rezagos: suena a un apetito destructivo insaciable.

Cuando hay alternancia en el poder, surgen los emisarios del pasado, que mágicamente abren los ojos y se convierten en adalides de la verdad, la democracia y la justicia. Mientras están en el Gobierno, fingen demencia, se vuelven ciegos, sordos y mudos. Tal vez sea la razón de manifestar que, cuando no hay democracia, el menor de los males es la alternancia, que obliga a un mínimo de rendición de cuentas.

Emisarios del pasado

Poco después de la elección de 2018, los últimos exsecretarios de salud, G. Soberón, J. Frenk, J. A. Córdova, S. Chertorivski, Mercedes Juan y J. Narro, firmaron un documento; solo uno de ellos, Ramón de la Fuente, no lo firmó, era representante de México ante la ONU. Otro secretario desapareció de la escena pública, José Antonio Gonzáles; y J. Kumate falleció recientemente. Como grupo, enviaron a los medios y a la presidencia de la república el escrito manifestando su desacuerdo con la desaparición del Seguro Popular y la creación del Instituto de Salud para el Bienestar, INSABI; además de considerar que las decisiones significaban retrocesos, fue evidente el diferendo en ideología de los últimos cuarenta años con el régimen actual. En algo tenían razón y el tiempo se las dio: el INSABI, no solo fue un fracaso monumental, también significó un retroceso en materia de políticas públicas en salud, un quebranto para el erario y profundizó la corrupción en el sistema.

Con base en los hechos, todos los firmantes tuvieron su oportunidad de realizar cambios de fondo. Fueron incapaces. Todos, sin excepción, estuvieron supeditados a las conductas, caprichos y desviaciones políticas de presidentes insensibles, ineptos y corruptos, sin tener el valor civil y científico de enfrentarlos, en aras de no perder el cargo. Con conocimiento pleno, los presidentes que los designaron, sin pudor alguno, permitieron, toleraron, fomentaron y protegieron la corrupción. Y los secretarios de Salud fueron incapaces de mostrar valor y honestidad para renunciar o enfrentar la realidad y hacer propuestas para lograr un sistema de salud universal, eficiente y con calidad que el país necesitaba y necesita.

Toleraron hechos burdos que afectaban los derechos elementales de los usuarios.

El seguro social, petróleos mexicanos y el Instituto de Seguridad y Servicios Sociales para Trabajadores del Estado se manejaban de manera autónoma sin alinearse a las políticas nacionales de integrar un sistema de salud eficiente en beneficio de los usuarios. La secretaría de Salud, como órgano rector, fue responsable y permisiva durante la gestión de los quejosos y no corrigieron a pesar de que la ley los facultaba para hacerlo. Generando desarticulación, islas de poder y anarquía en el sistema y lo más grave: se violentaron durante décadas los derechos de los ciudadanos y trabajadores en el sistema de salud en materia de pensiones, cobertura, vigencia de derechos y cambio de régimen de seguridad social.

El artículo 4.º constitucional modificado al inicio de la década de los ochenta por Soberón, uno de los firmantes, que consagraba el derecho a la salud, fue letra muerta y lo sigue siendo por la incapacidad de ocho secretarios para hacer cumplir el mandato constitucional, a través de políticas públicas sólidas. Como dijo el clásico, salieron buenos para criticar y malos para gobernar.

Cada uno de estos secretarios, como el actual, no estuvieron a la altura y la sociedad decidió un cambio con voto masivo por hartazgo, aun con el riesgo de elegir un Gobierno peor que los anteriores. Eso podría considerarse superlativo de hartazgo. Brincar del comal al fuego.

Cualquier logro que hayan alcanzado los funcionarios durante varias décadas (y se reconocen los avances) se opaca por su complicidad ante los evidentes actos de corrupción tolerados y realizados por los presidentes en turno, desde el quebranto e ineficiencia de las instituciones de seguridad social, la corrupción en Seguro Popular y los sindicatos, fraudes electorales, errores de diciembre, Fobaproas, asesinatos políticos, guerras sucias, desafueros, guerras absurdas contra el narcotráfico, estafa maestra, hasta la desviación de recursos públicos para las campañas.

Y ya en pleno análisis crítico, no se puede exonerar el Gobierno de López Obrador por el criminal manejo de la pandemia, la destrucción del proceso de abasto de medicamentos y el fracaso descomunal del Instituto de Salud para el Bienestar, con quebranto al erario.

Todos los hechos orquestados desde las más altas esferas del poder con singular alegría. La conducta ética en ese momento era denunciar y renunciar. No, la respuesta siempre fue silencio cómplice.

Estos mismos personajes, años después, gritan desaforadamente para que el Gobierno escuche sus demandas y recomendaciones; y cuando estuvieron en el poder, callaron para conservar el cargo y los privilegios que éste les otorgaba. Cuando la historia los alcanzó, se escucharon los estertores de los emisarios del pasado. Un pasado que llevó al país a un hartazgo social.

Es lamentable que Julio Frenk, por ejemplo, con todos sus méritos académicos, que nadie cuestiona, desde una universidad de un país que discrimina, ofende, asesina y descalifica a los mexicanos de manera sistemática, cubierto por sus privilegios, cuestione y arroje pedradas a una casa que el mismo construyó. Aun sin sus observaciones, recomendaciones y críticas, el Gobierno en turno tendrá que rendir cuentas también en su momento y la historia será, igualmente implacable. Las fechorías al paso del tiempo califican a cada régimen.

El secretario de Salud de López Obrador, Jorge Alcocer, junto con el subsecretario Hugo López Gatell, pasará a la historia como un secretario negligente, ausente e irresponsable. Carga sobre sus hombros los daños a la salud de morbilidad, mortalidad y secuelas, provocados durante la pandemia de COVID-19, por su manejo negligente. Las evidencias fueron documentadas por sus detractores y ahora firmantes. Debe aceptarse que sus cuestionamientos están fundamentados; el contraste surge de su crítica implacable contra el actual Gobierno y su silencio cuando formaron parte del régimen. Varios de los firmantes fueron compañeros de Gabinete del recientemente sentenciado por sus nexos con el crimen organizado, Genaro García Luna. Prudentemente han guardado silencio y, al régimen que solapó sus fechorías, hasta ahora no le han pedido cuentas. Algunos se jactan de ser académicos. Ante los hechos, surge solo su talante político y el académico, convenientemente, desaparece.

Todos los servidores públicos que manifestaron sus posturas y desacuerdos con el régimen vigente padecieron y padecen el descrédito social, fracasaron en intentos vanos para acceder a cargos de elección popular o políticos. En estricto apego a los hechos, es un juicio de su desempeño como servidores públicos.

José Narro, catalogado por López Obrador como «maraquero del PRI», fracasó en su intento por ser candidato a presidente de la república y presidente de su partido, al cual renunció. Tardó solamente la friolera de cuarenta y seis años en darse cuenta que su partido, el PRI, no era democrático. Y fungió como rector de la Universidad Nacional durante dos periodos, con el camuflaje académico de no tener partido. Tres meses después de concluir su cargo como rector, se integró al Gobierno priista como secretario de Salud, tolerando, sin pudor alguno, la estela de corrupción que arrastraba la administración de Peña Nieto. Y ahora con la evidencia del pacto de impunidad de Peña y sus más cercanos colaboradores con López Obrador, también guarda silencio, fiel a su formación priista en el viejo sistema podrido.

Córdova Villalobos, secretario de Salud y Educación con Calderón, perdió la elección interna para candidato a gobernador de Guanajuato, por su partido, el PAN; Chertorivski, que ha militado en tres partidos y en todos ha perdido elecciones, fracasó en dos intentos para ser jefe de Gobierno de la ciudad de México, además de aceptar el cargo de secretario de Salud sin tener el perfil para ocuparlo; y Julio Frenk fracasó en la elección para secretario general de la OMS. Mercedes Juan, del PRI, no participó en política después del cargo de secretaria de Salud. Y Soberón falleció poco después de emitir el escrito; vivió otra época, pero no se puede omitir que modificó la Constitución para tutelar el derecho a la salud, sin crear las condiciones para ejercerlo. El presidente que lo nominó, Miguel de la Madrid, fue el ejecutor de uno de los fraudes electorales más burdos en la historia de México, permitió acceder a la presidencia a Carlos Salinas. Soberón, en su momento, también guardó silencio. El fraude fue orquestado, fraguado y ejecutado por Manuel Bartlett, distinguido miembro del Gabinete y director de la Comisión Federal de Electricidad en el Gobierno de López Obrador. Como dice el dicho popular, México sigue en manos de la misma camarilla, es decir, «la misma gata nomás revolcada».

Es claro, la clase política es la misma, en diferentes épocas, trincheras, intereses, partidos y actos de corrupción. Pero siempre fieles al viejo sistema y sus prácticas antidemocráticas.

Juan Ramón de la Fuente colaboró con Ernesto Zedillo como secretario de Salud y disfrutó dos periodos como rector de la Universidad Nacional. Ahora fiel al nuevo régimen, se desmarcó del documento. Argumenta que no lo firmó porque no fue consultado y no pertenece a ningún partido político, pero en los hechos, sus conductas van más allá de la lealtad a un partido. Se ha olvidado de la crítica y autocrítica que tanto ha pregonado, cuando observa políticas públicas absurdas. Aparece la ceguera de taller cuando están en el Gobierno y abren mágicamente los ojos cuando están fuera de cargos públicos. Es simple y llana incongruencia y conveniencia personal, conductas inaceptables en universitarios. Lo dice la sabiduría popular, la luz siempre ha estado encendida para el que quiere abrir los ojos.

Durante todo el sexenio desde 2018 hasta 2024, es sistémica la carencia de insumos, medicamentos, vacunas y personal en el sistema de salud mexicano. Sin embargo, las licitaciones de medicamentos se declaran desiertas y han desmantelado las redes de abasto en todo el país, con el argumento de que las empresas farmacéuticas distribuidoras se han enriquecido con los presupuestos de instituciones públicas, sin demostrarlo, sea por omisión, ineptitud o negligencia. Ante eso, también prudentemente de la Fuente ha guardado silencio.

Es necesario cuestionar los hechos, porque el movimiento al que apoya es el responsable de políticas públicas que afectan a los ciudadanos y conoce la importancia de los procesos. No es cuestión de pertenecer a un partido, sino de lealtades mal entendidas cuando esto beneficia los intereses personales. La historia juzgará. Mientras tanto, brinca al cargo de canciller de la nación con el nuevo Gobierno, porque así conviene a sus intereses y deja de ser académico y pasa a ser político con todas sus consecuencias y dislates.

La gestión de cada personaje fue evaluada por la opinión pública y no estuvieron a la altura de las necesidades y circunstancias del país. Deberían analizar la magnitud del hartazgo social de los Gobiernos en los que colaboraron. Fue tal el hartazgo que la ciudadanía prefirió elegir un régimen pernicioso antes que volver a votar por partidos en los que fueron militantes, simpatizantes, colaboradores y por supuesto cómplices.

Con el nivel académico y económico que tienen, prudentemente, ahora sí, deberían guardar silencio, por simple ética personal y vergüenza política. Y los que están dentro del Gobierno, deberían tener una actitud mucho más honesta y cuestionar los graves errores por falta de conocimiento y capacidad de las autoridades, aunque se expongan a ser relevados del cargo.

El gusto y los privilegios en un cargo público duran seis años, la ignominia dura toda la vida.

Existe el riesgo de perder el cargo por contradecir al secretario del ramo o presidente en turno, pero es menos probable terminen en la ignominia como todos sus colegas, porque a diferencia de ellos, estarían haciendo lo correcto y no lo políticamente aceptable. Así lo marca la ética.

Espíritu destructivo

López Obrador, después ser ganar la elección, se engalla y toma decisiones antes de asumir el poder, afectando de manera escandalosa el desarrollo del país y el erario. La primera y más grave fue cancelar la construcción del Nuevo Aeropuerto Internacional de la Ciudad de México, con un avance de obra, en cifras oficiales, del 32 % y una pérdida de inversión de miles de millones de pesos. La cancelación se realiza sin un soporte jurídico, técnico o financiero, justificado en una encuesta sin una base jurídica, realizada en el mes de octubre de 2018. Como presidente electo, despreció dictámenes y opiniones de sus secretarios de Comunicaciones y de Hacienda. Pesó más el apetito de venganza política y capricho personal que el daño al erario y la imperiosa necesidad del país de un aeropuerto moderno. La cancelación marcó el sexenio y fue ejemplo de las formas para tomar decisiones de un Ejecutivo cegado por la ideología y sus rencores personales.

En septiembre del año 2018, el Nuevo Aeropuerto Internacional de México (NAIM), al someterse a una consulta pública no vinculante, de acuerdo con el informe de Gobierno, del aún presidente en funciones, tenía un avance del 60 % en la construcción de pistas; edificio terminal de pasajeros, avance de

70 % en cimentación y 4 % en estructura; la torre de control, con 21 %; la pista 2, con 63 %; y la pista 3, con 52 %.

El nuevo aeropuerto tendría capacidad de atender setenta millones de pasajeros por año en su primera fase y en máximo desarrollo a ciento veinticinco millones. El aeropuerto Benito Juárez, que operaba al cierre del año 2017, atendió 44.7 millones de pasajeros.

La obra generaba, al cancelarse, más de cuarenta y seis mil empleos directos e indirectos; el potencial de empleos podría llegar a ciento sesenta mil; y operando en máximo desarrollo, la cifra alcanzaría cuatrocientos cincuenta mil.

El nuevo aeropuerto registraba avance de obra global del 32 % y, al momento de cancelarse la inversión, ascendía a cien mil millones de pesos. Aproximadamente, 5233 millones de dólares. La inversión total estimada era de trece mil millones de dólares.

La cancelación fue una auténtica venganza política de dimensiones incuantificables, cargada de odio y resentimiento contra sus enemigos reales o ficticios. El único afectado realmente fue el país y su necesidad imperiosa e histórica de un nuevo aeropuerto. Una conducta francamente criminal, cuestionada en su momento por tres de sus efímeros secretarios de Estado, incluyendo el de Hacienda, Carlos Urzua, quien permaneció en el cargo solo siete meses y renunció, entre otras causas, por este tipo de decisiones absurdas y viscerales.

Cegado por el rencor, López Obrador nunca midió el daño que infringió al país. Sus enemigos ficticios o reales cobraron sus indemnizaciones con intereses y volaron. Ninguno se investigó por corrupción, como fue la falsa promesa del candidato de Morena, en campaña, escenario donde se volvió adicto a las balandronadas, sin responsabilidad alguna. La historia cobrará alta factura. Fue su primera manifestación objetiva del espíritu destructor que lo caracteriza.

En otro frente, el régimen ha erogado recursos en cifras exorbitantes en programas sociales asistencialistas que fueron elevados a rango constitucional. La asignación se realizó sin reglas de operación, rendición de cuentas y evaluación del costo beneficio a corto, mediano y largo plazo. Tampoco se focalizó en áreas con mayor grado de marginación, pobreza extrema y carencia de servicios. Se priorizaron áreas con mayor clientelismo electoral y se creó un ejército de siervos de la nación que promocionaban el régimen y su partido, sin pudor alguno.

Cómo política pública, debería tener todo el bagaje de información para refrendar cada año el presupuesto asignado y medir su impacto social, considerando que los apoyos no son obra y gracia de un partido o servidor público, se pagan con impuestos generales de los contribuyentes y la ley obliga a rendir cuentas.

El subsidio para adultos mayores otorgado a través de programas sociales se llevó a rango constitucional, pero bajo un régimen no contributivo; y debe ajustarse al crecimiento del número de personas cada año. Para realizar ese tipo de programas se requiere una reforma fiscal y reasignar del presupuesto de egresos de la federación la enorme cantidad de recursos necesarios para cumplir el mandato constitucional. No existe evidencia de que se cumplan estos requisitos que impactan la hacienda pública.

La salida fácil del populismo es recortar servicios, programas, fideicomisos y todo reducto donde se encuentran recursos financieros disponibles. La secuela de los daños se deja a los Gobiernos subsecuentes. Se observa una conducta irresponsable por decir lo menos. El futuro y su realidad pondrán las cosas en su sitio.

Se han tomado decisiones para impulsar obras públicas sin una planeación y valoración del impacto social, ambiental y costo beneficio. El tren maya, la refinería de dos bocas y el nuevo aeropuerto han sido ejecutados como obras públicas por el Ejecutivo, como necesidad personal de posicionamiento político, sin rendición de cuentas y con la complicidad del Congreso que otorga presupuesto, tolera sobrecostos y prolongación de tiempo de obra, sin auditar y fiscalizar el uso óptimo de los recursos públicos asignados; ignorando la opinión de expertos en franco y, cada vez más evidente, abuso del poder público. Para evadir la fiscalización, se han otorgado las obras a la secretaría de la defensa nacional, ocultando la información al escrutinio público, bajo el pretexto de «seguridad nacional». Una falacia que solo es evidencia de la opacidad del Gobierno.

La administración de López Obrador mostró un retroceso permanente hacia políticas públicas del pasado que fracasaron, la grave centralización de recursos federales de instituciones que prestan servicios esenciales como salud, educación y obra pública ha cobrado factura. Ha generado retrocesos y rezago social derivado de la ineficiencia federal para implementar los procesos de adquisición, distribución y control de insumos, además de ser incapaz de rendir y pedir cuentas a través de órganos fiscalizadores.

El apoyo a los adultos mayores genera un beneficio social directo; sin embargo, no corrige el problema de fondo. Las pensiones deben crearse con empleos formales y cotización al fondo de pensiones, no a través de subsidios del Gobierno fuera del régimen contributivo, eso fomenta la informalidad y tendrá consecuencias a largo plazo.

Un acierto ha sido el incremento al salario mínimo, una medida de justicia para los trabajadores; por desgracia, quienes ganan salario mínimo son minoría en el escenario laboral del país.

Un país democrático o que pretende serlo, debe manejarse con criterios modernos de política pública sólida, basada en evidencias, soportada y analizada por grupos colegiados que interpreten las necesidades nacionales y las conviertan en acciones de Gobierno.

Los presupuestos deben ser discutidos con profesionales, en el máximo tribunal de la nación, que es el Congreso de la Unión; y asignarlos oportunamente para ejecución, seguimiento, evaluación de resultados y auditoría. No pueden implementarse programas sociales por capricho, sin un soporte administrativo a largo plazo.

Para sorpresa de la gran cantidad de votantes que creyeron en promesas de campaña, las políticas públicas del país se manejaron durante seis años desde el púlpito de las llamadas «mañaneras». Pláticas informales del Ejecutivo, sin sustento técnico o administrativo, como mecanismo de propaganda para los seguidores de su movimiento o beneficiarios de sus programas asistenciales, en sustitución de un equipo de gobierno con capacidad técnica, administrativa y política, que sea capaz de instrumentar políticas públicas e informar los resultados de cara a la nación.

La cuarta transformación en la realidad fue convertir un sistema político y administrativo en pláticas mañaneras vacías de contenido y utilizar el erario en obras faraónicas y dadivas sociales sin soporte financiero.

El escenario, preparado de lunes a viernes, en Palacio Nacional para que el presidente diera rienda suelta a sus dislates, complejos históricos, evasión de la ley y drenara todos sus resentimientos y rencores personales. Las disertaciones mañaneras definen y enmarcan el estilo personal de gobernar. Una tribuna de pueblo, escenario del culto a la persona y un discurso coloquial, plagado de imprecisiones, mentiras y rencores ideológicos.

Enfrascado en sus disertaciones matutinas, el Ejecutivo pontificó desde su púlpito, mientras el país ardía en llamas:

agobiado por la delincuencia, las instituciones se desmoronaban y la sociedad, crispada por la polarización, se dividía ante la narrativa de un presidente obsesionado por un ente etéreo, el pueblo, creado como treta mental para justificar sus erráticas decisiones.

En otro frente, los contribuyentes sufrían los embates de un Gobierno ausente, cínico y derrochador. La población padece servicios deficientes, desabasto de medicamentos, educación en abandono, inseguridad y territorios secuestrados por la delincuencia.

Con el paso del tiempo, las grabaciones de esos capítulos matutinos serán testimonio y prueba de todas las violaciones a la ley que realizó un presidente de la república. Es improbable que otro país tenga documentadas las violaciones a la constitución, con mayor precisión, como sucedió en el sexenio de 2018-2024. Eso sucede solo en un país lleno de contradicciones, locuras, creencias, leyendas, mitos, magia, color y surrealismo como México, con una clase política que apuesta a una impunidad infinita hacia sus actos de corrupción.

La secuela del sexenio carga en cifras oficiales 181 279 homicidios dolosos, más de ochocientos mil fallecimientos por la pandemia de COVID-19 y más de cincuenta mil personas desaparecidas.

La ausencia absoluta de empatía ante estas tragedias se manifestó sistemáticamente en el Ejecutivo todos los días, con un simple hecho. Después de conocer diariamente la evolución de las cifras de muertes, masacres y desaparecidos, sin tomar medida alguna en política pública, terminaba su disertación y se retiraba.

Concluida su homilía matutina, desde el púlpito del poder, el Ejecutivo pasaba a degustar sus deliciosas viandas de la cocina mexicana, preparadas con el esmero que ameritaba la tradición de privilegios presidenciales de casi un siglo de evolución, que resurgió con un nuevo rostro, el del «mesías tropical». El país, homicidios, desaparecidos y rendición de cuentas siempre pueden esperar.

López Obrador disfrutó la presidencia que, según su concepción mesiánica, el pueblo le otorgó, sin asumir responsabilidad alguna, a excepción de pregonar su propio autoelogio.

Las transformaciones de México son un mito

México es un país con un pasado milenario y una historia documentada cargada de reliquias. Lo preceden treinta siglos de historia. Las evidencias aceptadas son mucho más recientes. La historia inicia con los documentos escritos, pero siempre es estimulante especular sobre lo que existió previamente, desconocido y enigmático. Hay evidencias en piedra, fósiles, códices, pirámides, ciudades perdidas, reliquias; y eso es suficiente para creer.

Las leyendas siempre se exageran y magnifican, de no ser así, perderían atractivo para lograr manipular, intrigar, crear mundos imaginarios y grandilocuentes. Está en los genes del ser humano inventar simbolismos y mitos geniales para controlar masas. La mitología griega, ciudades primitivas, culturas milenarias, babilonios, sumerios, egipcios, romanos, religiones, reinos medievales y todos sus mitos han creado historias como fuente de dominio de la cultura humana; y se aceptan en muchos casos como dogmas, con fines religiosos, políticos y económicos. Es razonable que las sociedades tengan identidades y dignifiquen sus ancestros, concepto muy humano. Lo que no es aceptable, se ha hecho y sigue haciendo es que se utilicen a conveniencia y con fines de manipulación.

La historia estática, el pasado, nos define. La historia dinámica, la educación, nos forma. La democracia y el acceso masivo al conocimiento han roto muchos mitos, permiten conservar y analizar una historia fascinante a través del tiempo, con un criterio objetivo, tangible y forma un blindaje contra la manipulación histórica.

La tecnología y la facilidad para lograr comunicación han democratizado el acceso al conocimiento, también lo pervierte, y aunque continúa la dominación y manipulación social, esto tiene como origen falta de acceso a una educación sólida y formación de juicio crítico, cualidad humana reservada a gremios ilustrados intencionadamente por grupos de poder.

La tentación de engañar y manipular masas persistirá, es inherente a la naturaleza humana de mentes ambiciosas y perversas. Pero el autoengaño siempre es y será una decisión individual.

El acceso a la información, conocimiento y sabiduría colectiva dará origen al siguiente paso en la evolución del pensamiento. Sociedades diversas, inmersas en una aldea global basada en derechos y libre albedrío de responsabilidad personal, colectiva y social. La utopía humana de civilidad: romper fronteras, vivir en paz y liberar la creatividad.

La evolución de la civilidad continúa ajena a intereses locales. Acá el México moderno sufre consecuencias del pasado golpeado por pasiones humanas de quienes han dirigido sus destinos.

Ahora, en plena modernidad tecnológica, el régimen de reciente adquisición pregona la cuarta transformación, con políticas públicas medievales, historias falseadas a conveniencia, personajes siniestros y retrocesos absurdos.

Por enésima ocasión, el régimen y sus protagonistas pintan la realidad con una nueva ilusión colectiva que nos llevará al paraíso, donde todos vivan felices. No está mal, las utopías son paseos oníricos que nos trasportan a realidades posibles o imposibles que podemos construir. Para los más veteranos y conocedores de la historia, esto es fuente de ironía, reflexión y una buena dosis de sarcasmo pringada con chispas de escepticismo. Se conoce de antemano el final de estas promesas, vivir de ilusiones y no de realidades.

Existe una esperanza latente y permanente en la formación cultural de una sociedad guadalupana, la llegada del caudillo con su mesianismo disfrazado de austeridad que resolverá todos sus problemas, en lugar de enfrentarlos con trabajo y decisiones.

México tiene una historia violenta, trágica y traumática. Cualquier evento importante está impregnado de tragedia, sangre y dolor. Indígenas de origen, mestizos por conquista, explotados y saqueados por imperios, liberados por abandono y ahora engañados por el enemigo, que somos nosotros mismos.

La Ciudad de México, fundada en el año 1325 por tribus nahuatlacas, creció y construyó su época de esplendor, la guerra y sus misticismos le otorgaron identidad. Su estructura social, código de honor, religión, idioma, cultura y geografía le dieron poder.

La conquista española trunca la vida del pueblo originario y se presentan eventos históricos que cambiaron el escenario. Mestizaje, religión, saqueo de riquezas y trescientos años de esclavitud.

La secuela inmediata fue un virreinato, botín de encomenderos violentos y abusivos, de ahí se aprendió a odiar y se heredó la capacidad de hacerlo. Se acumularon rencores y resentimientos que aún hoy matizan personalidad, carácter e idiosincrasia del pueblo mexicano. Se conservan estigmas y atavismos no superados. El síndrome de Macario, la eterna necesidad de comerse un pavo entero sin compartirlo y sin interrupciones.

El abandono del virreinato a su suerte, los cambios geopolíticos en Europa y el descontento de los criollos facilitaron el levantamiento del pueblo contra los llamados gachupines, representados en particular por el virrey y su sequito de favoritos saqueadores que llegaban cíclicamente a enriquecerse y emigrar. Ciclos que se mantuvieron durante casi tres siglos. En 1810, inicia la guerra de Independencia, concluye una década después. Con relevo de caudillos, inicia Hidalgo y Allende, les siguen Morelos, Guerrero y los Aldama. Se consuma la independencia política y México es «libre».

Como todo país liberado de tiranías, empieza una lucha intestina para llenar el vacío de poder y de la incapacidad para autogobernarse. De una conquiste externa, se pasa a aguantar las conquistas internas y guerras fratricidas. En la descomposición social, se pierden décadas valiosas, guerras que agotan riquezas, pleitos absurdos con vecinos que invaden y toman la mitad del territorio. El resultado de un siglo de luchas, un país en ruinas y dividido por ideologías religiosas, conservadores y liberales; pugna que persiste hasta la actualidad, con tolerancia mutua, pero que aflora y se polariza con facilidad inaudita.

Las reformas de los liberales, encabezadas por Juárez y sus huestes en el siglo XIX, modificaron el país. Después de varios años de guerras de reforma, la Iglesia fue separada del Estado. Pero no fue suficiente, profundizó los odios y rencores impregnados en la naturaleza humana después de trescientos años de explotación.

En la primera mitad del siglo XIX, la falta de una estructura política sólida y un pueblo con una cultura de esclavitud propició un país anárquico, dominado por caudillos de todas las calañas, desde algunos con tentaciones de emperadores como

Iturbide o imbéciles como Santa Ana; además de la corriente conservadora apoyada en el poder de la Iglesia, acotada por liberales como Juárez, el Nigromante, Zarco y Ocampo, que sentaron las bases del México actual con todas sus contradicciones. Las pugnas irreconciliables generaron situaciones políticas inusitadas, hasta llegar a establecer una monarquía en México, otorgada por los conservadores a un heredero de la nobleza europea, que terminó fusilado por el Gobierno de Juárez.

Una vez reestablecida la república, Juárez retoma el poder con su corriente política de liberalismo autoritario y parece iniciar una nueva etapa nacional para reconstruir las instituciones y recomponer el país. Fallece de un infarto en 1872 y la oposición latente durante los catorce años que dominó Juárez el escenario político nacional aparece con fuerza renovada. Resurge el cíclico vacío de poder generado por la muerte del presidente en funciones.

Por la incapacidad de crear estructuras políticas colectivas y sólidas, con cada ciclo, se le apuesta a un solo hombre, un caudillo; y una vez que es asesinado o fallece, el proceso se reinicia. El vacío de poder genera pugnas y traiciones, pero siempre resurge el nuevo mesías con aura de poder, profunda alma autoritaria y narcisismo incontrolable.

Con cada episodio, llega una nueva etapa de claroscuros, más oscuros que claros, que domina el escenario nacional. Después de guerras, pugnas, divisiones y conflictos, las transformaciones nunca llegan, es un simple cambio de pandillas y mafias en el poder y continúan las prácticas de corrupción, ineptitud y saqueo.

Del vacío de poder dejado por los liberales de la reforma, surge la etapa más controvertida en la historia moderna del país. La dictadura de Porfirio Díaz, el personaje fue enemigo acérrimo de Juárez y nunca pudo vencerlo en elecciones de la época. Logró conquistar el poder hasta la muerte natural de su enemigo y enredado en la bandera y plataforma política de no reelección, asume el anhelado cargo de presidente de la república y nace el Porfiriato.

Una vez que saborea las ansiadas mieles del poder, Díaz inicia una época que perduraría por más de tres décadas. Una dictadura basada en el control férreo y violento del poder unipersonal. El control político y económico centralizado propicia una época prolongada de crecimiento, progreso y estabilización macroeconómica, con un pequeño detalle: una base social analfabeta, esclavizada, explotada y empobrecida.

Díaz, con poder absoluto para hacer cualquier cambio imaginado, no fue capaz de crear un país desarrollado, sus limitaciones personales, mezquindad de sus colaboradores ilustrados y círculos cercanos impidieron la evolución del país hacia una sociedad con desarrollo integral. La secuela, una tiranía de tres décadas que desencadenó una revolución.

Su Gobierno tenía características propias que marcaron ese periodo. Fue represor implacable, autoritario, solucionaba todo con el garrote, carente de un mínimo Estado de derecho. El control político tenía como eje la represión e inhibición de cualquier inconformidad con exquisita crueldad y violencia. Aún hoy, Porfirio Díaz tiene seguidores que lo idolatran y añoran y están en su derecho. Formó una cultura, el tirano magnánimo con los incondicionales, el ogro filantrópico descrito por Octavio Paz, que todos los políticos llevan dentro, en particular, los presidentes de la república.

Su modelo económico, simple y claro. La riqueza concentrada en unas cuantas manos, unos cientos de familias acaudaladas apropiadas del territorio y riqueza nacional. Apoyadas por un poder político unipersonal que dominaba de manera absoluta, rodeado de grandes masas de mexicanos ignorantes e ignorados, en la más rampante miseria y esclavizados para explotar las riquezas nacionales, alguien tenía que hacer el trabajo sucio.

Regresó la esclavitud, disfrazada de prosperidad y manipulada por un tirano que envejeció en el poder y sació todos sus instintos infinitos, primitivos, autoritarios, desarrollados en su formación militar, sin el más mínimo rasgo de humanismo y justicia social.

Durante el régimen de Díaz, cualquier atisbo o amago de rebelión era sofocado con violencia implacable con los famosos rurales. Fuerza policial creada durante el régimen de Benito Juárez en 1861, para control político de campesinos. Pero fue durante el Gobierno de Díaz que se consolidaron y los llevó al siguiente nivel de represión y crueldad.

Los rurales tenían presencia en todo el país, rendían cuentas directamente al Ejecutivo y tenían una fuerza policial importante para el régimen. Su misión era mantener el orden y seguridad en áreas rurales, proteger intereses de hacendados y reprimir grupos rebeldes y campesinos opositores al Gobierno.

Los rurales eran conocidos por sus conductas brutales y por cometer atrocidades. Mantenían el orden, pero también se les acusaba de saqueos, torturas y violaciones. Tenían la característica acendrada necesaria para ser reclutados, el instinto primitivo de matar y el desprecio por la vida humana, expresado con violencia inaudita. A la más mínima provocación, colgaban o asesinaban a cualquier disidente del sistema. Se presenta de manera explícita en la película *El atentado*, cuando asesinan a Arnulfo Arroyo. (2010, director, Jorge Fons).

Con aquella máxima que resuena hasta nuestros días, «mátalos en caliente», el poder unipersonal, autocrático, absoluto, sostenido por la represión, el centralismo y la concentración de riqueza en un sequito de explotadores que despreciaban las masas, solo podía generar una revolución social.

La revolución también cargó su ironía, la revuelta fue encabezada por un demócrata potentado, perteneciente a una de las familias más ricas del país.

Francisco I. Madero era un tipo tímido, modesto e ingenuo, con enorme dosis de conciencia social en su corazón. Él, en solitario, detonó la guerra y la lucha la hicieron el pueblo, las clases marginadas, explotadas y esclavizadas. El verdadero pueblo, con la característica que lo distingue, pagó sin restricciones con sangre y vidas el costo del movimiento armado.

Díaz cometió un error primario, la enfermedad del poder no le permitió retirarse a tiempo. Un decrepito líder político huye a París en el buque Ypiranga, pero antes suelta el tigre y cargando su patrimonio y rumiando, en su escrito de renuncia, la ingratitud inexplicada para él, del pueblo de México, a quien siempre sirvió; pidiendo dócilmente un juicio histórico justo para su persona. La historia lo juzgó con crueldad. Un juicio justo, acorde con su existencia.

En esa época, la sociedad explotada impregnó en su sentimiento colectivo, más que nunca, la capacidad de odiar, de odiar la vida, la autoridad, las personas, el entorno, la explotación, la injusticia. Esos sentimientos generaron la revolución. Estalla todo ese odio reprimido por años, décadas, tal vez siglos; el ser humano que vive una vida miserable y no encuentra una salida opta por ese proceso destructivo y autodestructivo.

Solo había dos caminos: ser esclavos o morir en el intento por dejar de serlo. La revolución fue válvula de escape sangriento, trágico, profundo, que, por desgracia, no logró las transformaciones que pretendían los verdaderos revolucionarios: respeto a los derechos y libertades, justicia social, paz con dignidad, acceso a tierras y satisfactores primarios. Pero, sobre todo, lo nunca logrado y esencia de la revolución: democracia y libertad política para elegir a los Gobiernos. El más grande logro, todos los documentos oficiales llevarán, hasta nuestros días, la leyenda: «Sufragio efectivo, no reelección». La ironía de una dictadura perfecta.

En estricta justicia, Porfirio Díaz debió morir fusilado, con el triunfo de la revolución. Una muerte digna de su historia, investidura y negro pasado. Con ese desenlace, la historia habría hecho otro juicio de sus claroscuros. Se puede especular, es probable que, bajo aquella máscara de poder absoluto y unipersonal, se escondía otro ser humano, un hombre atormentado, cruel e implacable, con apetito insaciable de poder, derrotado solo por su enemigo invencible: el tiempo. En la presidencia de la república, dejó de ser el héroe de guerra y se convirtió en un animal político, despiadado y dominado por la gula de poder.

Ya en la vejez y agobiado por achaques, complejos, miedos, cobardía y el temor a rendir cuentas, huyó al exilio. Murió pocos años después en su lecho, asistido por su esposa y sus familiares. Jamás pudieron repatriar su cadáver a México.

A Díaz, nunca lo alcanzó la justicia, pero tampoco ha sido absuelto por el implacable juicio de la historia. Aún hoy en día, hay corrientes de las nuevas generaciones que añoran el Porfiriato, por aquellos logros macroeconómicos muy conocidos, como tener el dólar y el peso mexicano a la par, deuda externa inexistente y finanzas públicas sanas. Es aceptable su visión, es respetable su postura. Sin embargo, esto es inaceptable porque minimizan el balance del Porfiriato. Terreno donde se puede medir en toda su dimensión y evaluar sus alcances y daños a México. Así como se reconoce el logro macroeconómico y el desarrollo con paz y progreso, no se puede dejar de lado la parte humanista. El desprecio infinito hacia la justicia social y el desarrollo humano es un precio que el país pagó, paga y continuará pagando durante muchas décadas.

México, al concluir el Porfiriato, tenía un censo de quince millones de habitantes (INEGI, cifras oficiales). El 82 % era analfabeta, poco más de doce millones de personas. En unos cientos de familias, se concentraba la riqueza nacional; y el presidente de la república manejaba el poder, el erario y la justicia, sin contrapeso alguno.

En la Ciudad de México, que se esperaría un mayor Índice de Desarrollo Humano, el 63 % de la población era analfabeta. Las decisiones de un solo hombre privilegiaron unos cientos de familias y abandonó a su suerte a doce millones de habitantes.

Más allá de los 19 000 kilómetros de vías férreas construidas, obras públicas y monumentos históricos. Sus logros palidecen ante la estela de doce millones de seres humanos explotados y dejados a su suerte, que arrastró con su tiranía. Sin olvidar que se pasó por el arco del triunfo la Constitución y la modificó a su antojo para reelegirse a libre albedrio, sofocando con violencia desmedida todo tipo de competencia política y manifestación social, por las buenas o por las malas. Ese es el verdadero balance. No se pueden quitar méritos a un Gobierno de más de tres décadas, tampoco responsabilidades; el juicio de la historia, además de implacable, fue severo.

Al concluir la guerra civil, llegaron cambios, nuevos caudillos, nuevos poderes y nunca la transformación de fondo esperada: una verdadera democracia. La secuela de la dictadura y revolución fue la aparición de un sistema autoritario, corrupto y antidemocrático de partido de Estado, el priismo, que prevaleció por siete décadas.

En el análisis objetivo y balance de la historia, los hechos traumáticos, desde la conquista, independencia, reforma, dictadura y revolución, lo único que lograron fue profundizar la polarización social entre ricos y pobres, clases y castas; y un cambio en la camarilla de políticos en el poder, sin transformación sustantiva alguna.

Hoy, nuevamente, se habla de transformación, a conveniencia, por supuesto del régimen en turno, con una visión maniquea, falsa, cínica y que fundamenta su fuerza en la práctica más simple y antigua de los políticos: lucrar con la pobreza y necesidad de la ciudadanía. Sí, primero los pobres para lucrar con sus necesidades. Los contribuyentes generan riqueza y no pueden ser manipulados con la misma facilidad. Y se debe reconocer, ante la falta de opciones democráticas, también los contribuyentes cometen errores y llevan al poder a personajes impresentables. Problema que vive el México de hoy.

Con el capital político acumulado y legitimidad con la que llegó al poder el régimen de Morena, los teóricos de la democracia moderna esperarían cambios estructurales concretos, liberales y progresistas.

La creencia megalomaníaca de considerar su movimiento a la altura de los eventos más traumáticos del país es un absurdo si se toman en cuenta antecedentes y hechos tangibles. La afirmación se basa en palabras de un personaje que secuestró tres candidaturas consecutivas para ser presidente de la república, con promesas falsas. Al asumir el cargo, extraviado en sus obsesiones e ineptitud, incapaz de gobernar, se dedicó a la propaganda barata, en mañaneras insulsas y contaminadas por obsesiones ideológicas, rodeado de secretarios de Estado catalogados por los medios, como floreros, por servir solo de ornato; mientras el país y la ciudadanía se dejaban a la deriva y a merced de la delincuencia.

Pretender la transformación de un país complejo como México con mañaneras fue un despropósito que la historia cobrará con alta factura. Gobernar desde el pulpito de la ineptitud, arropado por la impunidad de un sistema podrido, fue atentar contra la inteligencia de millones de ciudadanos decepcionados.

El capital político otorgado por los electores dejaba los cambios estructurales en charola de plata para consolidarlos. Con mayoría en el Congreso y una legitimidad electoral sin precedentes, se esperaba impulsaran los cambios importantes para lograr desarrollo: Estado de derecho, separación de poderes, proyecto y visión de país incluyente, elecciones libres, controles sólidos a la gula de poder presidencial, profesionalización del Congreso y endurecimiento de los criterios para candidatos a puestos de elección popular, después de tanta corrupción y fantochería.

En materia de políticas públicas, educación masiva de calidad como palanca de desarrollo, empleo como mejor programa social, gobierno eficiente y menos oneroso, rendición de cuentas, sistema de salud universal, legislación robusta en materia laboral, equidad de género y derechos humanos. Nada de eso se cumple en el nuevo régimen, antes bien se observan retrocesos en cada uno de los rubros, además de una ineptitud ofensiva para los electores que les otorgaron su confianza. Una contradicción que la historia cobrará de manera implacable.

La única parte congruente, hasta ahora, de comparar el régimen de Morena con los eventos traumáticos previos que ha tenido el país es que en ninguno de ellos se logró una verdadera transformación de fondo. Solo simulaciones y cambio de camarillas en el poder, para continuar el saqueo del erario y desprecio por la población.

En realidad, podría ser la primera y única transformación. Pero los números y los hechos no ayudan. Los cambios observados son retrocesos a épocas medievales. La verdadera transformación parece, tendrá que esperar. ¿Cuánto? No tenemos esa respuesta. Conocer algo de la historia puede ayudar a no repetirla. Por ahora, es a lo más que se puede aspirar.

Renta básica mensual incondicional

«Erradicar la pobreza no es un acto de caridad,
es un acto de justicia».
NELSON MANDELA
«Nadie está en contra del Gobierno,
estamos en contra de sus abusos».

En política, se han puesto en práctica infinidad de locuras y ocurrencias encaminadas a manipular, someter y controlar sociedades enteras. Cuando se hacen propuestas con enfoques diferentes y lejos del pensamiento primitivo de los políticos, son rechazadas y satanizadas con feroces descalificaciones.

El poder significa control sobre los demás; y cuando ese control no tiene bases sólidas en un pensamiento crítico y retroalimentación de la contraparte, significa someter a intereses personales. El poder sirve para acelerar cambios, para hacerlo se requiere tomar decisiones y la mejor decisión, siempre será la que beneficie al mayor número de personas.

La apertura a nuevos paradigmas es parte esencial de la dialéctica y en ocasiones significa simplemente escuchar y analizar sin prejuzgar. De ahí surgen nuevos paradigmas o grandes equivocaciones. La historia lo demuestra.

La pugna ideológica entre populistas y neoliberales es un intercambio con frecuencia entre sordos. En todo intercambio humano pueden existir visiones irreconciliables y no negociables, pero también existen puntos de encuentro y coincidencias. Lograr acuerdos y mantener los principios es esencial para evolucionar y crecer como sociedad.

Los apoyos sociales se consideran una medida populista casi siempre con fines electorales y herramienta para llegar o mantenerse en el poder. Pocas veces se toma en cuenta las verdaderas necesidades de los beneficiarios y menos importante el soporte y origen de los recursos para otorgarlos. Ese es un populismo barato que venden los políticos con sus primitivas conductas. Por otra parte, la derecha considera el empleo como el motor de la movilidad social, aunque el empleo nunca alcanza la demanda, se tengan derechos laborales precarios, salarios miserables y trabadores sometidos a la explotación del poder económico.

Un nuevo paradigma podría ser un equilibrio entre ambas posturas. Nadie está en desacuerdo en que el mejor programa social existente es el empleo, tampoco en que los apoyos sociales son necesarios, justos y solidarios en poblaciones que requieren un pequeño empujón para lograr movilidad social ascendente y constante. Son necesarios, en especial donde existe población en pobreza, pobreza extrema y escasa movilidad social.

La diferencia entre hacerlo con políticas públicas populistas con fines electorales y hacerlo con modelos probados o que pueden ser evaluados marca una diferencia clara.

Los apoyos pueden implementarse como una fase de transición hasta lograr procesos de movilidad social con base en políticas públicas exitosas. La medición de sus consecuencias, costos e impactos es indispensable.

El populismo invade progresivamente países de Hispanoamérica: ante el hartazgo social por la ineficiencia y corrupción de los Gobiernos, optan por elegir en democracias débiles o simuladas, regímenes de izquierda que dilapidan el erario de manera irresponsable; y tratan de paliar la profunda desigualdad con caridad y no con un equilibrio de productividad, crecimiento económico y empleo. Los Gobiernos populistas desprecian el empleo formal para garantizar calidad de vida a largo plazo y aplauden caridad y remesas, como fuente esencial de ingresos en población vulnerable.

En algunos países de Hispanoamérica, insisten en reinventar programas sociales asistencialistas y no contributivos. Más que una solución a los graves problemas de desigualdad y pobreza de sectores enormes de población, son utilizados como treta electoral, comprando votos de personas a quienes han violentado sus derechos durante décadas, que son ajenas al poder público, desconocen la trascendencia de las decisiones políticas en materia de inversión pública, manejo del erario y Estado de derecho que obliga a rendir cuentas.

Son poblaciones vulnerables que deberían atenderse para impulsar su movilidad social; antes bien, lucran con su necesidad y los inducen, con dadivas, a votar por personajes impuestos por partidos políticos corruptos y elecciones amañadas para legitimarse en el poder, sin responsabilidad alguna.

La población cautiva con programas asistenciales se convierte en voto duro de regímenes autoritarios, caciquiles y estimula el apetito de dictadores que creen ser los mesías que salvarán a su pueblo y modifican constituciones para reelegirse y perpetuarse en el poder. Son ajenos a una vocación democrática que demanda periodos de Gobierno alternativos y subsecuentes. Desprecian sin pudor la importancia de cuadros políticos con formación sólida en administración pública, aptitudes técnicas y vocación por el servicio como una misión ciudadana.

Se ha demostrado con evidencia y estudios en todas las regiones del mundo que la desigualdad y la pobreza no tienen soluciones mágicas. Pero tampoco es sano quedar de brazos cruzados ante la magnitud de sus impactos. La tarea es buscar políticas públicas innovadoras que impulsen movilidad social a través de estrategias probadas como la educación de calidad, empleo productivo, Gobiernos solidarios con estructuras eficientes y centradas en los derechos humanos.

Las medidas populistas siguen siendo una treta de emisarios del pasado que no han evolucionado en su cultura democrática y Estado de derecho como pilares de desarrollo. Sin olvidar, el comunismo fracasó estrepitosamente como régimen político en todo el mundo.

Persisten en América Latina tentaciones fuertes por retornar a nacionalismos estatistas. El populismo tiene como arma fundamental movilizar una población con rezago educativo y en contraste, mantener una sociedad civil sometida a través de represión e intimidación emanadas del poder público; se suman medios de comunicación amordazados o intimidados con asesinatos de periodistas, que quedan impunes. Es un escenario de Gobiernos con tintes arcaicos que deberá desaparecer aceleradamente si se tiene como objetivo desarrollar los países.

En la historia de la humanidad, no hay verdades absolutas y las grandes verdades de hoy pueden convertirse en las gigantescas mentiras del mañana. El mundo vive una lucha eterna entre ricos y pobres, entre buenos y malos y entre blancos y negros. Parecería una pugna que no tiene fin, mundos encontrados irreconciliables que se heredan y se perpetúan a pesar de la evolución humana, en términos de conocimiento, tecnología y derechos humanos. Es buen momento para sentarse en el resquicio de la puerta de la historia y ver los conflictos de manera diferente y voltear hacia espacios de diálogo y puntos de encuentro. A final de cuentas, todos somos humanos y terminaremos igual.

Con estos antecedentes, es buen momento para analizar la madre de todos los populismos imaginados, Renta Básica Mensual Incondicional (RBMI), en adelante, renta básica.

No hay políticas públicas malas o buenas, es la forma de implementarlas y evaluarlas lo que las define y cada una debe adecuarse a necesidades de sociedades diversas, cambiantes y masivas.

La única fuente de pobreza en el mundo son sistemas antidemocráticos y excluyentes. Nada tiene que ver la condición geográfica, climas, recursos naturales, historia o cultura. La pobreza la generan Gobiernos que perpetúan conductas excluyentes, extractivas y antidemocráticas.

La Facultad de Economía de la Universidad de Barcelona ha impulsado una propuesta diferente, una propuesta de política económica conocida como renta básica.

Análisis del modelo.

Es una propuesta teórica de la última década y alcanza una mayor difusión a partir del Congreso de Seúl, Corea del Sur, año 2016. A partir de ahí, se inició un debate abierto en varios países del mundo, donde se contrastan la visión neoliberal de derecha y la de izquierda, para definir cómo financiarla.

Consiste en otorgar una renta básica mensual sin condición alguna a todo ciudadano mayor de dieciocho años de un país: un monto mensual de 650 euros o 688 dólares, definidos de acuerdo con cada país. El monto se adapta a las condiciones propias de cada nación.

La asignación de la renta mensual no tiene ninguna condición, solo ser ciudadano acreditado. No hay costo de gestión, intermediarios, censos ni condiciones sociales, solo el padrón ciudadano único.

La parte más importante del debate es definir la forma del financiamiento del país que la implemente. La propuesta de izquierda, hecha por los autores, el 20 % más rico, otorgue vía impuestos progresivos los recursos para financiar a los más pobres.

La propuesta de derecha es: se impongan nuevos impuestos para financiarla y se inclinan más por lograr el pleno empleo que por una renta básica. El pleno empleo se define como una situación económica en la cual todos los ciudadanos en edad productiva o población económicamente activa que pueden y desean trabajar tengan empleo. Es decir, en un nivel de salarios reales, la demanda de trabajo es igual a la oferta. Con un remanente mínimo en busca o proceso de cambio de empleo.

Hay controversias lógicas de esta propuesta, como lo hay en cualquier derecho universal logrado en el pasado. Se debe aclarar, la propuesta en su esquema teórico de operación no afecta la hacienda pública, porque los impuestos vigentes se mantienen. No se altera el estado de bienestar o malestar social de los servicios públicos, ese es otro rubro y deberá atenderse con los sistemas sociales vigentes de cada país. Esta propuesta pretende atacar con un modelo diferente, la pobreza de millones de personas y paulatinamente, cerrar la brecha de desigualdad y pobreza extrema que permean en núcleos sociales.

La pregunta lógica es simple: ¿se puede financiar o no?, ¿y cuál es la forma de hacerlo?

Ya se mencionó la propuesta de ambas visiones ideológicas de la izquierda y la derecha. Es indispensable conocer la situación de distribución de la riqueza y sus implicaciones. El apoyo social que puede tener y como romper la perpetua lucha entre intereses económicos y políticos de élites que habitualmente manejan los sistemas de cada país y los derechos sociales de las mayorías.

El debate lógico se centra en percepciones sociales muy arraigadas; en México particularmente, la riqueza se asocia con corrupción y dinero mal habido, es probable que existan casos así, pero también hay riqueza legítima y socialmente aceptable por esfuerzo y talento de quien la tiene; o por herencia familiar.

Hay un contraste claro en el ámbito social y motiva un debate permanente. Los ricos incrementan sus posesiones, con inversiones y trabajo de grandes núcleos de población. Y la sociedad obtiene empleo y genera riqueza por la inversión de quienes tienen el capital. Es decir, no hay contradicción, ni son excluyentes ni son enemigos. Las sociedades requieren inversión y empleo y los inversionistas requieren fuerza laboral y capital social con habilidades y destrezas, para generar riqueza. El problema radica en la concentración de la riqueza, que profundiza la desigualdad, por el contraste de bajos salarios a trabajadores y protección tributaria a los inversionistas. Nunca en la historia de la humanidad de ha hecho lo contrario; pagar altos salarios a los trabajadores y elevar la carga tributaria a los inversionistas. La codicia es un motor poderoso de la economía y de la naturaleza humana.

El punto de encuentro es integrar ambos intereses entre trabajadores e inversionistas y lograr un beneficio social, colectivo y económico, con ingresos justos, que reduzca la desigualdad. En síntesis, un equilibrio y quienes desean concentrar riqueza y tengan los talentos para hacerlo, lo logren. Enmarcados en un Estado de derecho, garantía de propiedad privada, libre mercado, competencia leal y regulación democrática y justa.

El punto de encuentro es: la riqueza debe fluir en todos sentidos y quien trabaje e invierta más logre mayores beneficios y riqueza; quien trabaje e invierta menos, porque así lo decidió, tendrá menores retribuciones. En tanto eso se logra, el primer paso es intentar con otro modelo, garantizar la subsistencia material mínima para todos. El modelo de renta básica propone una alternativa para lograr este objetivo.

La renta básica se propone como un modelo abierto al debate, al análisis, al cuestionamiento y a contrastarlo con otras propuestas que, si demuestran teóricamente ser mejores, pueden sustituirla. La cuestión es que, hasta ahora, todos los modelos propuestos y ejecutados, en casi todos los países del mundo, han fracasado. Es necesario buscar alternativas, innovaciones y nuevas opciones de política económica para reducir la pobreza y desigualdad, principal problema social de índole global. Asimismo, si hay otras propuestas de financiamiento, se pueden analizar.

Es importante mencionar, es una medida de política económica, cuyo objetivo es atacar la pobreza frontalmente y garantizar la subsistencia material de cada ciudadano en el país que se adopte.

La propuesta evita considerar ganadores y perdedores, es un cambio de estrategia para combatir la pobreza. Es esencial partir de premisas claras y evitar argumentos chapuceros que históricamente han servido para manipulación política. La premisa central es, la renta básica ataca el principal problema, pero no resuelve todos los problemas sociales, pero sí puede, en teoría, mejorarlos o acelerar su mejora.

Se deben hacer, a la par, modificaciones para homologar, unificar y alinear imposiciones a los contribuyentes con carácter progresivo. Y a partir de ahí unificar rentas, eliminando todos los demás subsidios a la población, para evitar duplicidades.

Con este modelo, el Estado no aporta, no modifica, no gasta más, solo redistribuye la riqueza, concentrada en el 20 % más rico de una sociedad.

Podría decirse, quien pierde son los ricos, puede ser una interpretación y, en realidad, lo es; pero debe tenerse en cuenta que solo reducirán su margen de crecimiento de fortuna económica, que será distribuida, vía impuestos progresivos y legales, a través de una renta básica a la población más pobre. Es un acto de solidaridad y altruismo social que muchos millonarios están impulsando. Es decir, una fortuna muy grande, como la de los hombres más ricos del mundo, se puede utilizar con fines de beneficio social. Ninguno de ellos ha propuesto una renta básica, por obvias razones. No están obligados a regalar su dinero ni se lo van a dar al Gobierno por temor a la corrupción. Pero es cuestión de explorar su postura, y en caso de apoyar la propuesta, establecer esquemas para implementarlo. Eso generaría un apoyo social importante.

Jeff Bezos, Bernard Arnault y familia, Bill Gates, Warren Buffett, Amancio Ortega, Mark Zuckerberg, Larry Ellison, Carlos Slim Helú y otros podrían aportar parte de su patrimonio que la propia sociedad su trabajo y sus talentos les han hecho ganar; simplemente redistribuyendo en muchas personas, en cantidades estandarizadas, una renta básica que evita la pobreza y garantiza la subsistencia material de millones de personas.

Probablemente, en un modelo teórico, una renta básica tenga en una persona el mismo efecto que podría tener una vacuna aplicada oportunamente, es decir, evita morbilidad y mortalidad. Y en teoría, el costo podría ser el mismo. Una vacuna genera un costo, como una renta básica y aplicada a millones de personas, tendría el mismo impacto social y biológico. El hambre y la pobreza son peligrosas y matan tantas personas, como las enfermedades. Este es un argumento sólido para los multimillonarios en busca de impactos sociales drásticos y su riqueza acumulada, puede tener un beneficio tangible y justo.

En el modelo teórico, todos ganan, aunque parecería que solo pierden los más ricos.

Ejemplo de México: de acuerdo con el Centro de Estudios e Investigación en Desarrollo y Asistencia Social (CEIDAS), basado en datos del Instituto Nacional de Estadística Geografía e Información (INEGI), reportados de 2001 a 2010, fallecieron 85 343 personas por desnutrición y hay doce millones de mexicanos con ingresos insuficiente para comprar la canasta básica de alimentos. Entre los años 2010 y 2020, se registraron 77 226 defunciones por desnutrición. Y en 2020, 10.7 millones de personas no tienen ingreso suficiente para comprar la canasta básica de alimentos. Una reducción del 10 % y 11 % en una década, respectivamente.

Podría considerarse una vacuna contra la pobreza. Como toda vacuna, requiere un estudio teórico y práctico con un protocolo de análisis, seguridad y eficacia. Y un cambio drástico en las políticas públicas que modifiquen el desarrollo humano. No es solo otorgar una renta mensual.

El modelo teórico pretende entregar una cantidad de dinero a cada ciudadano acreditado mayor de dieciocho años, como se hace en algunos países; la diferencia es que es universal e incondicional. No está fragmentada y enfocada a grupos específicos como son personas de la tercera edad, madres solteras… La renta básica es universal.

El modelo no pretende mantener vagos, como se ha manifestado en foros de discusión y por comentarios de los detractores de esta política económica, cuestionamiento legítimo. Esto puede ser aceptable, pero recordemos, también hay personas ricas que extorsionan, corrompen, trafican y roban para tener más riqueza, de tal manera que ese daño colateral podría ser aceptable para ambas cargas económicas. Pobres y ricos. Solo cambiaría la definición, ambos provocan daño social. Siempre hay trampas sociales dañinas, pero debe evitarse como concepto integral que se van a mantener vagos, estos existen y pueden generar pérdida de recursos, es un riesgo calculado y comprensible. Deberán buscarse controles o alternativas para inhibirlo o reducirlo.

Si alguien no quiere trabajar, puede vivir de la renta básica mensual. Está demostrado en encuestas del Reino Unido y otros países del mundo: una vez resuelta la subsistencia básica, las personas pueden tener libertad de trabajar y hacer labores que nunca harían con trabajos mal remunerados y sin subsistencia material garantizada.

La renta básica pretende acabar con la pobreza de subsistencia, solamente eso. Pero hay otras consecuencias. Ningún trabajo podrá ser pagado con migajas como hasta ahora. Nadie trabajará por un salario menor a la renta básica, a menos que sea por decisión propia. Cualquier trabajo mal pagado no podrá recibir monto menor a una renta básica mensual. Este hecho otorga a la persona cierto poder de decisión en su vida. Los trabajos pagados con salarios menores a una renta básica pueden desaparecer o ser sustituidos por una máquina, como ya sucede en muchos países. Se pretende impulsar trabajo con sentido social y estímulo personal. La renta básica otorga libertad para decidir qué hacer con tu vida y trabajar de acuerdo con tus capacidades, talentos, habilidades y decisiones.

Otro de los cuestionamientos del modelo es, los sindicatos de trabajadores con renta básica pueden ser un dique de resistencia para prolongar una huelga y exigir mejores condiciones laborales, prestaciones y salarios. Y esto, más que verlo como una debilidad, se debe ver como un riesgo, pero también como un paso más hacia la conquista de derechos laborales legítimos, regateados durante siglos. Además, deben establecerse contrapesos, con legislaciones laborales robustas.

El hecho de entregar la renta básica directamente y sin condición alguna evita burocracia, corrupción e ineficiencia. Por lo menos en teoría, no hay padrones, censos o requisitos. Solo acreditar la ciudadanía legalmente. Es un mínimo de control, porque no hay condicionantes.

Para llevarlo a cabo, se requiere un apoyo social y político, es necesario conocer el costo beneficio, de adoptarlo o no adoptarlo.

El análisis debe pasar por un filtro serio, con argumentos sólidos, tener un sustento y medición del riesgo. Incluir en el análisis la situación de migrantes, vagos, indigentes, ricos, los que quieren y los que rechazan el derecho a la renta mensual y los que no quieren trabajar. Todo es parte del escenario. Es claro, la intención de la política económica es acabar con la pobreza y garantizar la subsistencia material básica, no cambiar las conductas humanas.

La renta básica pretende otorgar libertad a las personas y la más importante es la libertad ante el propio Gobierno. Porque la subsistencia estará garantizada en la ley, evitando chantajes político-electorales.

Los detractores rechazan la propuesta con un argumento simple: impulsar el pleno empleo. La experiencia es contundente, hay pleno empleo en muy pocos países y el capitalismo, con todas sus variantes, no lo ha resuelto. Lo observado en la mayoría de los escenarios, es un impulso al empleo precario, con mala calidad salarial y pobres incentivos. Enmarcado en sociedades extractivas, excluyentes y antidemocráticas, que perpetúan la desigualdad.

El capitalismo y todas sus variantes han generado desigualdad, apoyando políticas públicas y económicas que privilegian a oligarquías en detrimento de las mayorías, generando una riqueza concentrada y perpetua. Y reconocer también, ha generado riqueza, hiperconcentrada, pero riqueza al fin.

En estos modelos, no deben participar partidos políticos, por su escasa o nula confianza social. Y han sido rebasados desde hace décadas por sociedades críticas y basadas en derechos.

Es una propuesta llevada al ámbito de derechos y, como todos los derechos y en particular los universales, pasan por un proceso de rechazo feroz, como lo fue en su momento el sufragio universal, turno laboral de ocho horas, vacaciones pagadas, pensión para trabajadores jubilados o semana de cuarenta horas. Todas en su momento fueron ferozmente rechazadas. Hoy, son derechos universales. La propuesta de renta básica no será la excepción y se enfrenta y enfrentará a un rechazo feroz.

La pobreza es el principal problema social global. Genera desigualdad y ninguna estrategia hasta el momento ha funcionado para acabarla. La renta básica es una alternativa que propone intentar modelos diferentes.

La renta básica tiene beneficios. En un marco teórico, el modelo genera libertad para vivir con menos angustia por subsistir. Otorga la salud mental de saber, las necesidades básicas están cubiertas y se puede buscar trabajo con mayor tranquilidad, libertad y mejores opciones. Prepararse, capacitarse y obtener un mejor perfil. Sobre todo, personas jóvenes.

Las mujeres violentadas pueden dejar su casa para vivir solas y subsistir fuera de un entorno hostil y violento, en particular cuando no trabajan.

Estimula la creatividad al tener libertad, tranquilidad y subsistencia garantizada. Propicia, en síntesis, libertad para vivir.

Tener acceso a la libertad de subsistencia y a la democracia, son elementos por considerar, cuando se habla de una prestación universal. La renta básica universal estaría a la par del voto universal. Hace apenas un siglo, las mujeres en pocos países tenían derecho al voto.

Actualmente, hay una oligarquía que concentra la riqueza en exceso. Cuando se obtiene legítimamente, es respetable.

Son las reglas vigentes de una sociedad de consumo y libre mercado. Hay quienes buscan el éxito económico sin límites y debe respetarse. Pero, por otro lado, se debe garantizar que todos tengan una renta básica sin condicionantes. De ahí en adelante, quien quiera partir para lograr riqueza infinita lo pueda hacer.

Planteamientos de la derecha.

Los impuestos de los contribuyentes no pueden darse sin condición a los pobres. Debe buscarse el empleo pleno.

Existe el riesgo de inhibir la competencia y disponibilidad de mano de obra. Porque se suprime la interdependencia de la empresa que invierte y requiere el trabajador para generar riqueza, y el trabajador requiere el empleo para subsistir y prosperar.

Proponen cooperación entre ambas partes y mantener el esquema de salario por empleo y generación de pleno empleo a través de inversión. El esquema inequitativo es la política del capitalismo moderno y solo ha profundizado la desigualdad por políticas económicas concentradoras de riqueza que privilegian la oligarquía. Los países con mejor éxito en combate a la pobreza han roto este paradigma. Sociedades con riqueza mejor distribuida y leyes tributarias más justas.

La reforma tributaria debe contener impuestos progresivos, cargas tributarias universales y reflejarse en mejores servicios, prestaciones y entornos propicios para invertir.

La realidad de México es un sistema social que, a la luz del análisis, parece un lugar ideal para probar un nuevo modelo. Una desigualdad de las más altas del mundo. La pobreza en números absolutos rebasa los cincuenta millones de personas. Y el sistema tributario y político privilegia élites económicas voraces para concentrar cada vez más riqueza.

Aquí algunas evidencias. El coeficiente de Gini es una medida de la desigualdad ideada por el estadístico italiano Corrado Gini. Se utiliza para medir la desigualdad en ingresos, en un país o cualquier forma de distribución desigual.

El Gini captura el área entre esta curva y una distribución completamente equitativa. Si no hay diferencia entre estas dos, el coeficiente Gini es igual a 0, implica igualdad perfecta; mientras que, si están muy alejadas, el coeficiente Gini es igual a 1, corresponde a una distribución completamente desigual.

De acuerdo con la Encuesta Nacional de Ingresos y Gastos de los Hogares de 2018, (ENIGH) del INEGI, el coeficiente de Gini para México es de 0.475 sin transferencias del Gobierno y de 0.426 con transferencias.

A mayor desigualdad, hay menor consumo y producción. Según datos del Banco Mundial, México es el décimo país con mayor desigualdad en la distribución de la riqueza en el mundo.

En México, hay problemas estructurales graves que deben resolverse y atenderse de manera prioritaria antes de analizar la posibilidad de tomar una decisión de tal magnitud.

La corrupción, cargas tributarias inequitativas, empleo informal, evasión fiscal, servicios públicos deficientes que requieren inversión importante y un sinfín de subsidios condicionados complican la implementación. A eso se debe sumar la polarización social, el rechazo lógico y esperado de sectores importantes y apetitos políticos que contaminan todo el ambiente con grupos clientelares históricos.

Es prioritario definir la ruta crítica para llevar a cabo la implementación del proceso, como política pública y decisión en materia económica. La forma de financiarlo y tener claridad, aportarán más quienes más tienen: el 20 % de la población con mayores ingresos, con un factor equitativo y progresivo de tributación. Por supuesto, deberá ser aparejado con una mayor facilidad, certeza y garantía para invertir y considerar, el rubro donde se reducirá el margen será en las ganancias netas, pero a través de leyes tributarias justas.

El debate, las propuestas y el análisis se dejarán a los expertos en políticas económicas y dilucidar si es factible su implementación y puede sostenerse a largo plazo.

Es fundamental el apoyo social y político, y utilizar la experiencia. En países que han reducido la pobreza, la carga tributaria es alta, y esta se convierte en más y mejores prestaciones y servicios para la población y para inversionistas que generan riqueza.

De no aceptarse el consenso y considerar, es mayor el riesgo que el beneficio, queda la opción de no implementarla. El planteamiento es simple: aportará quien más gana a través de impuestos progresivos. Y se unificarán en uno solo todos los subsidios y programas sociales actuales establecidos.

Cada vez es más evidente, los grandes millonarios globales están volteando hacia una política de altruismo y labor social, su dinero es demasiado y para dejarlo como herencia, no se requiere tanto, aunque el egoísmo humano también es un elemento por considerar y no todos comparten la sangre altruista para donar lo que legítimamente les pertenece. Pero es importante recalcar, generar riqueza debe tener objetivos modificables a la luz de la vida moderna. Además de la posesión y disfrute, se puede invertir para resolver problemas sociales.

Los problemas comunes de sociedades y sistemas de gobierno pasan por los mismos problemas. Y se han agudizado en la era de la posverdad. Intereses, corrupción, desigualdad, poderes políticos, pugnas históricas, religiosas y geopolíticas. Pero en un momento crítico, se debe trabajar en consensos globales posibles. El consenso de cómo utilizar la riqueza global para resolver problemas globales y privilegiar los valores humanos. La redistribución de la riqueza es un acto de solidaridad y una justificación contundente, es nuestra finita e inexorable humanidad.

Es un reto mayúsculo de esta generación, llena de recursos, comunicaciones, conocimiento, tecnología y talento humano acumulado, además de toda una historia documentada que nos precede, dejar una aldea global mejor organizada, habitable, sustentable y humana, para las próximas generaciones. Cada generación vive su tiempo y sus circunstancias, su trascendencia es marcada y definida por su legado.

Las generaciones de la explosión tecnológica de los últimos cincuenta años, con la conquista del espacio, tienen, ante el futuro inmediato, la posibilidad de formar una nueva generación de seres humanos que modifiquen de manera drástica y acelerada la concepción de vivir en un mundo civilizado. Por qué no dar oportunidad para que todos puedan tener un mejor nivel de vida, generando riqueza personal, pero también para el bien común.

Una sociedad globalizada, sacudida hasta las entrañas por una pandemia, debe ver hacia el futuro con nuevos ojos y preparar escenarios que faciliten la vida humana. Formar entornos mucho más saludables. Los quinientos años de altibajos y contrastes sociales, guerra y paz, después del renacimiento del siglo XVI, han dejado sus huellas y fueron propicios para la creatividad, crecimiento y desarrollo humano. Es momento de un nuevo renacimiento con enfoque social y cultural, formar mejores seres humanos, menos egoístas y más solidarios. A fin de cuentas, moriremos todos, es irremediable. Pero no todos viviremos realmente, si persistimos en el egoísmo y la vanidad personal. Como dijo Mark Twain: «Vive de tal manera que, cuando mueras, incluso los de la funeraria lo lamenten».

Destruir la escalera que los llevó al poder

En la última década, los recursos tecnológicos agobian a la sociedad y los convierte en voraces consumidores de redes sociales. El flujo de datos, cifras e imágenes parece infinito y no hay acontecimiento trascendente o intrascendente que no se difunda. Los medios masivos y redes sociales han democratizado el acceso a la información, con todas las contradicciones inherentes. Y, por otro lado, se pervierten y manipulan las masas de seres humanos adictos al teléfono celular. La ciudadanía se convierte en consumidor ávido de experiencias digitales.

En México, el régimen vigente logró el triunfo electoral en 2018, definiendo algunas herramientas digitales como «benditas redes sociales», hasta que se usaron para cuestionarlos, evidenciar sus tropelías y difundir sus delitos. Entonces se convirtieron en «malditas redes sociales».

Ahora, la oposición política se juega en las redes sociales, ante la ineptitud y descredito de los partidos políticos.

La ciudadanía asume liderazgos, ante el vacío dejado por actores políticos por negligencia y apatía. Se observa una oposición inexistente, los partidos tradicionales en pugnas internas por migajas de poder se desdibujan o de plano desaparecen ante el cúmulo de impresentables reclutados y la camarilla de dirigentes que usan los partidos como negocios personales.

El presidencialismo recupera su auge infinito de nepotismo, amiguismo y una economía manejada con una anarquía inaudita apostando a obras faraónicas sin mayor impacto social, mientras las instituciones se encuentran en los huesos.

Con toda la estela de calamidades nacionales, llegó lo inevitable, el oscuro momento para definir la sucesión.

La elección de 2024 se caracterizó por un refinamiento de las prácticas del viejo sistema. Llevaron las elecciones a un nivel de corrupción excelso. Ni el PRI en sus tiempos más oscuros se atrevió a tales prácticas. Campañas políticas para la presidencia de la república con cinco años de duración, con cargo al erario; dedazo simulado con una descripción innovadora; ahora los tapados son candidatos que se nombran corcholatas.

Primordial acción: el secuestro del árbitro electoral con incrustación de presidente y consejeros leales al partido, jornada electoral denominada como un trámite (por la candidata oficial) y manejada en la operación de campo con el apoyo incondicional del crimen organizado, que además de amenazar, asesinar y desaparecer opositores, a cualquiera que lograra un resquicio y ganara la elección, terminaría asesinado y decapitado pocos días después de asumir el cargo. Como el edil de Chilpancingo Guerrero, asesinado y decapitado seis días después de rendir protesta.

Los resultados electorales fueron ratificados por el tribunal electoral, con magistrados leales al partido oficial, sin contar con los integrantes que marca la ley. No fueron nombrados por el Senado, por «instrucciones superiores». Los magistrados fueron sobornados con la promesa de prolongar su gestión durante tres años; para que calificaran la elección y aprobaran mayoría calificada en cámara de diputados, con trampas legaloides e interpretación de los artículos de la constitución a conveniencia.

En el senado, ante la falta de mayoría calificada, sobornaron a algunos senadores del estado de Veracruz corruptos y proclives a la traición, y se consolidó la mayoría calificada anhelada para llevar a cabo reformas sin límites. Apoyados en su argumento maniqueo, el voto del pueblo les permite no solo violar la Constitución, sino reformarla desde sus orígenes para mantener vigente su movimiento. Vuelta al fracasado nacionalismo estatista, con tintes de neofascismo.

Durante casi cinco décadas, el país intentó construir una escalera democrática para llevar al poder a ciudadanos de cualquier partido, a través de elecciones libres, justas y equitativas.

El objetivo se logró precariamente en los últimos tres sexenios, del año 2000 al 2018, la alternancia en el poder fue posible y el proceso inacabado pretendía paulatinamente crear partidos políticos más sólidos y candidaturas con perfiles competitivos.

El riesgo latente de una democracia en ciernes, inacabada y precaria, es la aparición de personajes con apetitos autoritarios que utilicen la escalera débil y frágil para acceder al poder y perpetuarse; una vez ahí, pueden arrancarla de un tajo para evitar que otros partidos accedan a cargos públicos, incluyendo el de presidente de la república. Ese es el escenario actual de México. Es evidente, Morena, engendro del PRI, destruye la escalera democrática con la que ascendió al poder e intenta impedir que otro partido o personaje logre alternancia. En pleno siglo XXI, es ominoso preludio de una dictadura.

La escalera democrática termina por destruirse en el escenario nacional, cuando la Suprema Corte de Justicia de la Nación (SCJN) es sometida al poder político.

La Suprema Corte, con absoluta carencia de autocrítica, ha tolerado un sistema de justicia ineficiente y corrupto de raíz. Desde hace décadas, requiere una reforma profunda; sin embargo, la élite de ministros, magistrados y jueces embelesados en sus privilegios han sido omisos, negligentes y permisivos en un país que crece desordenadamente a capricho de la clase política y carece de un elemento esencial para el desarrollo: Estado de derecho.

Nunca les ha interesado transformar y consolidar un sistema de justicia moderno, y cuando los cambios no surgen del interior, vendrán del exterior y el régimen vigente con ganas de venganza y revancha los llevará a confines que no parecen agradarles; las omisiones históricas siempre tienen consecuencias, la principal: crecen los problemas. Una reforma judicial sin la participación del sistema de justicia será una factura que deberán pagar por su negligencia.

Durante un cuarto de siglo los avances democráticos permitieron la alternancia en el poder, el sistema de justicia no reaccionó ni se reformó y toleró impunidad y corrupción. Hoy están a punto de ser relevados de sus atribuciones constitucionales y tendrán que asumir las consecuencias. Pagarán la factura de su indiferencia ante los cambios sociales y políticos.

Un tribunal electoral autónomo ha sido el verdugo del sistema de justicia, al otorgar una mayoría calificada en el Congreso, a todas luces ilegal, para modificar la Constitución sin límite alguno. La propia democracia, es un hecho, puede permitir el avance de un régimen antidemocrático. El poder judicial es presa de un neofascismo. Una democracia endeble permite la llegada de un régimen autoritario y dictatorial ante las omisiones e indiferencia de un poder judicial que disfrutó privilegios durante décadas sin reaccionar.

Está por verse si el sistema de justicia es capaz de defenderse de la reforma constitucional impulsada por el régimen, en el terreno jurídico. Las mayorías en las cámaras llevaron a rango constitucional la elección popular de ministros, jueces y magistrados. De lograrlo y frenar el proceso, deberá hacer un ejercicio de autocrítica y reformar de fondo el sistema de justicia desde el interior, como proceso de modernización y autorregulación.

En caso de no lograrlo, pagarán el costo de mantenerse al margen de los cambios políticos. La negligencia e indiferencia cobran caro. La actitud egoísta de mantener podrido y anquilosado el sistema de justicia, mientras no los tocaron, hoy les cobra factura y tendrán que asumir las consecuencias de su conducta. No tienen excusa.

Crisis latentes

El arribo de un régimen pernicioso que ha encumbrado a políticos destructivos tiene responsables. Los más evidentes, partidos que han incubado durante décadas una oposición inepta, comodina y corrupta, experta en repartir botines y cargos, sin responsabilidad alguna y que hartaron a la ciudadanía. Se agrega un sistema de justicia permisivo, indolente y negligente ante los cambios políticos producto de una democracia débil e inacabada.

El contribuyente es un observador indefenso ante el embate político de partidos corruptos. El ciudadano que paga impuestos solo tiene las urnas para intentar cambios en los destinos del país y esas urnas siempre han estado secuestradas por pillos con intereses políticos y económicos, incrustados en el Gobierno, en complicidad con el sistema de justicia entregado sin pudor al poder político.

El último medio siglo ha permitido evolucionar hacia una democracia inconclusa que no logró consolidarse, la debilidad de sus estructuras e instituciones ha permitido la fatalidad de un presidencialismo excesivo con ejercicio del poder a caprichos y sin contrapesos. El sistema de justicia debe asumir su parte de responsabilidad en este proceso regresivo.

Los cambios por la vía pacífica nunca son rápidos, las manifestaciones de los sesenta fueron el germen iniciador del proceso de cambio político observado hoy en día. En 1988, veinte años después, se fracturó el partido monolítico y se unificaron diversas ideologías. El punto de encuentro siempre fue acabar con un régimen autoritario que ahogaba a la sociedad y mantenía un partido que heredaba el poder, recursos y control del país en eventos litúrgicos como el dedazo, fraudes electorales, presidentes con ínfulas de monarcas y privilegios supraconstitucionales, que sometieron Congreso y poder judicial durante un siglo. Y hoy en pleno siglo XXI persisten en su conducta infranqueable. En síntesis, es evidente, la clase política no ha estado ni está a la altura de las circunstancias y necesidades de un país complejo como México.

Los cambios posrevolucionarios no lograron democracia plena. Y en el devenir de siete décadas de apogeo del sistema, a pesar de su resistencia, hay tímidos avances. No es poca cosa el voto de la mujer logrado en 1953, voto solo en apariencia, pero voto al fin; los movimientos sindicales de los cincuenta y las manifestaciones sociales de los sesenta; la unificación de grupos radicales de izquierda en los ochenta y su participación democrática en elección directa por la presidencia de la república; la fractura del PRI previo a la elección de 1988; creación de un órgano electoral ciudadano ajeno al Gobierno, en el año de 1994; Congreso con mayoría de oposición por primera vez en la historia moderna, en 1997, que dio origen a la alternancia en el poder. Avances que parecían irreversibles hacia la democracia. La elección de 2024 demostró que logros de cinco décadas pueden ser derrumbados en un solo sexenio. Con una sociedad manipulable con la compra de votos, disfrazados de apoyos sociales, con cargo al erario. La ciudadanía deberá reaccionar con la fuerza necesaria para revertir la erosión de la democracia. La regresión amenaza con ser profunda y revertirla puede costar años.

Al cumplirse el primer cuarto del siglo XXI, se observan retrocesos ominosos que ponen en riesgo la ruta trazada. La historia demuestra que, además de elecciones libres, se requieren contrapesos autónomos y rendición de cuentas a través de un sistema de justicia con legislación vigorosa.

En el periodo entre los años 1968 a 2024, se escenificó una lucha encarnizada, entre la sociedad y la clase política prevaleciente en el país, reacia a evolucionar a una conducta y cultura democrática.

México tiene dos caras de la misma moneda. Por un lado, hay una sociedad rezagada, marginada, hundida en la pobreza, utilizada por el régimen durante décadas, como treta política llamada pueblo, para acceder al poder, comprando con caridad disfrazada de apoyos sociales su conciencia y su voto. No podemos culparlos: como ciudadanos, tienen derechos que han sido violentados histórica y sistemáticamente. Los paliativos, aun viniendo del ogro filantrópico, usados para concretar intereses políticos, cambian su vida. En su condición, la población marginada considera intrascendente quien detenta el poder. Su prioridad es sobrevivir precariamente un día más. Es el México arrastrado como deuda histórica y, por desgracia, es mayoría.

La otra cara de la moneda tiene una sociedad vigorosa, moderna, pujante, atenta al avance del mundo globalizado y ve como México sigue estancado en el pasado, secuestrado por políticos corruptos empecinados en concentrar poder, recursos y espacios solo para ellos, en un proceso ajeno a toda vinculación y participación con la ciudadanía en su conjunto.

En un país diverso, las caras de la moneda encajan perfectamente y deben ser atendidas con equidad y justicia, es indispensable ejercer un gobierno incluyente, sensible que armonice necesidades y detone un cambio enfocado a privilegiar una intensa y acelerada movilidad social como acto de justicia y progreso. Se requieren políticas públicas probadas, propiciar y facilitar escenarios para inversión, mejor educación, empleo, oportunidades, que sin duda llevarán al crecimiento económico.

México no es una guerra entre ricos y pobres, como se intenta manipular la realidad desde el poder. La nación es un país diverso, plural, desigual, pero acá todos caben, todos son ciudadanos y todos tienen derechos. Así lo especifican las leyes, no los conceptos ideológicos del régimen en turno.

Hay decisiones equivocadas y graves que dejan secuelas por generaciones, tal vez la más evidente es la resistencia de los Gobiernos para construir ciudadanía. El mundo cambia, evoluciona y no espera, camina a pasos agigantados en tecnología, comunicaciones y comercio y requiere ciudadanos libres y preparados para competir en el mundo global, no supeditados a la caridad del Gobierno.

La sociedad mexicana es diversa, masiva y no puede mantenerse dividida o polarizada. Seguir viendo enemigos reales o ficticios donde no los hay, es propio de mentalidades retrógradas. La necesidad esencial, es sumar esfuerzos y talentos, único camino para mejorar las condiciones actuales del país. Para lograrlo, se requiere dialogar, buscar puntos de encuentro, establecer un modelo de país incluyente y abandonar ideologías absurdas.

En México, las grandes masas de jóvenes son ignoradas en escuelas de mala calidad, sin acceso al idioma inglés y con nulo desarrollo de talentos. Las generaciones no pueden seguir creciendo en un sistema podrido.

Durante décadas, México vive una pugna de cárteles por dominar el territorio nacional y traficar estupefacientes. Tres Gobiernos consecutivos acumulan casi medio millón de homicidios dolosos; el régimen, encumbrado al poder con la falsa promesa de acabar con la guerra entre narcotraficantes, con una política cómplice y absurda de «abrazos, no balazos»; casi doscientas mil personas jóvenes fueron asesinadas con absoluta impunidad. Muchos de esos jóvenes fueron depositarios del talento y capacidad mexicana para generar riqueza. Hoy, todo ese capital humano, fue dilapidado en manos del crimen organizado. Tomados como rehenes, acabaron con su futuro, ante la mirada complaciente y cínica de un Gobierno indolente.

Sucesión simulada

El 30 de septiembre de 2024, entrada la tarde, el jefe supremo de las Fuerzas Armadas mexicanas abandona Palacio Nacional. Es el último día de su sexenio y quería disfrutar las mieles del recinto histórico. Dejar el poder absoluto trae consigo el primer paso de un duelo, la negación. La monarquía sexenal tiene, como todo, fecha de caducidad. Regresar a ser un ciudadano común se vuelve un golpe de realidad. Las veinte reformas que deja como herencia conllevan un solo propósito: mantenerse en la agenda y tras los hilos del poder. Se observan signos ominosos de una sucesión simulada, como todo adicto al poder, se niega a dejarlo, por el riesgo de un síndrome de abstinencia doloroso y cruel. El pacto con la sucesora blinda la agenda nacional. La sociedad estará atenta a los acontecimientos y podrá valorar en toda su dimensión de que está hecha la presidente de la república. Que, por cierto, no es sano entrar en ese juego perverso de cambiar el idioma. La presidente contiene el género en el artículo.

El 1 de octubre de 2024, por primera vez, una mujer, Claudia Sheinbaum, toma protesta como la primera presidente de la república de México. En los iniciales escarceos de Gobierno de una mujer, no se observan signos de cambios prometedores en el país. Es temprano para hacer juicios; sin embargo, las evidencias muestran: la prioridad no es atender el país, la prioridad política es mantener lealtad al anterior mandatario. Impulsar y aprobar sus veinte reformas, aceptadas a pie juntillas por un Congreso sumiso e inoperante; hechos que, sin duda, fortalecen la intención del anterior mandatario de prolongar su influencia y poder político. Una especie de Maximato reciclado, anacrónico y absurdo en pleno siglo XXI. Así actúa la clase política en México.

Las primeras crisis, el asesinato y decapitación del presidente municipal de Chilpancingo; controversia nacional por la reforma del poder judicial; guerra por el territorio de Sinaloa y sus pleitos con el presidente electo del país vecino, Donald Trump, definen los pasos del nuevo Gobierno. Indiferencia, arrogancia, cerrazón e irresponsabilidad ante los hechos, escudados en sus «mayorías». Es claro, el buen gobierno, la honestidad y ética no tienen nada que ver con el género. Las palabras dignifican, los hechos califican. Los golpes de realidad serán brutales.

Se presume que llegó a la presidencia una mujer académica con posgrado. En ese contexto, se esperaría un juicio crítico basado en el método científico, no una fanática de ideologías anacrónicas con tintes medievales, y se enreda en la bandera que, dice, todo se lo debe a su mentor, quien la ungió con el tradicional dedazo, la más arraigada y perversa tradición política en México, para heredar el poder. Es pertinente citar a Octavio Paz: «La ceguera biológica impide ver, la ceguera ideológica impide pensar».

Permanecen sin atenderse los graves problemas nacionales de seguridad, educación, salud, empleo y Estado de derecho. Urgen al país políticas públicas modernas, basadas en evidencias, apostar al libre mercado, propiciar inversión y mover la economía. El empleo detona prosperidad, no la caridad, y la ciudadanía necesita que se respeten y tutelen sus derechos, el resto debe dejarse a su propia responsabilidad.

El crecimiento económico y el desarrollo humano van de la mano, nadie espera una sociedad igualitaria, solo más justa, que permita el desarrollo individual y colectivo acorde con capacidades, talentos y esfuerzo de cada persona.

Los seres humanos no son iguales, antes bien, son todos diferentes, diversos, complementarios. Sumar talento genera prodigios y maravillas, entre ellas, el convivir civilizadamente con retos permanentes, pero con un objetivo común: ser parte de una sociedad que avance y prospere en paz.

En el proceso histórico del mundo, han evolucionado diferentes sistemas políticos y hay evidencias firmes de resultados. Los Gobiernos que, al asumir el poder apoyados en una transición democrática incipiente sin impulsar su consolidación, en aras de conservar el poder, no solo demuestran ineptitud y carencia de vocación democrática, también dejan como secuela inmediata Gobiernos perniciosos y desencadenan un acelerado proceso de contradicciones políticas y sociales. Las políticas populistas y nacionalismo estatista tuvieron su oportunidad en México, hace medio siglo, y su fracaso fue estrepitoso.

Las políticas neoliberales también tuvieron su oportunidad y fracasaron, apostaron solo a la complicidad entre economía y política. No fue suficiente para desarrollar un país, se requiere apostar al desarrollo social integral, con una simple acción, democracia plena.

Hace treinta años, Salinas de Gortari y sus seguidores negociaron y firmaron un tratado de libre comercio con Norteamérica. Su hipótesis absurda fue plantear que México ingresaría al primer mundo a competir en el mercado más grande del planeta, sin democratizarlo y sin que su población hablara inglés.

Llevar el país al desarrollo económico, según su expectativa, sería a través de un tratado de libre comercio, pero conservando el dedazo, economía de cuates, regulaciones simuladas, monopolios, impunidad grosera, corrupción rampante en el Gobierno y tolerando asesinatos políticos. Así actúan los políticos mexicanos.

Ahora, López Obrador y sus seguidores plantean llevar este país a un desarrollo pleno con programas asistencialistas, sin rendir cuentas a los contribuyentes y sin contrapesos. Su hipótesis absurda, es cambiar el país con dadivas a su clientela electoral y con el poder concentrado en un partido monolítico e infranqueable. Pretender el retorno a políticas de un nacionalismo estatista fracasado hace cincuenta años es un absurdo, por decir lo menos. Hace varios siglos se demostró, la pobreza no se combate con caridad, se combate con inversión, empleo y educación.

Ambas visiones son equivocadas, el neoliberalismo y el nacionalismo estatista no son el camino para llevar el país a la consolidación y desarrollo. Se requiere un Gobierno democrático moderno e implementar políticas públicas sólidas de probada eficacia, basado en la aplicación optima del erario para propiciar beneficio social.

La ironía encarnada en dos enemigos políticos irreconciliables, fiel reflejo de atavismos y conductas personales no superadas. Ambos cegados por la ideología. Mantienen ese exquisito sentimiento heredado por centurias en estas tierras, odiarse uno a otro, sin espacio para la razón y entendimiento.

Representantes de dos épocas en un mismo sistema, formados con visiones encontradas y similares limitaciones políticas y durante seis años, embriagados de poder. Incapaces de dialogar, acordar y fijar una visión y ruta crítica con puntos de encuentro para enderezar el país. En sus rencores y desencuentros personales e ideológicos, han arrastrado el país, como lo han hecho todos sus antecesores. Incapaces de reconciliarse consigo mismos, ambos enfrentan y enfrentarán el juicio de la historia, implacable, severo. Y serán derrotados por el único enemigo invencible: el tiempo. Es inevitable, se irán impregnados del veneno de sus rencores personales y pagarán a la historia el costo de sus desmanes.

México no ha sido capaz de crear una estructura social y política que impida el acceso al poder de personajes con distorsión de la realidad y con apetitos personales de poder. Y eso tiene consecuencias tangibles. El país ha tenido que pagar demasiadas locuras de sus presidentes.

Es claro, desarrollar un país no es una cuestión de partidos o ideologías, es una cuestión de conocimientos, capacidades, juicio crítico, ética, talento y, sobre todo, sensibilidad social, para aglutinar el esfuerzo colectivo y liberar su creatividad.

En el horizonte, hay signos ominosos de crisis. Los programas asistenciales no contributivos sin reglas de operación y sin rendición de cuentas generarán una crisis en las finanzas públicas más tarde que temprano. Otorgar recursos plasmados en la constitución sin un soporte financiero no tiene otra opción, habrá crisis económica en futuro inmediato.

Utilizar las fuerzas armadas en tareas no contempladas en la Constitución puede generar, en la milicia, apetito por participar en la vida política. El riesgo latente es propiciado por el régimen. Ha otorgado excesivo poder, recursos y actividades, en aras de tenerlos como aliados, para intimidar a la población, inerme ante violaciones sistemáticas del Estado de derecho, complicidad documentada con los cárteles y tendencia permanente a no rendir cuentas a nadie. Argumentando una falsa e ilegal seguridad nacional. Todo proceso de gobierno es financiado con recursos de los contribuyentes y están obligados a rendir cuentas ante la sociedad. Consentir a las fuerzas armadas, es una forma de seducir su protección y complicidad. No han medido el riesgo y magnitud de una crisis al impulsar un empoderamiento innecesario. Ante la inoperante gestión de un Gobierno matizado por la ineptitud, pueden demandar participación en el escenario político y ser protagonistas como sucedió en el siglo XIX.

La crisis más grave puede emanar del desmantelamiento del poder judicial. Un poder ejecutivo sin contrapesos y sin un poder judicial garante de una protección irrestricta de los derechos humanos de minorías es el escenario perfecto para consolidar una dictadura. Una democracia por definición se evalúa por la garantía manifestada en el momento de la verdad. Proteger derechos humanos de minorías en todo ámbito social. La sociedad deberá responder con la intensidad que demanden los acontecimientos futuros.

Las democracias modernas tienen como base un Estado de derecho sólido y el control del poder con medidas efectivas a largo plazo. Los políticos en México requieren un cambio radical en actitud y visión. El narcisismo permea en el gremio y los convierte en sinónimo de corrupción, privilegios, irresponsabilidad y complicidad. La meta es crear una nueva cultura política de compromiso, trabajo, eficiencia y apuesta al bien común, basados en la solidaridad como objetivo colectivo.

Un régimen con grado mínimo de democracia debe impulsar la creación de contrapesos y oposiciones sólidas ante decisiones erráticas y tentaciones dictatoriales. Los candados al poder absoluto son indispensables y necesarios. Los cargos son efímeros y deben crearse perfiles con aceptación de esta premisa; cuando no es así, controles y límites a través de una legislación robusta serán una solución factible.

Embriagarse de poder es similar a embriagarse de nuestra bebida emblemática, el tequila. Es una constante en países como México, los poderes supraconstitucionales del presidente de la república han creado una cultura de omnipotencia alimentada por la impunidad. El problema surge cuando se abusa del poder y del tequila, ambos terminan en resaca, acá conocida como «cruda». Así lo demuestran la historia, cultura popular y fisiología humana que nos es propia; y contra eso, no hay defensa. El límite del poder siempre será la realidad, convertida en resaca.

Es menester conservar la creencia implícita que la presente y siguientes generaciones lograrán la abolición de regímenes perniciosos, a través de las urnas. Lo que abrirá por fin la puerta para una nueva era de prosperidad en nuestra nación, basada en el desarrollo humano.

«Cuando la democracia se desgasta y debilita, es suplantada por la oligarquía» (ARISTÓTELES).